AF736368

echt EMF

MALAIKA MIHAMBO

SPRING DICH *frei*

Mein Weg zu Achtsamkeit und innerer Stärke

echt EMF

Alle in diesem Buch veröffentlichten Aussagen und Ratschläge wurden von der Autorin und vom Verlag sorgfältig erwogen und geprüft. Eine Garantie kann jedoch nicht übernommen werden, ebenso ist die Haftung der Autorin bzw. des Verlags und seiner Beauftragten für Personen-, Sach- und Vermögensschäden ausgeschlossen.

Für die Inhalte der in dieser Publikation enthaltenen Links auf die Webseiten Dritter übernehmen wir keine Haftung, da wir uns diese nicht zu eigen machen, sondern lediglich auf deren Stand zum Zeitpunkt der Erstveröffentlichung verweisen.

Die Ereignisse in diesem Buch sind so geschehen, wie hier wiedergegeben. Aus Gründen des Personenschutzes sind jedoch einige Namen geändert worden.

Die automatisierte Analyse des Werkes, um daraus Informationen insbesondere über Muster, Trends und Korrelationen gemäß § 44b UrhG („Text und Data Mining“) zu gewinnen, ist untersagt.

FSC www.fsc.org
MIX
Papier | Fördert gute Waldnutzung
FSC® C145070

echtEMF ist eine Marke der Edition Michael Fischer

1. Auflage
Originalausgabe
© 2023 Edition Michael Fischer GmbH, Donnersbergstr. 7, 86859 Igling

Covergestaltung: Alexandra Wolf, unter Verwendung eines Motivs von © Fabian Hensel
Text: Regina Carstensen
Redaktion: Doreen Fröhlich, Alina Rothmeier
Layout und Satz: Alexandra Wolf
Gedruckt bei GGP Media GmbH, Karl-Marx-Straße 24, 07381 Pößneck
Printed in Germany

ISBN 978-3-7459-1832-8

www.emf-verlag.de

Inhalt

Vorwort

VOM GLÜCK, EINEN RUCKSACK ZU HABEN, DEN MAN AUSPACKEN KANN

Schon in sehr jungen Jahren habe ich einen großen Rucksack auf meinen Rücken geladen bekommen, eine enorme Last, die auch heute noch immer mal wieder präsent ist. Doch mit dem Älterwerden habe ich gelernt, mich von diesem Ballast und meinen schlechten Erfahrungen, über die ich auch in diesem Buch sprechen möchte, freizumachen. Mich sowohl als Leichtathletin als auch als Mensch im wahrsten Sinne freizuspringen. Es ist mir gelungen, den Rucksack, den ich so lange Zeit mit mir herumgetragen habe, nicht noch mehr vollzustopfen, sodass ich am Ende womöglich gar nicht mehr hätte gehen können. Er hat mich nicht in die Knie gezwungen, ich habe immer wieder aufstehen und auf die Beine kommen können, auch nach der schlimmsten Niederlage, weil ich irgendwann lernte, mir selbst und meinen Bedürfnissen mehr Raum zu geben und auf meine eigene, tief in mir verborgene Stimme zu hören.

Für mich war es eine positive Erfahrung, mich von allem, das mich zurückgehalten, das an mir gezerrt und gezurrt hatte, zu befreien. Und ich denke, dass vielleicht auch andere von meinen Gedanken und Reflexionen profitieren können – aus diesem Grund habe ich dieses Buch geschrieben. Dabei ist mir wichtig zu sagen, dass ich nur über die Steine sprechen kann, die das Leben mir persönlich in den Weg gelegt hat – meine Geschichte ist also, wie jede Geschichte, sehr individuell. Spring dich frei ist demnach nicht als Sammlung von Ratschlägen zu verstehen, sondern vielmehr möchte ich mit meinen Erzählungen inspirieren, Denkanstöße und Impulse liefern, sich mit dem eigenen unnötigen und manchmal auch notwendigen Gepäck, den eigenen Ängsten, Träumen und Sehnsüchten auseinanderzusetzen, um herauszufinden, was man im Leben wirklich will.

Um sich freizuspringen, muss man nicht eine traumatische Kindheit gehabt haben oder mit einer schweren, problematischen Situation konfrontiert sein, einen Unfall oder die Krankheit einer nahestehenden Person erlebt haben. Was ich gelernt habe in den 29 Jahren, die ich auf dieser Welt bin, ist besonders eines: Wir alle machen unangenehme, schmerzhafte, lebensverändernde Erfahrungen. Wie man mit ihnen umgeht, das muss jede und jeder selbst entscheiden. Aber wer etwas Positives aus ihnen mitnehmen möchte, wer Heilung oder Veränderung anstrebt, wird alte Muster aufbrechen und an der eigenen Persönlichkeit arbeiten müssen. Es ist immer schwer, neue Gewohnheiten zu etablieren. Aus einem Teufelskreis herauszukommen ist kein Neujahrsvorsatz – denn meist scheitern diese im Alltag. Dennoch lohnt es sich, neue Ziele anzugehen.

Ich habe durch Meditation, das Ein- und Abtauchen in fremde Kulturen während meiner Reisen sowie professionelle Unterstützung meine ausgetretenen Pfade verlassen und viel für mich entdecken und erreichen können.

Eine weitere Erkenntnis: Schnell ließ ich mich in eine Schublade stecken, und war ich erst einmal in einer solchen drin, kam ich nur schwer wieder aus ihr heraus. Jede und jeder wird das kennen. Der Grund dafür ist, dass man am Ende selbst daran glaubt, dieser bestimmten Schublade zu entsprechen, und es sich darin gemütlich macht. Denn schneller als wir es merken, werden wir zu Geschichtenerzählern. Wir erzählen eine Geschichte über uns selbst, warum wir in diese oder jene Schublade gehören, nicht nur den anderen, sondern auch uns selbst, bis wir diese schließlich glauben. Machen wir uns das bewusst, so können wir aber auch lernen, dass wir uns neue Geschichten erzählen können, selbstbestimmte, schönere. Lange Zeit traute ich mich nicht, anders zu sein, ich zu sein.

DOCH ALS ICH ENDLICH LERNTE, MICH SO ANZUNEHMEN, DASS ES MICH GLÜCKLICH MACHTE, MIT MEINER VERGANGENHEIT, MEINEM RUCKSACK, MIT MEINEN ANSPRÜCHEN AN MICH SELBST, BEGANN EIN NEUES, EIN VIEL FREIERES LEBEN FÜR MICH.

Inzwischen habe ich nicht mehr das Gefühl, Erwartungen von anderen erfüllen zu müssen, genauso wenig muss ich nicht mehr den Erwartungen meines eigenes Schubladendenkens gerecht werden. Aus welchen Schubladen ich mich befreite, davon werde ich auch in diesem Buch erzählen.

Meinen eigenen Weg zu gehen und selbst zu schauen, was sich richtig anfühlt – das wurde zu meiner Devise. Dadurch bin ich mir mein größter Halt geworden. Nicht mein Partner, nicht der Sport, sondern allein ich.

Es hat einige Jahre gedauert, bis ich mir diese innere Freiheit erkämpft habe. Und ich kann nur jeder oder jedem empfehlen, sich ebenfalls mehr zuzutrauen. Einen Versuch ist es allemal wert – es lohnt sich immer, mal abseits der gewohnten Pfade unterwegs zu sein. Das Bekannte bewusst zu verlassen, Anlauf zu nehmen – und den Sprung zu wagen.

Kapitel 1

BEWEGEN, IMMER NUR WILL ICH MICH BEWEGEN

Malaika, den Vornamen hat mir meine Mutter gegeben, bedeutet auf Suaheli „Engel". Und da Engel ständig unterwegs sind, sich mit Flügeln zwischen Himmel und Erde fortbewegen, passte mein Vorname irgendwie. Ich wollte auch permanent „on tour" sein.

Schon früh war mein Bewegungsdrang erkennbar und wohl auch ungewöhnlich ausgeprägt. Mit neun Monaten konnte ich nicht nur krabbeln, mich am Sofa hochziehen und für einen Moment glückstrahlend alleine stehen bleiben, nein, ich konnte auch schon, ohne mich irgendwo abstützen zu müssen, frei herumlaufen. Ich erinnere mich natürlich nicht daran, ich weiß es nur, weil meine Mutter mir davon erzählt hat, weiß es von Fotos, die sie mir zeigte, auf denen sie meine einzelnen motorischen Fähigkeiten festgehalten hat. Immer mit leuchtenden

Augen und einem verschmitzten Lächeln, weil ich es geschafft hatte, mich selbstständig durch die Welt zu bewegen, und mir so selbst völlig neue Perspektiven eröffnete, viel größer und aufregender als in der doch eher langweiligen Sitzposition. Auf zwei Beinen aufrecht zu stehen und mich mit ihnen in diese oder jene Richtung zu bewegen war Ausdruck meiner großen Lauffreude, nicht eine Minute wollte ich wieder zurückkehren in den unbeweglichen Stillstand.

Noch bevor ich laufen konnte, schob ich schon Stühle durch die Gegend, um auf Regale zu klettern und die Welt zu erforschen. Motorische Entwicklungsschritte nach dem allgemeinen Baby-Fahrplan übersprang ich, ich zog ein eigenes Tempo vor, offenbar wollte ich mit dem Lauftraining so schnell wie möglich beginnen. Schon im Bauch meiner Mutter hatte ich ordentlich mit den Beinen getreten. Auf dem Wickeltisch war ich auch nicht das ruhigste Baby, meine Mutter musste höllisch aufpassen, dass ich nicht herunterfiel; ständig strampelte ich wild umher. Und legte sie mich auf dem Boden auf eine Decke, hatte ich unentwegt das Bedürfnis, dieses Quadrat hinter mir zu lassen und die Welt außerhalb in Angriff zu nehmen. Ruhiges Liegen und in die Luft gucken war nicht gerade das, was meiner Natur entsprach. Fast schien mein Bewegungsdrang ein Omen zu sein, aber das lässt sich so auch nur aus heutiger Perspektive formulieren. Damals machte meine Mutter sich eher Sorgen um meine Knochen, für die das rastlose Umhersausen nicht so ideal war, irgendwie sahen sie durch meinen viel zu frühen Bewegungsdrang krumm und verbogen aus. Ich hatte ordentliche O-Beine, was auch ein Kinderarzt bestätigte, als sie ihm dieses Problem darlegte – es war ehrlich gesagt aber auch nicht zu übersehen. Kein Wunder, denn normalerweise fangen Babys erst um ihren ersten Geburtstag an, eigenmächtig im aufrechten Gang Räume zu erkunden. Der Arzt zeigte ihr physiotherapeutische Übungen, die sie mit mir machen könnte, um meine noch zu weichen Knochen zu stabilisieren und sie wieder zu richten. Das mit den Übungen hat sie gut gemacht, wie vieles im Leben, und die Beine sind gerade weitergewachsen.

Keinesfalls hörte es aber mit meiner Bewegungsfreude auf, auch nicht, als ich älter wurde. Um mich darin zu unterstützen, meldete sie mich mit drei Jahren im TSV 1895 Oftersheim an, einem Turn- und Sportverein im Rhein-Neckar-Kreis in Baden-Württemberg. Dort konnte ich mich beim Kinderturnen austoben, und zwar unter fachkundiger Aufsicht. Ich fühlte mich dort sehr wohl, hatte viel Spaß und fand es einfach nur toll, mit anderen Jungen und Mädchen neue Übungen kennenzulernen, denn unsere Wohnung reichte mir als Abenteuerspielplatz längst nicht mehr aus.

Mit vier Jahren wollte ich unbedingt zum Ballett, denn meine Freundin Lotta ging in die Ballettschule in Schwetzingen, einer Nachbarstadt.

Ich erklärte meiner Mutter: „Da möchte ich auch hin."

„Du solltest es dir aber vorher anschauen und mit Lotta mitgehen", sagte sie. „Wenn es dir gefällt, kannst du einen Kurs mitmachen."

Beim ersten Besuch in dem kleinen Tanzstudio in der Bahnhofstraße war ich so fasziniert von den vielen Mädchen, die ihre langen Haare straff aus dem Gesicht gebürstet und zu einem Dutt hochgesteckt hatten, nicht ein einziges widerspenstiges Haar lugte daraus hervor, dass ich unbedingt ein Teil dieser mir so fremden Welt sein wollte. Doch schon bald merkte ich, dass es hier ganz anders zuging als im Turn- und Sportverein. Die Stimmung war trotz unseres jungen Alters sehr leistungsorientiert.

Das gefiel mir gar nicht, und so verlor ich schnell die Lust am Ballett und turnte lieber weiter.

Wer mich darauf brachte, weiß ich nicht mehr. Aber irgendwann gab es eine neue Idee, und mit sechs, vielleicht sieben Jahren trat ich einem Judoverein bei. Judo, dieser Zweikampfsport, war etwas ganz anderes als Turnen oder Ballett. Er brachte für mich eine besondere Herausforderung mit sich, für ihn war eine völlig andere mentale Herangehensweise nötig, jedenfalls eine, die mir bislang unbekannt gewesen war. Bei dieser japanischen Kunst der Selbstverteidigung ging es darum, eine maximale Wirkung mit einem Minimum an Aufwand zu erzielen. Ziel war es, den Gegner oder die Gegnerin durch Anwenden einer Technik mit Kraft und Schnelligkeit kontrolliert

auf den Rücken zu werfen. Neben dem partnerschaftlichen Üben lernte ich in diesem Verein auch ethische Werte wie Ehrlichkeit, Bescheidenheit sowie Verständnis und Respekt füreinander. Es wurde darauf geachtet, wer kleiner oder größer war, jünger oder leichter. Ich gehörte zu den Leichtgewichten und war demnach immer in der Leichtgewichtsklasse unterwegs.

Beim Judo liebte ich die Vielfältigkeit der Bewegungselemente, die verschiedenen Falltechniken, seitwärts, rückwärts oder nach vorne. Und es war der erste Sport, den ich auch auf Turnieren ausgeübt habe. Als Anfängerin hatte ich wie jeder einen weißen Gürtel, aber dabei blieb es nicht, im Laufe der Zeit kamen immer mehr Gürtel dazu, und zwar nach der vorgegebenen Reihenfolge: Nach dem weißen folgte der gelb-weiße Gürtel, danach kam der gelbe, und mit acht Jahren besaß ich den gelb-orangen.

Als Achtjährige nahm ich dann an einem Sommerferienprogramm der Gemeinde Oftersheim teil, in dem sich verschiedene Vereine mit ihren jeweiligen Angeboten vorstellen konnten.

Neugierig, wie ich war, ließ ich mich auf einen Tag ein, um in mehrere Leichtathletikdisziplinen reinzuschnuppern. Einer der Trainer sagte, nachdem ich verschiedene Strecken gelaufen war, geworfen und mich auch im Weitsprung versucht hatte: „Du springst recht gut, Malaika, möchtest du nicht zu uns in den Verein kommen? Zum regulären Training?“ Ich dachte: Warum nicht?

Zwar zog es mich zur Leichtathletik, aber ich machte noch eine ganze Weile Judo. Ich war ein Wildfang, alles, was Sport war und mit Bewegung zu tun hatte, machte mir Spaß. Ein zuviel gab es eigentlich nicht. Doch mit der Zeit stieg das Trainingspensum in beiden Sportarten parallel an. Nach der Schule hetzte ich von einem Training zum nächsten. So machte es mir irgendwann keinen Spaß mehr. Eines Abends, als ich im Bett lag und zur Ruhe gekommen war, hielt ich inne und ließ mir das Ganze noch einmal durch den Kopf gehen. Sollte ich mich nicht besser auf eine Sportart konzentrieren? Ich kam zu dem Schluss, dass ich, abgesehen von dem zeitlichen Stress, auch nie ganz bei der Sache war, weil es bei der einen wie bei der anderen Sportart um ganz unterschiedliche Anforderungen ging. Es war wahrscheinlich besser, so das Ergebnis meiner Überlegungen, sich für eine Sportart zu entscheiden und mich ohne Ablenkungen darauf zu konzentrieren. Aber welche brachte mir mehr Spaß? Wirklich lange brauchte ich nicht darüber nachzudenken, die Antwort schoss mir ziemlich schnell in den Kopf: Es war die Leichtathletik, obwohl es mich natürlich gereizt hätte, mir noch mehr von den zehn möglichen Gürteln zu erkämpfen – einfach aufzugeben, bevor ich mir den letzten umbinden konnte, fiel mir schwer.

Im September schon, also nur wenige Wochen nach meinem Schnupperkurs, hatte ich mit meiner neuen Trainingsgruppe meinen ersten Wettkampf, einen 500-Meter-Stadtlauf, und während ich ihn absolvierte, merkte ich, dass das mehr mein Ding war. Hier ging es nicht um Junge gegen Junge oder Mädchen gegen Mädchen, es handelte sich um kein Messen, das mit einem direkten körperlichen Einsatz an einem Gegner verbunden war – und damit war es letztlich auch nicht so nervenaufreibend. Bei den Wettkämpfen in der Leichtathletik war ich auf mich gestellt, ich und mein Körper, wir bildeten eine Einheit. Meine Gegnerinnen bildeten ihre eigene Einheit, jede von ihnen war autark, nie kamen sie mir zu nah, zudem wollten sie mich nicht zu Fall bringen. Vielleicht gedanklich, um besser dazustehen, aber nicht real. Mir gefielen auch die verschiedenen Disziplinen, die zeitversetzt stattfanden, mit Pausen dazwischen, das war mir sehr sympathisch.

Aber was reizte mich überhaupt am Wettkampf, was bedeutete er für mich? Stellte ich mich beim Judo in einem Wettkampf mehreren Gegnerinnen, war es eindeutig schöner zu gewinnen, als zu verlieren. Doch diese Medaille hatte zwei Seiten. Es war ein wunderbares Gefühl, wenn ich als Siegerin gekürt wurde. In diesem Moment hatte ich etwas erreicht, wofür ich mich unglaublich angestrengt hatte. Der Kampf Runde um Runde war jedes Mal hart. Schon im Vorfeld war die Vorstellung von nicht einschätzbaren Partnerinnen mit enormer Anspannung verbunden gewesen. Auch wenn ich oft gewonnen habe, ich hatte mich immer durchbeißen müssen.

In der Leichtathletik machte ich jedoch andere Erfahrungen, die zum großen Teil eng mit meinem ersten Trainer verbunden waren. Er hielt nicht viel davon, große Sprüche zu klopfen, es wurde eigentlich überhaupt nicht viel geredet, sondern es wurde trainiert. Trainiert und trainiert. Er heizte uns eher nonverbal ein, mit vielen Gesten und ganz speziellen Blicken. Und jede Woche gab es in der Region einen Kinderwettkampf, auf den wir hintrainierten und der uns anstachelte. Anders als bei meinen Mitstreiterinnen, denen es vielfach um Bestätigung und Anerkennung ging, lösten die Wettkämpfe in mir den Wunsch aus, mich verbessern zu wollen.

NICHT BESSER ZU SEIN ALS ANDERE, NICHT GELOBT ZU WERDEN, HAT MICH ANGETRIEBEN, SONDERN ICH WOLLTE BESSER SEIN ALS BEIM LETZTEN MAL. ES WAR JEDES MAL EIN WETTKAMPF MIT MIR SELBST.

Deswegen war es für mich auch später immer relativ leicht, mit „Konkurrentinnen" umzugehen. Noch heute ist das so. Nie hob ich einen Wettkampf auf eine zwischenmenschliche Ebene, nie wollte ich mit Blick auf meine Konkurrentin besser sein, sondern immer bin ich in erster Linie für mich selbst angetreten.

Letztlich machte mir Leichtathletik Spaß. In den einzelnen Disziplinen geht es sehr objektiv zu, es gibt keine subjektiven Meinungen von Schiedsrichtern, auch keine Bewertungen wie beim Turnen, Turmspringen, Synchronschwimmen. Bei der Leichtathletik geht es nur darum, wie schnell man ist, wie weit man einen Speer oder einen Diskus geworfen hat, wie weit man gesprungen ist. Die Zahlen sagen einem, wie genau sich eine Athletin oder ein Athlet verbessert hat. Es war jedes Mal ein tolles Erfolgsgefühl, wenn ich meinen eigenen Rekord brechen konnte. Am Anfang der Saison stieg ich mit bestimmten

Ergebnissen ein und am Ende – nach vielen Trainingseinheiten – mit ganz anderen Resultaten wieder aus. Was ich erreicht hatte, hatte nichts mit den anderen zu tun, sondern war allein von mir abhängig, von meinem eigenen Training, meinem Willen, vielleicht noch von meinem Talent. Deshalb war es mir auch immer sehr leichtgefallen, freundlich zu den anderen Kindern und Jugendlichen in meiner Gruppe zu sein.

Umgekehrt war es nicht ganz so unkompliziert, weswegen es trotz guter sportlicher Ergebnisse keine einfache Zeit für mich war. Meine dunklere Hautfarbe war im Sportverein kein Problem, im Gegensatz zu Kindergarten oder Grundschule. Davon werde ich auch noch erzählen. Dennoch gab es auch hier unterschwellige Diskriminierung, aber hauptsächlich begründet in sozialen Unterschieden: Wir hatten durch meine familiären Verhältnisse nicht viel Geld, und wer sich keine Markenturnschuhe leisten konnte, sondern mit günstigen No-Name-Exemplaren vom Discounter auftauchte, musste sich auch mal Gelächter gefallen lassen. Schon als Kind habe ich dadurch verstanden, dass es immer Leute geben wird, die an einem etwas auszusetzen haben, ganz gleich ob aufgrund der Hautfarbe oder der nicht vorhandenen Markenschuhe. Dieses Wissen hat alles ein bisschen erträglicher gemacht, weil ein Teil von mir verstand, dass es nicht um mich persönlich geht, sondern eher mit den Menschen zu tun hat, die solche Urteile fällen. Die nur dann jemanden gut finden, wenn er sich die teuren Turnschuhe oder einen luxuriösen Urlaub leisten kann, die einen danach bewerten, ob man finanziell gut dasteht. Oder die die Meinung vertreten, dass eine hellere Hautfarbe besser ist als eine dunklere. Dennoch fiel es mir schwer, als Heranwachsende diese rationale Erkenntnis in realen Situationen anzuwenden. Vieles bezog ich dann doch auf mich selbst, vor allem, wenn ich es mit einem Gegenüber zu tun hatte, das mir nicht sehr freundlich gesinnt war. Das ist das Schlimme daran, dass man das, was einem am eigenen Leib widerfährt, nur sehr, sehr schwer von der eigenen Person trennen kann – als Kind nahezu unmöglich. Gerade in jungen Jahren habe ich Ablehnung – aus welchen Gründen auch immer – auf mich bezogen, weil ich noch nicht fähig dazu war, all diese Erlebnisse von mir zu abstrahieren. Es blieb ein Unverständnis zurück, das schwer wog und manchmal in nahezu erschütternder Weise sehr tief ging. Ja, auch ziemlich hart war.

Kapitel 2

MEINE VIELLEICHT NICHT GANZ GEWÖHNLICHE FAMILIE

Bis zu meinem zweiten Lebensjahr lebte ich in Heidelberg, wo ich auch zur Welt gekommen war, zusammen mit meiner Mutter, teilweise auch mit meinem Vater. Doch dann ließen sich meine Eltern scheiden, was auch damit zu tun hatte, dass sie völlig unterschiedliche Erwartungen vom und Ansprüche ans Leben hatten. Während meine Mutter nach meiner Geburt daran reifte und versuchte, ihr Studium und Nebenjob damit zu vereinen, fiel es meinem zehn Jahre jüngeren Vater deutlich schwerer, sich von dem sorglosen jungen Leben ohne Verantwortung zu verabschieden und sich an seine neue Rolle zu gewöhnen. Meine Mutter und ich zogen nach Oftersheim, knapp zehn Kilometer von Heidelberg entfernt.

Mein Vater war in Sansibar aufgewachsen, er hatte sich ebenfalls gern bewegt und in seiner Jugend liebend gern Fußball gespielt, wie er mir später einmal erzählte, aber in diesem halb autonomen Teilstaat von Tansania war die Sportförderung nicht besonders ausgeprägt gewesen. Meine Mutter wiederum liebte als Jugendliche das Weitspringen, aus ihr hätte eine gute Weitspringerin werden können, wenn sie es ernsthaft verfolgt hätte. Aber für sie kam es nicht in Betracht, über den Sport als berufliche Chance nachzudenken, auch weil ihr niemand gesagt hatte, wie gut sie gewesen war. Mich unterstützte sie auch deshalb immer, als ich diesen Weg einschlug. Nach einer Ausbildung zur Schreinerin, zog sie es vor zu studieren, weil sie lieber Lehrerin werden wollte. Ihr Studium musste sie jedoch abbrechen, denn es war ihr nicht möglich, als Alleinerziehende und Alleinfinanzierende ihr Studium weiterzuführen. Es waren schließlich die 1990er-Jahre – Unterstützung für Frauen wie sie gab es damals nicht so wie heute.

Meine Mutter war immer die Bezugsperson mit der größten Bedeutung für mich, nicht nur in meiner Kindheit, auch heute noch zählt sie zu den wichtigsten Personen in meinem Leben. Ich fühlte mich von ihr wertgeschätzt, fühlte mich gut bei ihr aufgehoben. Zusammen unternahmen wir viele Ausflüge, am Wochenende waren wir immer unterwegs, wanderten im Wald, gingen in den Zoo oder besuchten das Schwimmbad. Wenn wir auch viel unternahmen, es waren Dinge, die wir uns leisten konnten.

2020, mitten in einem Lockdown, machten wir einen sehr langen Spaziergang, bei dem wir intensiv über die besondere Einheit sprachen, die wir als Mutter und Tochter bildeten. Ich bedankte mich auch bei ihr für diese gemeinsame Zeit, dafür, dass sie mir so viel Liebe gegeben hatte, so viele positive Erinnerungen, an denen ich mich auch in harten Zeiten festhalten konnte. Sie hatte mir die Kraft geben, die Sicherheit, dass ich nicht an schwierigen Situationen zerbrach. Denn es war nicht selbstverständlich, dass ich meine Kindheit gut überstand. Wir redeten nicht ständig darüber, wie nah wir uns sind, wir waren uns einfach nah, allein durch die viele Zeit, die wir miteinander verbrachten. Ich wusste es, sie wusste es, wir wussten es.

Meine Mutter war in der Kindheit nicht nur eine Mutter, sondern auch eine Freundin. Gerade in der Teeniezeit können das nicht viele Kinder über ihre Eltern sagen. Ich fand es immer schön, dass ich zu Hause auch eine gute Freundin hatte, mit der ich über alles sprechen konnte – oder mit der ich gemeinsam schweigen konnte. Meine Mutter war nicht wie meine beste Teeniefreundin Chrissy, aber es ging über ein elterliches Verhältnis hinaus. Nie sagte sie damals Sätze wie: „Solange du deine Füße unter meinen Tisch stellst, musst du tun, was ich dir sage." Solche Ansagen waren mir fremd, wir hatten, ich es formuliere es mal so, eine innere Familiendemokratie.

Schon sehr früh fragte sie mich nach meiner Meinung, sie gab mir Raum, eine eigene Ansicht zu bilden, sie zu artikulieren und zu kommunizieren. Was aber längst nicht hieß, dass sie immer das tat, was ich wollte. Aber sie wusste um meinen Standpunkt Bescheid und hatte ihn in ihre Überlegungen und Entscheidungen mit einfließen lassen. Von meinen Freundinnen wusste ich, dass ein solches Verhalten bei Eltern nicht selbstverständlich war.

Bei Kommunal-, Landtags- oder Bundestagswahlen begleitete ich meine Mutter zur Wahlurne. Im Vorfeld hatte sie mir erklärt, wie Demokratie funktioniert, welche Rolle Parteien spielen und welche Parteien in Deutschland für welche Inhalte stehen. Nachdem sie mich gut aufgeklärt hatte, fragte sie mich: „Was ist dir wichtig? Was ist deine Perspektive?" Ich schilderte ihr dann meine Ansichten. Hatte ich meine Ausführungen beendet, sagte sie: „Gut, darüber werde ich nachdenken."

Meine Mutter hatte meine Meinung als wichtig empfunden, hatte dadurch meine Stimme hörbar gemacht. Sie wollte von mir wissen, welche Sicht ich als Kind auf die Dinge habe. Auf Bildung, auf Gerechtigkeit in einer Gesellschaft, auf Armut. Sie nahm mich mit zur Wahlurne in die Kabine und ließ mich das Kreuz machen, bei der Partei, die sie wählen wollte. Einmal ließ sie mich auch entscheiden, nur die Vorauswahl von drei Parteien traf sie. Ich wählte aus diesen drei und setzte das finale Kreuz. Sie hatte das letzte Wort gehabt oder besser gesagt das erste, aber sie hatte mich teilhaben lassen. So wurde ich schon sehr früh zu einem politisch bewussten Menschen erzogen – und wir schufen mit unserem innigen Austausch gemeinsame Erinnerungen.

Meine Mutter hatte in meiner Kindheit ihr ganzes Leben auf mich ausgerichtet. Sie hatte ihr Studium abgebrochen, weil sie die Situation als geschiedene, alleinerziehende Studentin überfordert hatte. Zumal sie die alleinige Verantwortung für unser finanzielles Wohlergehen hatte, als sie und mein Vater geschieden wurden. Sie war gezwungen, Geld für uns zu verdienen, und so nahm sie einen Job als Kassiererin in einem großen Supermarkt an, den sie auch dreißig Jahre lang innehatte. Trotzdem war sie deswegen nie traurig, sie hatte mir immer das Gefühl gegeben, ich sei ihr größter Schatz und das Beste, was ihr in ihrem Leben passiert sei. Das hat sie mir immer gesagt, das sagt sie mir auch heute noch. Und das waren keine leeren Worte gewesen, als Kind habe ich das jeden Tag spüren können.

Anfangs arbeitete sie halbtags, und als ich in den Kindergarten kam, wollte sie eigentlich wieder anfangen, Vollzeit zu arbeiten. Als sie dann aber merkte, dass mir das nicht guttat, weil es einige Probleme mit anderen Kindern und Eltern gab, ich dadurch einfach mehr Aufmerksamkeit und Liebe brauchte, nahm sie darauf Rücksicht. Sie blieb bei ihrem Halbtagsjob, um mehr Zeit mit mir verbringen zu können. Und um mich aufzupäppeln von den ganzen negativen Erfahrungen, die ich gemacht hatte und von denen ich später noch berichten werde.

Meine Mutter und ich – wir führten ein vollkommen anderes Leben als das in einer drei- oder vierköpfigen Familie der Fall gewesen wäre, in einer Familie mit einem Vater. Wir waren zweiköpfig, Mutter und Tochter. Und so eins wir einerseits waren, meine Mutter zeigte mir auch immer ihre Grenzen auf, wenn sie Zeit für sich brauchte. Dann sagte sie:

„Jetzt beschäftige dich mal alleine." So lernte ich, dass man nicht immer die Aufmerksamkeit bekommen kann, die man sich vielleicht gerade in dem Moment wünscht, und im Zuge dessen, Zeit mit mir selbst zu verbringen. Das war für mich eine wichtige Lektion, die Grenzen anderer akzeptieren und mit mir selbst auskommen zu können.

Ich konnte auch teilen, weil meine Mutter die Eigenschaft hatte, auch für meine Freundinnen immer eine Mutter zu sein. Das zeichnet sie aus, dass sie ein kinderliebender Mensch ist und generell gegenüber anderen stets freundlich und offen. Ein Mensch, der immer auf andere achtet. Davon konnte ich sehr viel für mein Leben mitnehmen. Wenn sie das Gefühl hatte, ein Kind bekommt von zu Hause nicht genügend Liebe und Aufmerksamkeit, hat sie versucht, das aufzufangen, jedenfalls im Rahmen ihrer Möglichkeiten. So lernte ich das Teilen. Aber: Liebe wird nicht weniger, wenn man sie teilt. Dann multipliziert sie sich.

LIEBE WIRD NICHT WENIGER, WENN MAN SIE TEILT. DANN MULTIPLIZIERT SIE SICH.

Es war sehr beeindruckend zu sehen, wie man mit anderen Menschen umgehen kann. Meine Mutter hat immer versucht, anderen ein gutes Gefühl zu geben. Hat viele positive Worte für die Menschen um sich herum übriggehabt. Es fielen ihr immer Komplimente ein, oftmals zu vermeintlichen Kleinigkeiten. So versuchte sie, andere Leute zu stärken und bestärken. Darin ist sie mir ein großes Vorbild.

Ganz anders empfand ich für meinen Vater. Es war für mich schwer zu verstehen, warum mein Vater uns verlassen hat, mich verlassen hat. Immer wieder stellte ich mir die Frage: Hat er mich trotzdem lieb, obwohl er gegangen ist? Erst als Teenager wagte ich es, ihn damit zu konfrontieren. Und als er mir daraufhin zu verstehen gab, dass es so sei, ja, er würde mich lieben, hatte mir seine Äußerung fürs Erste gereicht. Mehr wollte ich nicht, ich hatte das zu hören bekommen, was ich hatte hören wollen. Doch irgendwann wurde mir klar, dass ich gar nicht wusste, wer dieser Mann, mein Vater, eigentlich war. Ich konnte nicht länger die Augen davor schließen, dass wir über viele Jahre lang keine Beziehung hatten, auch zu seiner afrikanischen Familie auf Sansibar gab es keinen Kontakt. Zu meinen vierten Geburtstag – am Geburtstag meiner Mutter wohlgemerkt – bekam ich ein Paket von ihm mit einem Geschenk und einer Karte, das war's. Dann hörte ich knapp zehn Jahre nichts mehr von ihm. Bis mein Vater Kontakt zu meiner Mutter aufnahm und sich von da an in eher unregelmäßigen Abständen meldete. Bis dahin hatte ich mich arrangiert mit der Nichtexistenz meines Vaters in meinem Leben. Und irgendwie war das auch gut so, denn ich hatte regelrecht Angst vor ihm.

Es war für mich eine große Qual, wenn meine Mutter sagte, ja, mich aufforderte: „Dein Vater hat auf dem Anrufbeantworter eine Nachricht für dich hinterlassen. Rufe ihn doch bitte zurück." Ich aber wollte nicht mit ihm telefonieren, mehrmals redete sie auf mich ein, über Wochen ging das so, bis ich dann doch zum Hörer griff und seine Nummer wählte. Meine Hände zitterten, in meiner Magengegend breitete sich ein flaues Gefühl aus. Da war sie wieder, diese entsetzliche Furcht vor ihm. Und sie hatte auch einen Grund. Sie hatte damit zu tun, dass mich mein Vater während der ersten Male, die ich ihn bewusst traf, nur zurechtgewiesen hatte. Bei diesen Begegnungen hielt er mir vor, dass ich dies und jenes falsch machen würde, obwohl ich nach meinem Verständnis alles richtig gemacht hatte. Meine Mutter wollte zwar, dass ich den Kontakt zu meinem Vater nicht ganz abbrach, sie wollte keinen Sorgerechtsstreit auslösen, konnte aber auch nachvollziehen, dass ich diese innere Ablehnung in mir hatte.

Eine dieser verängstigenden Begegnungen hatte im Winter stattgefunden. Meine Freundin Lotta und ich, wir waren vielleicht höchstens vier Jahre alt, trugen Wollkleider und darunter dicke Strumpfhosen, als mein Vater bei uns auftauchte. Lotta und ich tobten umher, wobei uns ziemlich heiß wurde. Weil uns die Kleider bei unserem Spiel störten, wir uns nicht richtig bewegen konnten und es auch warm in dem Zimmer war, zogen wir sie aus, sodass wir nur noch unsere Unterhemdchen und Strumpfhosen trugen. Mein Vater schimpfte augenblicklich als er den Raum betrat: „Das gehört sich nicht für ein Mädchen, so herumzulaufen. Zieht sofort wieder eure Kleider an."

Seine Bemerkung traf mich in dem Moment tief, weil ich mich so schutzlos fühlte. Und das an dem Ort, an dem ich zu Hause war und eigentlich sicher sein sollte. Lotta wohnte im selben Haus, nur ein Stockwerk über uns, eigentlich war bislang alles sehr familiär, ja sogar inniglich zugegangen. Und dann erschien jemand auf der Bildfläche, der mich so verunsicherte, indem er mein in meinen Augen normales und logisches Verhalten derart infrage stellte. Ich fiel aus allen Wolken.

Danach sah ich ihn lange Zeit nicht mehr und lernte erst Jahre später meine zwei jüngeren Halbschwestern und seine damalige Frau kennen. Es war eine schöne Erfahrung, auch wenn die Umstände für mich nicht leicht waren.

Erst mit der Zeit entwickelte sich bei meinem Vater ein religiöses Bewusstsein. Er beendete seinen bisherigen Lebensstil, der mittlerweile eh schon ruhiger geworden war, und lebte nun als gläubiger Muslim. Als er mit meiner Mutter zusammen war, war er eher noch so der Reggae- und Partytyp gewesen. Dass es für mich schwierig war, ohne einen Vater aufzuwachsen, der aufgrund meiner dunklen Hautfarbe dennoch präsent in meinem Leben war, schien ihn nicht zu beschäftigen. Mir schien es so, als dachte er komplett anders, und das hatte nicht nur mit Reflexionsfähigkeit oder -unfähigkeit zu tun. Mein Vater ist an vielen gesellschaftlich, politischen oder religiösen Themen interessiert, nicht aber unbedingt an den emotionalen Tiefen einer seiner Töchter. Was meine Vaterbeziehung für mich auszeichnet, ist nicht gesehen zu werden, als die, die ich bin. In den letzten Jahren verbrachten wir recht viel Zeit für unsere Verhältnisse. Zu meiner Freude lernte ich meine jüngsten Halbgeschwister und meine Stiefmutter näher kennen. Meine Furcht vor ihm überwand ich vor einigen Jahren schon, aber richtig gesehen und verstanden fühle ich mich bis heute nicht.

Ein wenig beschäftigte ich mich mit seinem kulturellen Hintergrund, um mehr über meinen Vater zu erfahren, und vielleicht auch, um so etwas wie Verständnis zu entwickeln, die Situation aus seiner Perspektive heraus zu verstehen. In Afrika, in Tansania, ist das Zusammenleben ein komplett anderes als in Deutschland. Kinder werden in der Heimat meines Vaters durchgereicht, ein ganzes Dorf erzieht ein Kind, so besagt es zumindest ein afrikanisches Sprichwort. Meine Mutter erzählte mir jedenfalls, es sei dort normal, dass Kinder eine Zeit lang bei Verwandten aufwachsen, zusammen mit Cousins und Cousinen, man rotiert so durch die Familie. Das müssen nicht einmal Blutsverwandte sein, was dazu führt, dass es in Tansania einen ganz anderen Bezug zur Familie gibt. Mein Vater lebte und lebt seine Vaterrolle, wie er es kulturell gelernt hat und wie es seinen Vorstellungen entspricht – nur leider unterschieden die sich komplett von denen, wie ich sie mir vorstellte. Ich hatte durch mein Aufwachsen in Deutschland ein anderes Bild von Familie. Und bei allem Verständnis für seine Situation, so konnten wir bisher noch nicht wirklich zueinander finden.

Kapitel 3

WENN MAN ANDERS AUSSIEHT – OHNE ES ZU WISSEN

Bereits im Kindergarten wurde ich aufgrund meiner Hautfarbe anders behandelt. In manchen Situationen bekam ich zu spüren, dass ich nicht so war wie die anderen Jungen und Mädchen, etwa wenn ich eine Frage stellte oder etwas Bestimmtes wollte – dann schaute man mich erst mal auf eine Art an, ob ich dazu überhaupt berechtigt war. Damals wusste ich noch nicht genau, dass das mit meinem Aussehen zu tun hatte. Ja, ich hatte überhaupt noch nicht einmal begriffen, dass ich offenbar anders aussah als die Menschen um mich herum. Und nicht nur das, offensichtlich war damit auch eine Wertung verbunden.

Einige griffen auch in meine Haare, weil sie schwarz und lockig waren, nicht so blond oder braun und glatt wie die der anderen. Keine der Erzieherinnen kam aber auf die Idee, zu sagen, dass man dies doch bitte unterlassen solle, weil es sein könne, dass ich es nicht mögen würde. Sie erklärten auch nicht, warum es auf der Welt unterschiedlich aussehende Menschen gab. Aber es ging nicht nur um meine Hautfarbe, es gab noch einen weiteren Grund, der nicht besonders gut ankam: Ich war ein Scheidungskind. Damals, vor ungefähr 25 Jahren, war das noch ein Makel, zumindest im ländlichen Raum. Denn Scheidungskinder haben ja vermeintlich keine richtige Familie, sie stehen immer zwischen den Stühlen und passen nirgendwo so richtig hin.

Eigentlich sollte die Tatsache, getrennte Eltern zu haben, etwas Normales sein – was auch meine Mutter fand. Sie wollte sich schließlich selbst ein Bild machen, wie in der Kita mit mir umgegangen wurde. So erlebte sie ein paar Szenen, schnappte einige Gespräche zwischen den Erzieherinnen und anderen Müttern auf, die sie stutzig werden ließen. Es wurden Bemerkungen gemacht, dass ein Kind wie ich, ohne Vater und noch dazu mit dieser Hautfarbe, doch einen schlechten Einfluss auf die anderen Kinder ausüben würde. Doch meine Mutter fühlte sich nicht gedemütigt. Sie sah nicht ein, warum eine Alleinerziehende sich nicht genauso gut um ein Kind kümmern können sollte wie ein Ehepaar. Trotz ihrer Außenseiterrolle nahm sie sich negative Kommentare nicht zu Herzen.

Stattdessen suchte sie für mich einen anderen Kindergarten, in dem Klischees und Vorurteile nicht vorherrschten. Natürlich war ich zu jung gewesen, um über all diese Dinge reden zu können, letztlich aber wollte ich es auch nicht. Selbst später, als ich älter wurde und meine Mutter mit mir über mein Aussehen oder auch meinen Vater sprechen wollte, blockte ich ab. Ich konnte mit ihr nicht darüber reden. Es hat mich so belastet, dass ich gar nicht wusste, womit ich anfangen sollte. Ich konnte meine Gedanken und Gefühle nicht in Worte fassen, nicht verarbeiten, weshalb ich sie in ein Paket schnürte und dieses ungeöffnet in meinem Rucksack umhertrug, bis ich bereit dazu war. Meine Mutter drang aber niemals in mich, akzeptierte, dass ich mich wie eine Auster verschloss.

Sie war natürlich traurig und schockiert, dass ich so viel Schlechtes erfahren hatte und so offensichtlich litt. Doch war sie sich auch sicher, dass ich stark genug war, das alleine zu tragen, auch wenn sie es im Nachhinein vielleicht lieber anders gemacht hätte. Das war wohl der unbändige Optimismus, den sie von meinem Großvater geerbt hatte.

Erst mit zehn Jahren, als Grundschulkind, erkannte ich, dass ich dunkelhäutig war, und dass das tatsächlich einen Unterschied machte. Ich hockte in der Dusche und wollte mich abbrausen, wie ich es schon unzählige Mal zuvor getan hatte. Als ich den silber glänzenden Duschkopf schließlich über meinen Arm hielt, wurde mir durch die Reflexion meiner Haut auf dem Metall auf einmal bewusst, dass ich diese andere, diese dunklere Hautfarbe hatte. Natürlich hatte ich das schon vorher wahrgenommen, aber bis dahin hatte es nichts für mich bedeutet. Ich hatte keinen Unterschied gemacht, obwohl ich den Unterschied der Hautfarbe natürlich wahrgenommen habe. Ich kannte quasi nur ein Leben unter Hellhäutigen. Aber Hautfarbe war für mich nie ein relevantes Kriterium zur Unterscheidung der Menschen. Tausendmal schon hatte ich in der Dusche gestanden, und nichts war passiert, und dann war es mir plötzlich aufgefallen – ich war anders. Das war eine Feststellung, die auch mit einem gewissen Schmerz verbunden war, weil mir damit gleichzeitig deutlich wurde, dass es immer andere Menschen geben würde, die diesen Unterschied machen würden.

Hatte ich in dem zweiten Kindergarten keine Probleme mehr wegen meiner Hautfarbe, in ihm war ich ein Kind wie jedes andere auch, so wurde es erst wieder in der Grundschule problematisch für mich. Ein Junge aus meiner Klasse hatte einen Onkel, der in der NPD war, und auch die Eltern des Jungen hatten ein Denken, das man wohl als rechts bezeichnen konnte. Das wurde auch nicht verheimlicht, es wurde offen zur Schau getragen und war allen bekannt, ohne dass sich jemals irgendjemand daran gestört hätte.

Einmal bildeten wir einen Stuhlkreis, und zufällig ergab es sich, dass ich meinen Stuhl neben diesen Schüler stellte. Entsetzt sah der Junge mich an, das Gesicht zu einer Grimasse verzogen, als hätte er den schlimmsten Abscheu vor mir. Schließlich sagte er laut in einem abfälligen Ton: „Ich will nicht neben der sitzen."

Stille im Klassenzimmer. Sämtliche Augenpaare waren zur Lehrerin gerichtet. Alle schienen gespannt darauf zu warten, was die Lehrerin sagen würde. Ich war irritiert und vor den Kopf gestoßen, in meinem Herzen spürte ich einen dumpfen Stich, als wolle man es in Stücke reißen. Was würde sie tun?

Die Lehrerin holte tief Luft, bevor sie die Worte unwiderruflich und mit harter Stimme aussprach, die sich für immer in mich eingraben sollten: „Malaika, dann setz dich bitte woanders hin."

Ich begriff nicht, was das sollte, was da vorgefallen war. Wieso erfuhr ich eine solche Abneigung, obwohl ich gar nichts gemacht hatte? Heute ist mir klar, dass der Junge das Denken aus seiner Familie, aus seinem Elternhaus übernommen hatte, das darin wurzelte, dass ich aufgrund meiner Hautfarbe für ihn „minderwertig" und er mir überlegen war. Nicht weiße Menschen zu diskriminieren, hatte er wohl dort gelernt. Er hielt sich für besser als ein Kind, das so aussah wie ich, und wollte mir zeigen, dass er mich am liebsten aus der Klasse ausgeschlossen hätte.

Viel schlimmer und schwerwiegender für mich aber war, dass meine Lehrerin seine Aussage unreflektiert übernahm, sie nicht kommentierte und mich sogar aufforderte, mich auf einen anderen Platz zu setzen. Nach meinem Empfinden hätte sie eingreifen, allen anderen Schülern und Schülerinnen in der Klasse verdeutlichen müssen, dass ein solches Verhalten nicht zu dulden sei. Sie hatte die Reaktion des Schülers heruntergespielt, nein, noch furchtbarer, sie hatte ihn darin bestätigt, dass das, was er von sich gegeben hatte, richtig war. Sie ließ mich fühlen, dass ich fehlerhaft war. Sollte ich mich deswegen schämen? Mich verstecken, sodass ich für den Jungen unsichtbar war? Aber das konnte ich in einer Klasse nicht, ich wollte mich ihr doch zugehörig fühlen. Hätte der Junge das auch gesagt, wenn ich weiß gewesen wäre? Und wieso half mir keiner? Ging es in einer Klasse nicht darum, sich gegenseitig zu unterstützen, die eigenen Stärken einzubringen und einander zu ergänzen? So jedenfalls hatte mir meine Mutter die Welt erklärt.

Irgendwann gingen in der Schule die Läuse um, und sofort hieß es unter manchen Eltern hinter vorgehaltener Hand: „Die müssen von Malaika kommen." Als sich dann herausstellte, dass ich keine Läuse hatte, gab es eine andere Ausrede, um mir klarzumachen, dass ich nicht wirklich zu ihnen gehörte. „Nicht einmal die Läuse wollen zu ihr." Das alles waren Momente, die sehr wehtaten und mir das Gefühl gaben, nichts wert zu sein.

Dieselbe Lehrerin meinte eines Tages anlässlich eines Elterngesprächs bezüglich der weiterführenden Schule zu meiner Mutter, noch nie hätte sie so ein gestörtes Kind wie mich erlebt: „Ihre Tochter kann froh sein, wenn sie die Hauptschule besuchen kann, eigentlich wäre die Sonderschule der Ort, wo sie hingehört." Eine Lehrerin, die so dachte, konnte mich, ihre Schülerin, nicht normal behandeln, sie hatte mich vom ersten

Augenblick an, als sie mich sah, abgeschrieben. Dabei war ich ein normales Kind, zumindest keines mit einer beschränkten Auffassungsgabe, was ich später auch auf meiner weiterführenden Schule feststellen konnte. Ich hatte mich in dieser Grundschule, mit dieser Lehrerin und in dieser Klasse, einfach nicht wohlgefühlt.

Mit all diesen Aggressionen konnte ich nicht umgehen. Es war bei mir nicht das EINE schlimme Erlebnis, dieser eine entscheidende Punkt, der mich dazu brachte, dass ich dachte, es müsse an mir liegen, ich sei der Fehler. Es war die Summe der Mikroaggressionen, der Alltagsrassismus, der mich ohne Unterlass begleitete. Das Furchtbare am Alltagsrassismus ist, dass man sich durch ihn täglich ein bisschen schlechter fühlt, es ist eine schleichende Angelegenheit – und damit vielleicht auch viel nachhaltiger in seinen Auswirkungen. Mein Selbstverständnis war, dass alles mit mir in Ordnung ist, ich okay bin, so wie ich bin. Aber es kamen immer wieder Menschen, die mir zeigten, du bist nichts wert, so wie du bist. Was immer ich machte, es war falsch. Die Kleinigkeiten zeigten mir, dass ich nicht angenommen war.

Durch diesen allgegenwärtigen, bedrückenden Rassismus entwickelte ich mit der Zeit eine ganz andere Wahrnehmung meiner Selbst. Das jahrelange Aushöhlen des Steins durch stete Tropfen hatte ein tiefes Loch in mein Selbstwertgefühl gegraben. Ich fühlte mich nicht mehr frei, selbstbewusst und glücklich, denn ich hatte gelernt, mich nicht nur als Teil des Problems zu sehen, sondern als alleiniger Ursprung aller Probleme. Ich dachte: Wenn mir so viele Leute auf so unterschiedliche Art zeigen, dass ich schlecht bin, kann ich tatsächlich nur ein sehr unangenehmer Mensch sein, ein Mensch, den man hassen sollte. Ich konnte mir nicht erklären, warum mein

Vater gegangen war, ich verstand nicht, warum Leute mich so abschätzig behandelten. Und da dies nicht wenige taten, kam ich wieder und wieder zu dem Schluss, dass es dann wohl an mir liegen musste. Sonst würden mir nicht so viele Menschen widerspiegeln, dass ich nicht in Ordnung bin.

Diese Überlegungen, die ständig im Kreis liefen, führten dazu, dass ich darüber nachdachte, wie es wäre, wenn ich nicht da wäre. Dann, so nahm ich an, müssen sich doch eine Menge Leute freuen. Ich wollte irgendwann gar nicht mehr existieren, auch wenn ich das Leben an sich liebte und es mir schwerfiel, mich nicht zu mögen.

Heute sind meine Schilderungen vielleicht für den ein oder anderen schwer nachzuvollziehen. Wir leben doch in einer offenen toleranten Gesellschaft, mag man denken. Damals gab es aber auch noch ein großes Gefälle zwischen den Städten und dem Land. Oftersheim war mit seinen 12 000 Einwohnern eher kleinstädtisch geprägt. In meiner Schule gab es kein weiteres Kind, das eine dunkle Hautfarbe hatte. Heute ist es vielleicht mehr akzeptiert, dass Deutsch- und Dunkelhäutigsein kein Widerspruch sind. Wobei mir klar ist, dass die Realität vielfach anders aussieht, viele Menschen werden hierzulande noch immer diskriminiert, beleidigt und ausgegrenzt. Im Netz gibt es genügend Hass und Hetze, nicht weißen Menschen aus der Öffentlichkeit legt man auf Social Media nahe, doch besser aus Deutschland zu verschwinden, sie hätten hier nichts zu suchen, man droht ihnen sogar mit Mord. Rechtsradikale verprügeln auf der Straße Jugendliche, die nicht ihrem Bild des „Deutschseins“ entsprechen – die Geschehnisse in Halle im Jahr 2019 oder in Hanau 2020 waren Gewalttaten, die mich zutiefst schockierten.

Eigentlich sollte es keinen Rassismus geben. Das deutsche Grundgesetz und alle anderen liberalen Verfassungen verbieten ihn. „Fremdenfeindlichkeit, Rassismus und Antisemitismus dürfen in Deutschland und auch anderswo keinen Platz haben“, sagte die ehemalige Bundeskanzlerin Angela Merkel zum 25. Jahrestag des rassistisch motivierten Brandanschlags im nordrhein-westfälischen Solingen. 1993, ein Jahr vor meiner Geburt, war dieser verübt worden. Vielleicht gibt es mittlerweile ein größeres Bewusstsein für das Thema, aber dennoch muss noch viel passieren. Rassistische Äußerungen mancher Menschen werden etwa schnell als Meinungsäußerung abgetan, „Das wird man ja wohl noch sagen dürfen“, „Hier haben wir immer noch Meinungsfreiheit“, obwohl Rassismus keine Frage der Meinungsfreiheit ist. Rassismus wird häufig genug auch nicht als solcher erkannt, weil er sehr subtil sein kann. Kurz gesagt lässt es sich als rassistisch bezeichnen, wenn man auf dem Recht auf Ausgrenzung anderer beharrt, aufgrund von realen oder auch frei imaginierten Merkmalen. Oder wenn man seiner Gruppe, wie auch immer man diese definiert, ein Recht auf soziale oder kulturelle Überlegenheit einräumt.

Darüber hinaus sind einzelne zwischenmenschliche Interaktionen nur die Spitze des Eisbergs: Wir müssen verstehen, dass unser System rassistisch geprägt ist. Dieser sogenannte institutionelle Rassismus bezeichnet die strukturelle Benachteiligung von bestimmten Menschengruppen, etwa im Bildungssystem, auf dem Wohnungsmarkt oder durch die Polizei. Wenn die Politik es nicht nachhaltig schafft, aktiv gegen Rassismus vorzugehen, müssen wir uns selbst auf Werte wie Toleranz, Offenheit und Empathie besinnen. Denn wir alle sind von Diskriminierung betroffen. Entweder als Opfer, Täter oder Wegsehender. Das Streben nach einer bunten Gesellschaft, in der sich alle

Menschen wohl und sicher fühlen, sollte zur persönlichen Angelegenheit jedes Einzelnen werden.

In der Grundschule fiel es mir schwer, gute Leistungen zu erbringen, kein Wunder, die Umstände waren eben nicht so, dass ich mich dort wohlfühlen konnte. Und weil ich mich nicht wohlfühlte, immer glaubte, auf der Hut sein zu müssen, ich nicht so angenommen wurde, wie ich war, gelang es mir auch nicht, mich auf die Aufgaben zu konzentrieren, zumindest nicht in den Fächern, die meine Klassenlehrerin unterrichtete. Das wurde erst besser, als ich in der vierten Klasse eine andere Klassenlehrerin bekam, die eher unterstützend war.

Die neue Lehrerin sprach dann für mich eine Realschulempfehlung aus. Ich fand es völlig in Ordnung, dass ich nicht auf das Gymnasium kam wie andere Kinder aus meiner Klasse. Meine Mutter war auch auf der Realschule gewesen und hatte auf dem Wirtschaftsgymnasium ihr Abitur nachgeholt. Ich war ehrlich gesagt nur froh, dass ich die Grundschulzeit einigermaßen gut überstanden, ja, wenn auch mit vielen unsichtbaren Blessuren. Nun hatte ich die Möglichkeit, in Schwetzingen auf die Realschule zu gehen, die auch eine Freundin von mir besuchen würde. Aus diesem Grund besichtigte ich sie gemeinsam mit meiner Mutter im Rahmen des Tags der offenen Tür. Die Realschule gefiel mir gut, aber auf dem Heimweg erzählte mir meine Mutter von einer weiteren Option: die Internationalen Gesamtschule in Heidelberg. Als ich sie fragte, warum ich den weiteren Weg in Kauf nehmen sollte, wenn mir die Realschule doch auch gefalle, wählte meine Mutter ihre Worte mit Bedacht: „Man muss sich bewusst sein, du und ich müssen uns bewusst sein, dass Rassismus ein Problem ist, mit dem du konfrontiert werden könntest. Die Wahrscheinlichkeit ist höher, dass es dir begegnet, wenn du weiter in einer kleineren Stadt bleibst und dort zur Schule gehst. In einer größeren Stadt kann es schon anders aussehen, zumal in diese Schule Kinder aus vielen Ländern gehen. Die sind sicher offener und haben keine Vorurteile.“

Nach dem dortigen Tag der offenen Tür war mir schnell klar, dass ich tatsächlich auf die Internationale Schule gehen möchte. Damals gab es dort Schüler und Schülerinnen aus über 60 Nationen, und meine Mutter hatte recht gehabt, Rassismus schien hier ein Fremdwort zu sein. Dieser erste Eindruck wurde dann auch bestätigt, als ich dort zur Schule ging. Nach meinem Schulwechsel wurde ich wegen meiner Hautfarbe nicht mehr anders behandelt oder betrachtet, weder von den Lehrerinnen noch von meinen Mitschülern.

Meine Mutter hatte sich viele Gedanken über Rassismus gemacht. Sie versuchte immer noch, mit mir darüber zu sprechen, aber ich war weiterhin nicht dazu in der Lage. Ich konnte nicht über die Dinge reden, die mir passiert waren, wie es mir damit ergangen war und wie ich mich fühlte. Ich konnte es nicht, weil ich zum einen nicht verstanden hatte, warum mich die Leute abweisen, zum anderen, weil ich mich deswegen unheimlich geschämt habe. Meine größte Angst in der Grundschulzeit war, meine Mutter zu verlieren, wenn ich ihr von alldem, was mir passiert war, erzählen würde. Ich fürchtete, dass sie mich ebenfalls nicht mehr mögen würde, mich nicht mehr lieben könnte, wenn ich ihr alles anvertraute und sie beginnen würde, in mir das zu sehen, was die anderen in mir sahen. Es kam ja noch hinzu, dass ich ein Scheidungskind war. Ich vermutete langsam, dass mein Vater sich möglicherweise auch deshalb aus der Familie verabschiedet hatte.

Er musste das gespürt haben, was die anderen mir in ihrer unverhohlenen Ablehnung zeigten. Warum sonst könnte man ein zweijähriges Kind verlassen?

Ich konnte das nicht richtig einordnen, denn nach der Scheidung war mein Vater plötzlich einfach weg. Er war zeitweise nicht einmal in Deutschland, aber selbst als er wieder zurückkehrte, gab es etwa zehn Jahre lang keinen Kontakt zu ihm. Ich kannte kein Kind, das in einer vergleichbaren Situation war, und deshalb hatte ich die Fehler ständig bei mir gesucht. Und es gab viele schlechte Erfahrungen, die ich im ersten Kindergarten und in der Grundschule gemacht habe, die Abwertung seitens anderer, all das, was ich aus der Vaterbeziehung mitgenommen und auf mich bezogen habe – und schon bald fing ich an zu denken, ja, das muss wohl an mir liegen. Wie jedes Kind konnte ich das früher noch nicht differenzieren, und da ich meiner Mutter nichts sagte, obwohl sie mir immer helfen wollte, alles zu verstehen, blieb ich gefangen in meiner eigenen Gedankenwelt. In meiner Schattenwelt. Ich war dann froh um jede positive Insel, die mir das Leben bot.

Neben meiner Mutter war auch ihr Yogazentrum eine Insel. Dort fühlte ich mich sehr wohl, denn niemand hatte rassistische Ansichten. Alle waren begeistert von anderen Kulturen, insbesondere natürlich von der indischen. Meine Mutter machte dort Yoga, nahm an Meditationen teil, und einmal in der Woche gab es in dem Raum, in dem vorher meditiert wurde, Vorträge. In denen ging es darum, wie man sich weiterentwickelt, wie es einem gelingt, achtsam zu sein mit sich selbst, und wie diese Achtsamkeit mit in den Alltag genommen werden kann, in zwischenmenschliche Beziehungen. In anderen Vorträgen wurde das Thema Reflexion behandelt und wie man es schafft, sich auf das Positive in einem selbst zu konzentrieren.

Ich war immer mit dabei, meine Mutter und ich bildeten ja schon früh ein unzertrennliches Team, und sie hat mich in ganz jungen Jahren natürlich nicht alleine zu Hause gelassen. Auch andere Mütter und Väter brachten ihren Nachwuchs mit. Wenn keine anderen Kinder anwesend waren, machte ich auch mal einen Kurs mit, aber ich hing meiner Mutter nicht am Rockzipfel. Sosehr ich sie liebte, sosehr liebte ich es, mit anderen Kindern Zeit zu verbringen. So tobten wir ausgelassen, während die Erwachsenen Yoga machten, und spielten Fangen und andere Spiele zwei Räume weiter. Keiner störte sich daran, alle waren nett, ich musste mich vor niemandem in Acht nehmen. Hier musste ich keine Angst haben, konnte sagen, was ich sagen wollte, tun, was ich tun wollte und mein wahres Ich zeigen.

Denn ich habe mir in dieser schwierigen Zeit angewöhnt, wenig aufzufallen, selbst wenn es für mich schmerzhaft war. Ich versuchte alles auszuhalten, versuchte irgendwie still zu sein, bis es vorbei war. Generell stand ich nicht gern im Mittelpunkt, denn allzu oft war dies schon im negativen Kontext geschehen. Ich lernte, meine Persönlichkeit, meine Meinung oder meine Gedanken zurückzuhalten, um keine mögliche Angriffsfläche zu bieten. Ich begann, mein Leben so zu gestalten, dass ich mit möglichst wenigen Verletzungen durchkomme und distanzierte mich dadurch von meinem eigentlichen Wesen. Nahm eine Rolle ein und versteckte den sensiblen und einzigartigen Kern meines Seins vor mir und vor anderen.

Mit Meditation hatte ich in diesem Zentrum meinen ersten Kontakt. Meine Mutter erklärte mir, warum ihr diese so wichtig sei. Sie meinte, hinterher würde sie in einer viel besseren Stimmung sein als zuvor, ausgeglichener und innerlich ruhiger. In der Meditation fand sie auch eine Anleitung, um sich zu verbessern und weiterentwickeln zu können. Nach und nach verstand ich, warum sie so häufig das Zentrum aufsuchte. Sie ist ein selbstreflektierter Mensch, und dort hatte sie die Möglichkeit, mit anderen Leuten zusammenzutreffen, die genauso wie sie über das Leben nachdachten, einen Weg finden wollten, um besser mit Stress und anderen Schwierigkeiten umzugehen. Sie wollten im Moment, im Hier und Jetzt weilen, trotz störender Gedanken und Geräusche, um sich nicht zu sehr in die eigenen Probleme zu verstricken, die der Vergangenheit und die, die eventuell zukünftig drohten. Und sie wollten Negatives nicht allein auf sich selbst beziehen oder die Schuld nur bei anderen suchen. Das erforderte auch, andere Perspektiven beispielsweise auf einen Konflikt zu entwickeln. Aber hauptsächlich erfuhr meine Mutter eine Gemeinschaft, die ähnliche ethische Werte vertrat wie sie selbst. Sie wusste, dass ich hier in einer Umgebung spielen konnte, wo mich niemand anfeindete, wo ich einfach nur Kind sein durfte, so wie jedes der anderen hier spielenden Mädchen und Jungen. Hier war ich sicher.

Kapitel 4

MIT SICH SELBST IM WETTBEWERB SEIN

Es machte riesigen Spaß, dieses Messen mit sich selbst. Eine objektive, unantastbare Referenz zu haben, in Metern oder Sekunden bemessen. Mir hat auch gefallen, dass die Leichtathletik so abwechslungsreich war: Es gab nicht nur eine Disziplin, die ich immer wieder auszuüben hatte, sondern es kamen im Jugendalter weitere hinzu, angefangen mit dem Dreikampf, bestehend aus Sprint, Weitsprung und Ballweitwurf, gefolgt von Hochsprung, Hürdenlaufen, 800-Meter-Lauf, Kugelstoßen und Speerwerfen. Diese Vielfältigkeit hatte es beim Turnen, Ballett oder Judo nicht gegeben. Außerdem fand ich die Leichtathletik sehr kommunikativ, bedingt durch die Tatsache, dass wir zwischen den einzelnen Übungen viele Pausen hatten. Beim ersten Trainer war Reden ja nicht so sehr erwünscht gewesen, was für mich aber kein Problem gewesen war. Da eine Zeit lang meine beste Freundin Karen mit mir trainierte, reichte es auch, Blicke auszutauschen oder kleinste Bemerkungen zu machen, um sich nicht allein zu fühlen. Und wenn ich mit ihr oder sie mit mir etwas besprechen wollte, trafen wir uns nach dem Training.

Nach zwei Jahren hatte mein erster Trainer aufgehört, und Ralf Weber kam auf mich zu und fragte, ob ich nicht zu ihm in die Trainingsgruppe wolle. Er wirkte mit seinen braunen kurzen Haaren, den freundlichen Augen und einem Lächeln um den Mund sehr sympathisch – und da ich gerade keinen Trainer hatte, aber weiter trainieren wollte, nickte ich. Und so kam ich mit zehn Jahren zu Ralf Weber – und blieb insgesamt 16 Jahre in seiner Trainingsgruppe.

Er ging das Training ganz anders an als mein vorheriger Trainer. Er stachelte nicht den Konkurrenzdruck in der Gruppe an, um uns auf diese Weise zu animieren, noch schneller zu laufen, noch weiter zu werfen oder zu springen. Stattdessen motivierte er uns, von uns aus mehr geben zu wollen, wobei er aber auch sagte, dass nicht jede einen übergroßen Ehrgeiz haben müsse. Damit hatte er gemeint, und es auch so praktiziert, dass jede so sein durfte, wie sie war. Er kam auch mit mangelndem Ehrgeiz gut zurecht, ließ es zu, dass einige von uns Jugendlichen sich eher als Hobbysportlerinnen verstanden, andere sich hingegen als Leistungssportlerinnen sahen. Jedenfalls kümmerte er sich um beide Gruppen gleichermaßen. Das ist bei vielen Trainern nicht selbstverständlich.

Die Trainingsgruppe von Ralf Weber war relativ groß, sodass wir neben ihm unter anderem noch Werner Heger und Sören Eisenhofer als Trainer hatten. Wir waren zunächst um die 20 Mädchen, aber nach dem Abitur blieb noch weniger als die Hälfte von uns übrig. Wir wurden langsam erwachsen, mussten lernen, mit bislang ungewohnten Emotionen und Gedanken umzugehen und eine eigene Identität zu finden.

Wie unterschiedlich unsere Entwicklungsschübe in den Trainingseinheiten auch abliefen, wir machten unsere Übungen. Aber im Vordergrund stand das Zusammengehörigkeitsgefühl, das auch mich dazu brachte, immer wieder ins Training zu kommen. Ich lernte dort neue Freundinnen kennen, die mich im Training begleiteten und die ich auch außerhalb traf. Ständig waren wir zusammen, sahen uns eh fünf- oder sechsmal die Woche im Training und am Wochenende noch bei den Wettkämpfen.

Wir freuten uns auf die Trainingslager, denn wir alle waren mit unseren guten und besten Freundinnen unterwegs. So wie ich beispielsweise mit Chrissy, die ich erst durch das Training kennengelernt hatte. Noch heute ist sie meine beste Freundin, und es ist schön zu sehen, dass auch viele andere dieser Freundschaften für mich immer noch aktuell sind.

Im Trainingslager herrschte immer eine ausgelassene Stimmung, eine lockere Atmosphäre, wohl auch deshalb, weil es nie darum ging, dass alle unbedingt Leistungssportlerinnen sein mussten. Auch wenn es vielleicht kaum nachvollziehbar erscheint, aber trotz unseres immensen Trainings waren viele dabei, die den Sport ausschließlich freizeitmäßig betrieben.

Mit 16 durfte ich zum ersten Mal mit der Jugendnationalmannschaft starten. Die Mädchen aus unserer Gruppe haben sich für mich gefreut, denn alle in der Trainingsgruppe hatten, trotz unterschiedlicher Ambitionen, ein gemeinsames Interesse. Unsere Devise war: „Für die Mannschaft machen wir die Wettkämpfe, wir stehen füreinander ein.“ Wir verstanden uns als Team.

Und dann kam der Einstieg in die Nationalmannschaft der Erwachsenen. Als ich mit der Leichtathletik anfing, gehörte ich sehr schnell zu den Besten, und das änderte sich auch nicht, als ich älter wurde und an größeren und überregionalen Wettkämpfen teilnahm. So gesehen war die Nationalmannschaft eine logische Folge meiner Leistungen. Immer war ich vorne mit dabei. Es war ein großartiges Gefühl, Erste zu werden, und weil es so oft passierte, fing ich an zu träumen. Ich malte mir aus, wie schön es wäre, eines Tages an den Olympischen Spielen teilzunehmen. Und dann auch bei einer internationalen Meisterschaft der Erwachsenen auf dem Treppchen zu stehen, weil ich eine Medaille geholt hatte.

Dieser Traum begleitete mich von nun an. Ich rief ihn mir in Erinnerung, wenn ich mal tagträumte und er ließ meine Augen groß werden, wann immer ich an ihn dachte. Doch als ich selbst begriff, dass ich gut war, so gut, dass ich mit 16 – das früheste Alter, in dem man in der Nationalmannschaft starten kann – dafür direkt nominiert wurde, wurde er plötzlich ein wenig realistischer. Im ersten Moment, als man mir das mitteilte, konnte ich es nicht fassen. Ich hatte es mir gewünscht, aber nicht jeder Wunsch wird Wirklichkeit, diese Erfahrung hatte ich schon früh in meinem Leben gemacht. Ich hatte dafür trainiert, aber nicht bewusst, mein Ehrgeiz war nicht offensichtlich gewesen, denn ich hätte es gar nicht gewagt, mir eine solche Möglichkeit – metaphorisch betrachtet – an mein Trikot zu heften. Dennoch war es ein großes Glücksgefühl, das mich durchströmte, als ich von meiner Nominierung erfuhr. Natürlich wollte ich beweisen, dass ich es wert war, für die Nationalmannschaft anzutreten, dass es keine falsche Entscheidung war.

Zuerst machte ich beim Kontinentalausscheid der Jugendolympiade mit, das sind internationale Wettkämpfe, die einen Vorentscheid für die olympischen Jugendspiele darstellen. Er wurde 2010 eingeführt und daran dürfen 14- bis 17-Jährige teilnehmen, wenn sie bestimmte Normen der Sportverbände erfüllen. Bei diesem Wettkampf schnitt ich so gut ab, dass ich sogar an den Olympischen Jugendspielen in Singapur hätte teilnehmen können, allerdings durften pro Land nur ein Athlet pro Disziplin und insgesamt nur sieben überhaupt aus Europa teilnehmen. Eine andere deutsche Athletin, die älter war als ich, war aber weiter gesprungen und so musste ich auf einen Start in Singapur verzichten.

Der europäische Kontinentalausscheid für die Olympischen Jugendspiele – und dass ich mit 16 nach Moskau fliegen durfte – waren eine wunderschöne Erfahrung, die ich nie vergessen werde. Schon im Vorfeld schickte man mir einen riesigen Koffer voller Sachen zum Anziehen, Shirts, Shorts und Trainingsanzüge, alle mit dem Bundesadler bedruckt, für mich war das etwas ganz Besonderes. In meiner Altersklasse hatte ich in Moskau eines der besten Ergebnisse erzielt, und deshalb war ich sehr zufrieden über meinen siebten Platz unter all den Weitsprungteilnehmerinnen.

Danach begann eine Zeit, in der der Sport den ersten Platz in meinem Leben einnahm. Ich hatte nun eine Motivation, nämlich meinen Traum Realität werden zu lassen: „Du kannst es ganz nach oben schaffen." Das wurde weder von meinem Trainer Ralf Weber noch von mir ausdrücklich kommuniziert, weder nach außen noch untereinander. Es war eher ein gefühltes Einverständnis. Ich war in Moskau weit gesprungen und hatte dort das Wissen in mir erwachen lassen, dass ich überdurchschnittlich gut bin, aber von der magischen Sieben-Meter-Grenze, von der jede Profiweitspringerin träumt, träumte ich vorerst noch nicht. Ich spürte einfach, dass ich ein großes Potenzial in mir trug und war voller Neugier, wie weit ich auf diesem Weg kommen konnte. Auf der einen Seite war da eine Zuversicht, woher sie kam, konnte ich nicht sagen, aber sie war auf einmal da. Es ging mir einzig darum, diesen Traum nicht einfach aufzugeben. Auf der anderen Seite war aber auch immer eine gewisse Unsicherheit: Bin ich wirklich gut genug? Kann ich das überhaupt schaffen? Es war, als ob Zuversicht und Unsicherheit in mir ein Spiel spielten, bei dem erst die Realität zeigen sollte, wer letztendlich recht behielt. Ich selbst nahm es einfach nur wahr und konzentrierte mich auf das, was in meiner Hand lag: trainieren.

Wieder und wieder wollte ich mich verbessern, was mir auch gelang und am Ende dazu führte, dass ich mit 19 das erste Mal in die Nationalmannschaft der Erwachsenen aufgenommen wurde. Ein Jahr später gewann ich den Wettkampf bei den Leichtathletik-Team-Europameisterschaften, ein Nationenwettkampf, der in vier verschiedenen Ligen und damit an vier verschiedenen Orten ausgetragen wurde. Ich sprang glatt zweimal sensationelle 6,90 Meter, und spätestens ab da war ich mir sicher, dass ich, wenn es gut läuft, auch sieben Meter schaffen könnte. Mir war zwar klar, dass diese 6,90 eine Ausnahme waren, da dieser Wettkampf nicht nur ein Heimwettkampf war, sondern auch außergewöhnlich gute Windverhältnisse herrschten. Darüber hat mein Trainer Ralf auch realistisch mit mir gesprochen und mir gesagt, dass ich wohl noch ein paar Jahre brauchen würde, um mich in diesem Bereich zu stabilisieren, und zwar unabhängig davon, wie sehr mich der Wind trug. Aber das scherte mich wenig. Ich selbst hatte ein deutliches Bild von dem, wie ich meine Leistungen einzuschätzen hatte. Mein Trainer war immer sehr objektiv und sachlich, was mein Leistungsvermögen anging, er gab mir zu verstehen, dass ich gut war, aber er baute keine Luftschlösser.

Er machte also keine großen Versprechungen, um mich weiter zu motivieren, wohl auch deshalb, weil er wusste, dass ich das gar nicht brauchte.

Von meinem Charakter her bin ich geduldig, fast schon genügsam. Von daher war das Warten auf bessere Leistungen für mich nie wirklich schwierig, es ist mir leichtgefallen, dranzubleiben. Unbedingt wollte ich mich für die Olympischen Spiele qualifizieren. Und weil mir das Training weiterhin viel Freude bereitete, konnte ich gut damit leben, nicht alles gleich zu bekommen.

Die Ruhe in mir rührte aber auch daher, dass ich schon sehr früh für meine Anstrengungen belohnt wurde, als ich mit 19 Teil der Nationalmannschaft der Erwachsenen wurde. Viele aus dem Jugendbereich schaffen es erst in ihren Zwanzigern. Überhaupt ist der Sprung von der Jugend- in die Erwachsenenklasse nicht so einfach Er gelingt nur wenigen Sportlern in einem großen Pool von Leichtathleten. Zudem hatte ich es mit meinem Sprung ja nicht nur ins deutsche Team geschafft, sondern auch in die Weltspitze, eine weitere große Besonderheit. Ich war also schon sehr früh auf allen Ebenen dabei, sodass ich nicht das Gefühl hatte, mich über die Maßen beeilen zu müssen.

Bestärkt wurde ich auch in dem Wissen: Ich habe Talent, das war nicht zu übersehen, es war mir irgendwie in die Wiege gelegt worden. Gleichzeitig hatten meine Erfolge natürlich etwas mit Fleiß und Disziplin zu tun. Ich hatte kaum ein Training versäumt, selbst wenn ich mich nicht danach fühlte; jedes Mal raffte ich mich auf, um meine Übungen zu machen. Und diese versuchte ich immer bestmöglich umzusetzen, egal ob ich nun gerade Lust hatte oder nicht. Ich hatte auch meinen Alltag auf meinen Traum ausgerichtet, ihn entsprechend angepasst. Während andere Jugendliche in meinem Alter am Wochenende

Party machten, auch mit dem Ziel, einen Absturz hinzulegen, war ich am Samstag um zehn Uhr im Training, genauso am Sonntag, immer um die gleiche Zeit. Das muss man durchhalten können, und das kann und will auch nicht jeder. Mir war aber schon früh klar, welche Vision ich habe und welche Wege ich einschlagen muss, um sie zu erfüllen. Mir waren der Sport und meine Werte immer wichtiger als lange Partynächte, und ich habe mich bewusst dafür entschieden. Das war kein entbehrungsreicher Verzicht, kein Zaudern und Zögern, sondern ich machte eben die Dinge, die mir etwas bedeuteten. Ich bin davon überzeugt: Eine solch klarer Entschluss gehört dazu, um ein bestimmtes Ziel zu erreichen. Es hat sich für mich natürlich angefühlt, zufriedenstellend, ja, ich fühlte mich dabei sogar glücklich.

Natürlich ging ich hin und wieder auf eine Party, aber entscheidender war es für mich, viel Zeit darauf zu verwenden, mich gut vorzubereiten. Ich schlief viel, um ausgeruht zu sein und Kraft zu haben. Mit einem Schlafdefizit erbringe ich keine Leistung, jedes Training fällt mir schwer, ich kann mich nur ungenügend konzentrieren und bin nicht zu 100 Prozent bei der Sache, um meine Übungen sauber auszuführen. Und wenn einem Leistung wichtig ist, fällt schon vieles weg, das kontraproduktiv wäre, etwa ständig Nächte durchzutanzen und Alkohol zu konsumieren. Von daher war es für mich auch kein großer Konflikt, wenn ich früh wieder von einer Feier verschwand oder erst gar nicht auftauchte und keinen Alkohol trank.

Ich hätte als Spielverderberin verschrien sein können, das war aber nicht der Fall. Ich hatte einen starken Willen, habe ihn immer noch, und die Leute akzeptierten, dass das so bei mir ist. Ich musste mir deshalb auch nie viele Worte anhören, warum ich nicht viel trinke oder sogar gar nichts. Und je erfolgreicher ich im Sport wurde, desto mehr Verständnis hatten meine Mitmenschen. Wenn ich heute sagte: „Danke, ich trinke keinen Alkohol", antworteten sie: „Ach, klar, du bist ja Leistungssportlerin." Und wenn ich mal bis zum Ende einer Nacht feierte, so tanzte ich trotzdem ausgelassen und ohne Alkohol, denn für mein Glück war kein Alkohol nötig.

Für mich war der Sport die Erfahrung eines Glücklichseins. Er tat mir gut, ich fühlte mich wohl mit ihm, und er war etwas, das ich immer wieder erleben wollte. Es war keine einmalige Angelegenheit des Glücklichseins, das ich abhaken wollte, wenn ein Wettkampf vorbei war. Dabei war ich aber nicht naiv, ich sah, was mein Sport mir gab, und was er von mir einforderte, aber auch das, was ich bei anderen beobachtete, beispielsweise einen gewissen Druck, die ganzen Erwartungen, immer besser zu werden, also all das, was im Leistungssport gang und gäbe ist. Aber ich verspürte nicht die geringsten negativen Emotionen beim Training, nur Lust, meine Einheiten auszuüben, und wollte immer mehr vom Sport. So sollte es auch sein, denn sonst wäre es Zwang, ein Gefühl, das sicherlich einigen Sportlern und Sportlerinnen irgendwann im Laufe ihrer Karriere begegnet. Doch Zwang, das wusste ich schon sehr früh, führt nur dazu, dass das, was vielleicht einmal Spaß gemacht hat, nur noch als quälend und unbefriedigend erfahren wird. Dann kann man diese Sache nicht mehr als angenehm betrachten, eine Ablehnung entwickelt sich, und keineswegs möchte man ihr seine ganze Aufmerksamkeit schenken, da sie einem nicht wirklich etwas nützt, sondern eher schadet.

Die alkoholische Enthaltsamkeit habe ich nicht gesucht, vielmehr hat mir damals schon mein Körper gezeigt, dass mir der Alkoholkonsum nicht guttut. In unserer Gesellschaft gehört es ja stellenweise schon zum guten Ton, dass getrunken wird. Aber warum soll ich etwas brauchen wollen, das mich nirgends hin- oder weiterbringt, das mich langfristig nicht glücklicher macht, als ich bin, weder dosiert noch undosiert? So fand ich eine innere Freiheit, spürte nicht mehr den Zwang, Konventionen einzuhalten, nur um anderen Menschen gefallen zu wollen. Oder um anerkannt zu werden.

Und nicht zu vergessen: Schon mit 16, mit dem Eintritt in die Nationalmannschaft, wurden bei mir regelmäßig Dopingkontrollen durchgeführt. Drogenkonsum war nicht erlaubt, aber es war bekannt, dass es genügend Sportler gab, die nicht unbedingt Nein sagten, weil sie davon überzeugt waren, dass sie die Erfahrung brauchten. Ich wollte und brauchte diese Erfahrung nicht. Ich war schon früh sehr aufmerksam und problembewusst. Ich wollte keine allgemein bekannten Fehler selbst unnötig wiederholen.

WENN EIN WEG SCHON TAUSENDE ANDERE IN EINE SACKGASSE GEFÜHRT HAT, DANN WÄRE ES VERMESSEN ZU ERWARTEN, DASS ER MICH WOANDERS HINFÜHRT.

Kapitel 5

UMGANG MIT NIEDERLAGEN

Es war ein besonderes Jahr, das Jahr 2013, in dem ich meine erste internationale Medaille in der Jugend holte und 6,70 Meter sprang und mich damit für meine ersten Weltmeisterschaften bei den Erwachsenen qualifizierte. Ich hatte mir das zugetraut, war dann aber doch überrascht gewesen, dass es schon so früh Realität wurde. Mit 19!

Die Weltmeisterschaften waren allerdings etwas schwierig verlaufen, weil ich sie ohne meinen Trainer Ralf Weber durchstehen musste. Er war mein Vereinstrainer, aber da ich nun neu in der Nationalmannschaft war, sollte er mich vor Ort nicht trainieren, das war Aufgabe des Bundestrainers. Und mit dem hatte ich noch nie zusammengearbeitet. Heute macht man das weniger so, zumindest nicht bei jungen Athleten und Athletinnen, sie dürfen inzwischen öfter ihren Heimtrainer mitnehmen.

Vor dem Wettkampf lernte ich zwar den Bundestrainer Ulrich Knapp, meinen heutigen Trainer, in Saarbrücken bei einem dreitägigen Aufenthalt kennen, aber dies allein sorgte nicht für die Sicherheit, die ich brauchte, um meine erste internationale Meisterschaft der Erwachsenen zu bestreiten. Ein Trainer kümmert sich beim Training in erster Linie um das Physische, dass der eigene Körper bestmögliche Leistungen erzielen kann, aber vor dem Wettkampf und im Wettkampf selbst ist er auch eine Art Mentalcoach. Er kennt einen, er kann am genauesten einschätzen, welche Probleme gerade anliegen, ob sie durch eine technische Ursache begründet sind oder eher durch eine emotionale, psychologische. War ich zum Beispiel sehr nervös, neigte ich dazu, beim Anlaufen extrem kleine Schritte zu machen, was dazu führte, dass ich beim Absprung viel zu weit vom Brett entfernt war.

Und so war es auch 2013 bei meinem ersten Wettkampf für die Nationalmannschaft. Ich wurde immer nervöser, was auch daran lag, dass Ralf leider nicht anwesend war. Der Bundestrainer der Erwachsenen, Ulrich Knapp, den ich erst einen Monat vorher kennengelernt hatte, coachte mich. Natürlich war Ralf telefonisch dabei und verfolgte den Wettkampf selbst vorm Liveticker und mit Videomaterial des Bundestrainers von zu Hause aus. Er meinte dann zu Ulrich Knapp: „Wenn der Anlauf nicht passt, musst du Malaika sagen, dass sie einfach alles wie sonst machen soll."

Diese Worte gab er mit Gruß von Ralf genauso an mich weiter, sie beruhigten mich und führten dazu, dass es schließlich klappte. Allerdings hatte ich da die ersten beiden Sprünge schon vertan, denn mein Anlauf passte nicht. Beim ersten lief ich durch und erzielte eine Weite von 3,63 Meter und beim zweiten trippelte ich vor mich hin und musste schließlich mit links, also dem falschen Bein abspringen. Dort stellte ich meine bis heute gültige Bestweite mit links von 5,55 Meter auf. Leicht beschämt stieg ich aus der Grube. Anschließend hatte ich nur noch einen Sprung – den ich dann immerhin auf 6,49 Meter setzte, und am Ende schied ich als 17. aus – was bei 30 Teilnehmerinnen kein schlechter Platz war, aber als optimal konnte man das auch nicht bezeichnen. Ich hätte mich auch fürs Finale qualifizieren können, weil es bei dem Wettkampf um eine Weite gegangen war, die ich zuvor schon mindestens dreimal übertroffen hatte. Das wäre im Rahmen des Möglichen gewesen, doch unter den gegebenen Umständen war es eben schwierig für mich gewesen, mich darauf vorzubereiten. Aber das war das erste und auch einzige Mal, dass ich ohne meinen Heimtrainer Ralf Weber zu einem großen Wettkampf fuhr. Danach reiste er meist als Teil des Nationalmannschaftsteams mit, was bei Top-Athlethen üblich ist, da ich als jemand galt, „die gute Aussichten hatte“, Aussichten also darauf, Finalteilnehmerin oder gar Medaillenanwärterin zu sein.

Dieser internationale erste und etwas holprige Wettkampf bei den Erwachsenen zeigte mir, dass ich gewiss Talent hatte, aber noch mehr Sicherheit im internationalen Kontext brauchte.

Aber klar, je größer die Bühne wird, desto mehr verändern sich ein Wettkampf und auch die Sicht darauf. Das merkte ich schon früh, mit 14, als ich das erste Mal an den Deutschen Meisterschaften im Fünfkampf teilnahm. Hier zeigte sich, dass andere Sportler und Sportlerinnen diese viel ernster nahmen als ich. Es hat mich emotional extrem mitgenommen, dass mich die stärkste Konkurrentin nicht mehr freundlich angelächelt hatte, wie ich es von den bisherigen Regionalmeisterschaften kannte. Viele Jahre hatte ich in einem sicheren Umfeld trainiert, meine Mitstreiterinnen waren vertraut. Wir waren eine Trainingsgruppe, die eine Wärme ausstrahlte, in der jede von jeder wissen wollte, wie es ihr ging. Keine wurde abgewiesen, keiner wurde die kalte Schulter gezeigt. Dazu verbrachten wir einfach auch zu viel Zeit miteinander, kein Schnupfen, kein Liebeskummer, keine schlechte Note blieben ein Geheimnis.

Bei den Deutschen Meisterschaften machte ich also erste Erfahrungen, dass der Wind nun rauer blies und es diese Offenheit nicht mehr gab. Und im internationalen Kontext wurde es nicht besser, eher das Gegenteil war der Fall. Bei meiner ersten U18-WM gab es gleich mehrere Athletinnen, die, hatte ich sie freundlich angelächelt, mich nicht nur gleichgültig, sondern sogar ziemlich grimmig anschauten. Mir kam das fast wie psychologische Kriegführung vor, mich mit diesem versteinerten Gesichtsausdruck zu beeinflussen, womöglich zu ängstigen, um mich in einen Fluchtmodus zu versetzen, der mich gar nicht erst an einen Sieg denken ließ.

Dieses Gebaren kannte ich bereits ein wenig von den Deutschen Meisterschaften, und statt die erwünschte Wirkung zu erzielen, brachte es mich innerlich eher zum Grinsen. Aber ich begriff auch, je größer und wichtiger der Wettkampf war, umso mehr gehörte es dazu, dass man nicht mehr mit allen Athletinnen gleichermaßen auf freundlicher Ebene umgehen konnte. Wir waren keine Freundinnen, wir waren Gegnerinnen, denen ich und die mir prinzipiell in die Quere kommen konnten. Was rückblickend sicherlich daran liegt, dass wir alle als Jugendliche noch unsere Rolle im internationalen Wettkampfkontext finden mussten. Heute habe ich zu den meisten Athletinnen, die ich regelmäßig auf den Wettkämpfen sehe, ein gutes Verhältnis.

Um das zu verarbeiten, half mir eine Technik, die ich schon jahrelang praktiziert hatte: das Fokussieren. Während des

Trainings hatte ich mich stets auf das Springen konzentriert und alles andere um mich herum ausgeschaltet. Und weil ich mich auf mich selbst besann, schaffte ich es, auch die anderen Athletinnen auszublenden. Ich sagte mir das, was mir seit Beginn meiner Sportkarriere wichtig war, eine Art Mantra: „Malaika, es ist ein Wettkampf mit dir, ganz allein mit dir selbst, nicht mit den anderen. Es geht im ersten Schritt darum, deine eigenen Leistungen zu verbessern. Erst im zweiten Schritt haben dich die Leistungen der anderen zu interessieren.“ Bei den Mitstreiterinnen hatte ich auch immer nur die Sprünge im Blick, nie die Personen. In dem Moment des Wettkampfs ging es nie darum, ob ich eine Athletin mochte, sie mir sympathisch war oder nicht. Es war egal, ob sie mich freundlich behandelt oder feindlich angeschaut hatte. Es zählte die objektive Leistung, die jemand erbracht hatte.

Noch heute ist es so, dass für mich dieses persönliche Gegeneinander nicht existiert. Die Persönlichkeiten der Athletinnen sind zum größten Teil in einem Wettkampf ausgeklammert. Natürlich gibt es Konkurrentinnen, denen ich näherstehe als anderen, mit denen ich mich mehr mitfreuen kann, wenn sie einen guten Sprung gemacht haben oder mit denen man auch mal zwischen den Sprüngen ein paar nette oder aufmunternde Worte wechselt. Ich ziehe einen Wettkampf nie auf die persönliche Ebene. Bei all dem sehe ich in einer Konkurrentin trotzdem nicht nur die Leistung, die sie abgegeben hat, sondern sie bleibt auch immer ein Mensch, den ich nicht zu bewerten habe, den ich nicht diffamieren und auch nicht grimmig angucken werde, selbst wenn sie plötzlich weiter springt als ich. Nie ist mir das schwergefallen, weil ich meist selbst wusste, wo mein Fehler lag und warum ich an diesem oder jenen Tag nicht so weit springen konnte, wie ich es gern gewollt hätte. Selbst wenn für mich alles perfekt lief, so konnte ich akzeptieren, dass eine andere Weitspringerin schlicht besser war als ich.

In einem privaten Kontext schaue ich bei Menschen überhaupt nicht auf ihre Leistungen, ob er oder sie gerade gut oder schlecht performt hat. Wichtiger ist für mich, sich für die Person selbst zu interessieren, für das, was sie ausmacht, wodurch sie liebenswert und interessant wird. Doch im sportlichen Zusammenhang half mir die Zentrierung auf die Leistung, denn auf diese Weise konnte ich auch meine eigenen Niederlagen besser annehmen. Das mag seltsam klingen, aber durch die Trennung von Person und Leistung, die ich ja auch bei mir selbst vollzog, nahm ich mein verfehltes Ziel nie extrem persönlich oder suchte die Schuld bei anderen. Niemals habe ich länger als drei Tage den Kopf in den Sand gesteckt. Danach ging es immer wieder weiter.

Überhaupt: Für viele ist das eine schlimme Erfahrung, etwas zu vermasseln, doch das kann ich gar nicht unbedingt bestätigen. Klar, schön ist es nicht, wird ein Ziel nicht erreicht oder läuft ein Projekt schief. Aber wenn man auf die Nase fällt oder eine falsche Entscheidung getroffen hat, heißt das noch lange nicht, dass nicht der richtige Weg eingeschlagen wurde, so ärgerlich und schmerzlich das Scheitern auch war. Vielleicht eröffnet sich einem in dieser Erfahrung ja auch ein neuer Weg.

ICH GLAUBE, DASS NIEMAND GERADLINIG AN SEIN GEWÜNSCHTES ZIEL KOMMT, DA GIBT ES IMMER EINIGE UMWEGE ZU BEWÄLTIGEN, BEI EINIGEN WENIGER, BEI ANDEREN MEHR.

Leider haben wir heutzutage in unserer Gesellschaft keine sonderlich große Fehlertoleranz. Wenn man einmal einen Sieg errungen hat, muss es auch beim nächsten Mal gelingen. Das Machbare wird zur Voraussetzung, der Druck wächst. Dass man zwischenzeitlich manchmal nicht so kann, wie man möchte, dass das Gewinnen kein Normalzustand ist, dass das Höher, Schneller, Weiter (Letzteres trifft ja in diesem Fall auf mich zu ...) zu einem Problem werden kann, das sollte vielleicht etwas mehr im Bewusstsein der Menschen verankert sein. Misserfolge, auf welchen Ebenen auch immer, sollten nicht länger unnachgiebig unermüdlich breitgetreten oder aufgewärmt werden, egal ob im Privatleben oder in den Medien. Vorauszusetzen, ja keinen Fehler zu machen, ist der größte Fehler überhaupt. Und der findet im Kopf statt. Setzt er sich fest, wird ein Mensch nur gelähmt, ist dann nicht mehr fähig, klug und strategisch zu denken, entsprechend zu handeln oder sich zu engagieren. Wer will schon, dass Fehler oder Misserfolge immer wieder hervorgeholt werden? Wäre da nicht eine größere Gelassenheit angebracht?

Ich hatte mir jedenfalls vorgenommen, mich bei einem Scheitern meinerseits nicht zu zerfleischen oder im Selbstmitleid zu baden. Mein Ziel war es, Verantwortung für mich und mein Handeln zu übernehmen, zu mir selbst zu stehen. Und mich so schnell wie möglich wieder aus der Misere herauszuholen, mich aufzurappeln. Natürlich ist es eine gewisse Herausforderung, nicht allzu lange über verpatzte Gelegenheiten zu grübeln und die negativen Gedanken durch positive auszutauschen. Damit das gelingt, konzentriere ich mich eher auf das, was ich daraus gelernt habe. Ich gehe gedanklich und ohne Scham die Fehler durch, die ich möglicherweise gemacht habe und die ich beim nächsten Mal schlicht nicht wiederholen möchte. Wenn ich vor meinen Fehlern – aus welchen Gründen auch immer – die Augen verschließe, kann ich nichts verbessern. Es ist nicht immer leicht, sich ihnen zu stellen, aber für mich gehören auch sie zu einem achtsamen und bewussten Umgang mit mir selbst. Wer Fehler kritisch anschaut, ihnen aber nicht zu viel Wert beimisst, kann sich schnell wieder auf neue Aufgaben konzentrieren und sich auf diese freuen.

Es ist also gut, gegenüber den eigenen Misserfolgen tolerant zu sein.

Kapitel 6

AUF EINMAL VERLETZT

2014, in dem Jahr, in dem ich 6,90 Meter gesprungen bin, hatte ich Rückenwind gehabt und zudem das Brett super getroffen, was alle denken ließ, dass es noch einige Zeit dauern wird, bis ich da wieder hinkomme. Das Jahr darauf, 2015, war dann auch ein sehr holpriges. Da hatte ich mir beim Aufwärmen für das Finale meiner zweiten WM einen Muskelfaserriss geholt, trotzdem hatte ich es noch geschafft und war immerhin Sechste geworden. Ich dachte: Wie gut ist doch der Wettkampf gelaufen! Und wie gut hätte er erst laufen können, wenn ich nicht mit einer Verletzung an den Start gegangen wäre? Denn bei der Qualifikation war ich Dritte mit einer Saisonbestleistung von 6,84 Meter geworden.

In der Saison danach hatte ich weitere Probleme, weil ich mir im Dezember 2015 zusätzlich noch eine beidseitige Patellasehnenreizung zugezogen hatte. Die Patellasehne liegt an der unteren Kniescheibe, die sie über den Oberschenkelmuskel mit dem Schienbein verbindet. Bei jeder Bewegung wird die Patellasehne beansprucht und kann durch eine dauernde Fehlbelastung oder Überlastung des Kniegelenks gereizt werden. Für mich war eine solche Reizung eher ungewöhnlich, denn sowohl der Trainer als auch ich selbst hatten darauf geachtet, dass es zu keinen Fehlstellungen kam. Aber im Zuge der Vorbereitungen zu den Olympischen Sommerspielen 2016 in Rio de Janeiro hatte ich offensichtlich mehr Druck verspürt. Es ging ja um meinen Traum, der Teilnahme an den Olympischen Spielen! Ich musste nicht einmal auf dem Siegertreppchen stehen. Dabeisein war für mich alles. Dafür hatten wir die Trainingsintensität merklich erhöht. Vermutlich zu sehr, sodass eine Überlastung in den Kniegelenken auftrat. In diesem Rahmen war es allerdings schwierig gewesen, auf die Signale meines Körpers zu hören, weil es mit diesen ein ständiges Auf und Ab war. Mal hatte ich gar keine Schmerzen, dann traten wieder welche in heftiger Weise auf. Ich wäre kürzergetreten, wenn ich die Schmerzen hätte richtig einschätzen können. Danach folgten ein Monat Pause und knapp vier Monate lang nur Rasenläufe, also Trainings auf weichem Untergrund. Keinen einzigen Weitsprung hatte ich gemacht, keine schnellen Sprinteinheiten – eine denkbar ungünstige Vorbereitung für die Olympischen Spiele, aber so mussten wir mein Training in diesem Moment nun mal gestalten, daran war nicht zu rütteln.

Zu allem Unglück holte ich mir auch noch einen weiteren Muskelfaserriss, als ich gerade wieder fit für schnelle Sprints auf der Bahn war. Erneut musste ich aussetzen. Ich war innerlich schon kurz davor, mit dieser Saison abzuschließen, denn eines war glasklar: Die Teilnahme an jeglichen Wettkämpfen, geschweige denn den Olympischen Spielen, wurde mit Fortschreiten der trainingsfreien Zeit immer unwahrscheinlicher.

Unmöglich, überhaupt an sportlichen Erfolg zu denken. Meine einzige Disziplin war die, wieder gesund zu werden, nichts weiter hatte daneben Platz in meinem Kopf.

Eigentlich hätte es gut für mich aussehen können, es schien sehr realistisch zu sein, dass ich mich für Olympia in Rio qualifizieren konnte, jedenfalls vom bisherigen Leistungsniveau her – wenn ich mir nicht diese Latte an Verletzungen zugezogen hätte, ich komplett gesund gewesen wäre. Ständig geisterte ein Satz in meinem Kopf herum: Jetzt verpasst du vielleicht deine große Chance, und die nächste kommt erst in vier Jahren wieder. Es war mir fast unmöglich, diesen Gedanken auszublenden. Erst Anfang Mai 2016 konnte ich wieder mit dem Training beginnen, in Belek, an der Türkischen Riviera. Ich hatte mich erholt und meine Kniescheiben und Muskelfasern sich auch von mir. Sie waren wieder bereit, ihr Bestes zu geben. Und das wollte ich auch. Die Saison war für mich relativ kurz und dicht gedrängt, denn vor den Olympischen Spielen fanden noch einige wichtige Wettkämpfe statt. Bei den Deutschen Meisterschaften in Kassel im Juni 2015 wurde ich mit 6,72 Meter erstmals Deutsche Meisterin im Weitsprung. Aufgrund von irregulärem Rückenwind wurde meine Weite jedoch leider nicht anerkannt, um als nationale EM-Norm zu gelten. Wieder musste ich zittern.

Für die EM in Amsterdam wurde ich dennoch nominiert, doch ich wusste, dass ich dort noch weiter springen musste, um mich für die Olympischen Spiele in Rio zu qualifizieren.

Es war klar, ich würde viel Glück brauchen, es stand Spitz auf Knopf. Was atmete ich auf, als ich dort dann die Weite sprang, 6,76 Meter, die mein Ticket nach Brasilien waren. Jeder Wettkampf, den ich in diesen wenigen Monaten absolvierte, war für mich wie ein Geschenk, hatte ich doch teilnehmen können.

Die vorläufige Krönung folgte zwei Tage später im Finale: Bronze. Ein Lebenstraum erfüllt. Nach den Verletzungen hatte ich nicht daran geglaubt, dass ich in diesem Jahr überhaupt bei solchen sportlichen Veranstaltungen mitmachen, für das deutsche Team antreten konnte. Es war ein Glück für mich, so durfte ich doch trotz allem auch in diesem Jahr wieder den Bundesadler tragen. Und nicht nur das, ich war sogar erfolgreich damit.

In Rio wurde ich Vierte mit persönlicher Bestleistung. Lange lag ich auf Platz drei, hatte aber nie damit gerechnet, dass ich ihn halten konnte. Und so war es dann auch. Im Vorfeld hatte ich mir gesagt, um mir meine Angst und auch den Druck zu nehmen: „Olympische Spiele sind ein Wettkampf wie jeder andere auch, so was hast du schon hundertmal überstanden, auch international. Die Spiele sind nichts Besonderes.“ Mit dieser Einstellung bin ich dann auch in den Wettkampf gegangen. Ich war stolz, was ich erreicht hatte, 6,95 Meter, denn ich wusste, an diesem Tag wäre nicht mehr drin gewesen. Die nächste Konkurrentin war 14 Zentimeter weiter gesprungen. Das aufzuholen wäre ein riesiger Weg gewesen, der für mich damals in weiter Ferne lag. Damit musste ich mich nicht messen, das war außer Konkurrenz. Ich hatte meine eigene Leistung gesteigert, hatte das Ziel erreicht, das ich seit Jahren konsequent verfolgt hatte. Mehr musste nicht sein. In mir war nur Freude, ich konnte mein Glück kaum fassen, hatte etwas geschafft, was ich am Anfang des Jahres nicht zu träumen gewagt hätte. Und ich hatte mir meinen Kindheitstraum erfüllt. Was wollte ich mehr?

Doch so schön und zufriedenstellend auch alles war, danach katapultierte ich mich regelrecht selbst in eine Sinnkrise. Die hatte mit einer einfachen Feststellung zu tun: Mit 22 hatte ich meine beiden Lebensträume erfüllt, eine internationale

Medaille bei den Erwachsenen zu gewinnen und die Teilnahme an den Olympischen Spielen – wer kann das von sich in diesem Alter behaupten? Plötzlich wurde mir bewusst, dass etwas vorbei war. Jahrelang hatte ich in dem Sport einen großen Sinn gesehen, eine große Leidenschaft gespürt, die mein Leben bestimmte. Ich hatte einen Traum gehabt, der mich motiviert, der mich durch die Jahre gebracht, mich nahezu getragen hatte. Auf einmal war dieser Traum erfüllt – und nicht mehr da. Einfach weg. Zwar hatte ich in Rio keine Medaille gewonnen, aber für mich reichten die Teilnahme und der vierte Platz. In Kassel hatte ich Gold geholt und in Amsterdam sogar Bronze. Was sollte nun noch kommen? In meinem Inneren spürte ich, dass es mir nicht um noch mehr Medaillen ging. Ich wollte etwas anderes, aber noch wusste ich nicht, wie dieses andere aussehen sollte.

Ernsthaft fragte ich mich, ob ich aufhören sollte – und nicht minder ernsthaft konnte ich mir darauf eine Antwort geben. Nein, ich wollte nicht aufhören, das war ausgeschlossen. Aber ich wollte den Sport anders betreiben. Ich wollte mich weiterentwickeln, mich selbst meistern und lenken können. Ich wollte Wettkämpfe sehen als Spiegelbild für das, was in mir gereift ist. Was in mir vorgeht. Wenn ich gewinne, so meine Vorstellung, dann nicht nur, weil ich gut trainiert habe oder weil ich talentiert bin, ich also nicht nur die äußeren Faktoren geregelt habe, sondern auch die inneren. Weil ich mit Stress umgehen kann, weil ich resilient bin, weil ich die optimale Balance schaffe zwischen dem mehr Erstreben und dem mehr Erwarten. Ich wollte auch nicht weiter hoffen, weil ich dann zwanghaft gebunden wäre an den Gedanken, ich müsste jetzt gewinnen. Eher gefiel mir die Vorstellung: Ich kann es erreichen, ich möchte es gerne, und es wäre schön, wenn es passiert, aber es muss nicht. Ich wollte mir selbst vor allem den mentalen Raum geben, dass etwas geschehen kann. Aber nicht, dass ich möchte, dass es so ist. Ich wollte meine Gedanken und meine Gefühlswelt so ausbalancieren, dass dieser Raum ein Ort der Freiheit wird. Und ich wollte allein von Neugier getrieben sein: Wie weit kann ich springen? Wie weit komme ich? Das waren die Punkte, die sich für mich verbinden sollten. Ein Sieg sollte für mich ein Zeichen sein, es geschafft zu haben, exakt da zu sein, Körper und Geist in diesem einen Moment in Einklang zu bringen, um mein volles Potenzial ausschöpfen, volle Power geben zu können. Das war ein hoher Anspruch an mich selbst. Wie sollte ich ihn angehen? Wie konnte es aussehen, das Körperliche und Geistige miteinander in eine Einheit zu bringen? Bereits die antiken Denker hatten sich mit dieser Frage beschäftigt, die heutige wissenschaftliche Forschung ist ihr noch immer auf der Spur. Und all das musste auch noch passend zu der Welt sein, in der ich im und außerhalb des Sports lebte. Genaue Vorstellungen hatte ich noch nicht, aber mir war bewusst, dass diese Fragen für mich in Zukunft von entscheidender Bedeutung sein würden. In jeder Hinsicht erschien es mir wichtig, insgesamt achtsamer zu sein, mein eigenes Denken zu beobachten, meine Wahrnehmung, auf welche Dinge ich den Fokus richte, wie ich den jeweiligen Moment erlebe. Und ich wollte nicht nur einfach aktiv etwas gestalten, sondern vom Tun ins Sein kommen. Mich selbst mit allen Sinnen erleben. Das würde aber nur klappen, wenn ich erst einmal mit kleinen, vielleicht sogar kleinsten Schritten begann.

Als Erstes setzte ich mich intensiver mit dem Leistungssport auseinander, der für mich so allumfassend und so alltagsbestimmend ist. Er war nicht vergleichbar mit einer Arbeit, bei der jemand acht Stunden am Schreibtisch sitzt und danach den Computer ausschaltet, um dann das zu machen, worauf man gerade Lust hat. Der Sport hat meinen Alltag bestimmt und geprägt. Ich muss darauf achten, was ich esse, dass ich ausreichend schlafe, mich nicht zu viel in meiner Freizeit bewege und keine müden Beine bekomme. Um mich nicht zu verletzen, übe ich auch keine Extremsportarten aus. Nicht zu vergessen: Habe ich eine Trainingseinheit, muss ich im optimalen Zustand ankommen, sollte also zwei Stunden vorher nichts zu mir nehmen, um keinen vollen Bauch zu haben. Auch Süßes ist nicht sinnvoll, dieses liegt mir zu schwer im Magen. Über Stunden muss ich deshalb planen, wann ich die letzte Mahlzeit vor dem Training einnehme, in Kapitel 18 erzähle ich ausführlicher von meiner Ernährung. Ich habe auch darauf zu achten, dass ich genug trinke. Alles, was der Verletzungsprophylaxe dient, sollte berücksichtigt werden, alles, was als leichtsinniges Verhalten ausgelegt werden könnte, ist zu vermeiden. Was für viele selbstverständlich ist, nämlich den eigenen Urlaub so zu planen, wann es einem am besten passt, ist für Leistungssportler ebenfalls nicht möglich. Ich kann nur direkt nach der Saison Ferien machen, bevor die nächste Saison und somit auch wieder das nächste Training beginnen. Das alles ist für das eigene Leben sehr bestimmend und einschneidend. Viele dieser Dinge müssen bei einem normalen Job nicht bedacht werden. Ebenso nicht die Tatsache, dass Medien und Fans auf einen schauen, zugeneigt, wohlwollend, aber auch mitunter kritisch, manchmal sogar sehr kritisch. Ständig sind wir Sportlerinnen und Sportler mit den Meinungen und Erwartungen anderer Leute konfrontiert.

Die Liste mit dem, was schwierig in meinem Beruf als Leistungssportlerin war, wurde länger und länger. Sah ich mir die

Punkte genau und einzeln an, konnte ich schon ins Nachdenken geraten. Wieso nahm ich so vieles auf mich, um an Wettkämpfen teilzunehmen? War das nicht ein bisschen absurd? Steckte ich in einem Hamsterrad, aus dem ich nie wieder rausfinden würde? Lebte ich von einer Trainingseinheit zur nächsten und verpasste ich darüber mein eigentliches Leben?

Ich wusste es nicht so genau, ich wusste nur, dass ich etwas brauchte, das mich wieder antrieb, das mich glücklich machte, das in mir erneut das Feuer weckte. Ich hatte für meine Träume gebrannt, und diese Leidenschaft war auf einmal nicht mehr vorhanden. Es war irgendwie schlimmer, als ich gedacht hatte. Ich hatte nicht nur meine Träume erfüllt und somit keine Ahnung, wie es weitergehen sollte. Zu dieser Erkenntnis und meinen neuen Gedanken kam hinzu, dass ich mich ausgebrannt fühlte. Eine erschreckende Vorstellung.

Angefangen hatte es zu Beginn der neuen Saison damit, dass der Ofen buchstäblich kalt war, kein Feuer mehr in ihm loderte – und ich trotzdem weitertrainieren musste. Doch ich konnte nicht einfach mitten in der Vorbereitung auf die Saison aussteigen, musste weitermachen, bis ich wusste, was ich wollte. Denn nur ein solider Aufbau erlaubt es, bestimmte Leistungen zu erbringen, um sich für die nächsten Wettkämpfe zu qualifizieren und sportliche Erfolge feiern zu können.

Das tat ich auch und wartete sehnsüchtig auf eine Zeit in der ich mir meine Frage, wofür brenne ich, beantworten konnte. Die die Energie in mir entfesseln würde, die mich vorher angetrieben und meinen Willen gestärkt hat.

Doch dann kam alles anders. Im Februar 2017 verletzte ich mich abermals sehr schwer. Als ich eine Treppe runterging, rutschte ich an einer Stufe ab – und verletzte mich am Fuß.

Die Verletzung führte zu einem Knochenödem und einem Gelenkerguss. Der Fehltritt war mit Schmerzen verbunden, erst waren sie auszuhalten und gar nicht so stark, doch schließlich spürte ich einen anhaltenden Schmerz. Da dieser jedoch erst ein paar Tage später begann, brachte ich ihn lange gar nicht mehr mit meinem Treppenunfall in Verbindung. Wie oft rempelt man gegen etwas, stößt sich das Knie? Das passiert ziemlich häufig, und in der Regel ist danach alles gut, selbst wenn es in dem Moment sehr wehtut. Aber weil der Schmerz sich nachdrücklich in meinen Fuß bohrte, hielt ich es für angebracht, endlich einen Mediziner aufzusuchen.

Ohne größere Sorge ging ich in die Praxis. Was sollte schon Schlimmes passiert sein? Doch mit dieser Vermutung täuschte ich mich.

Der Arzt erklärte mir, dass ich mir durch das Abrutschen eine Verwundung meines Sesambeins zugezogen hätte.

„Sesambein? Was ist das denn?“, fragte ich nach. „Davon habe ich noch nie gehört.“

„Das sind kleine Knochen, die in Sehnen an Händen und Füßen eingelagert sind, zu den eigentlichen Knochen einen Abstand bewirken und so verhindern, dass auf Sehnen und Knochen zu viel Druck ausgeübt wird.“

Aha. Wieder etwas gelernt, was interessant gewesen wäre, hätte es nicht meinen eigenen Fuß betroffen.

„Und was bedeutet das?“ Nachdenklich schaute mich mein Gegenüber an. „Ist es etwas Ernsthaftes?“, fügte ich hinzu, weil ich keine Antwort erhielt, zumindest nicht so schnell, wie ich es gewollte hatte.

Schließlich sagte der Arzt: „Ja, es handelt sich dabei um eine ernstere Verletzung.“

„Die das Aus meiner Karriere bedeuten kann?“

„Möglich, ja. Es lässt sich schwer vorhersagen, wie Ihr Sesambein heilt."

Das saß. Nun war ich wirklich ohne jeden Ausweg gezwungen, mich mit meinem Leben und meiner zukünftigen Planung auseinanderzusetzen. Und hatte jetzt ja auch mehr Zeit, um über alles nachzudenken, weil ich nicht trainieren konnte. Ich nutzte sie, um mich innerlich neu aufzustellen.

Es war zu dieser Zeit tatsächlich überhaupt nicht klar, ob ich jemals wieder Sport machen konnte. Im besten und glücklichsten Fall konnte ich darauf hoffen, dass alles ausheilt, alles wieder in Ordnung kommt. Daneben gab es noch die Möglichkeit, dass der Knochen nekrotisch wird, also abstirbt. Das hört sich schlimmer an, als es gewesen wäre, selbst mit einem abgestorbenen Sesambein hätte ich wieder mit dem Training anfangen können – wenn es denn keine Probleme wie beispielsweise Schmerzen bereitet hätte. In so einer Situation, so sagte man mir, müsste man den Knochen operativ entfernen. Dabei wiederum hätte ich mit zwei Möglichkeiten zu rechnen, entweder wäre nach der OP alles wieder gut, oder eben nicht, sodass ich also vielleicht überhaupt keinen Sport mehr ausüben konnte. Füße sind extrem sensibel, nach einer Operation kann es zu Vernarbungen kommen, die beim Sport Schmerzen verursachen. Selbst Hobbysport wäre dann nur noch eingeschränkt möglich gewesen.

Ich musste kräftig schlucken, als ich das hörte. Womöglich stand ich in diesem Augenblick vor dem Ende meiner Karriere. Und mit dieser Option vor Augen wurde mir erneut unmissverständlich klar, dass ich den Sport unheimlich gern mache, die Wettkämpfe liebe, die Trainings, das Sich-Verbessern, das Über-sich-Hinauswachsen. Aber ich merkte auch, dass ich nicht nur

Sportlerin sein will, sondern mir auch andere Dinge wichtig sind. Jahrelang hatte ich mich auf den Sport fokussiert, habe ihn zentral in meinem Leben verankert und ihn so ausgeübt und verstanden, wie es mein Trainer für richtig gehalten hatte. Sport war meine Nummer eins, und alle anderen Sachen hatten sich ihm unterzuordnen. So wollte ich nicht weitermachen. Mir wurde bewusst: Ich musste mich breiter aufstellen. Den Sport aus anderen Gründen machen als früher. Und gleichzeitig war die Akzeptanz dessen, dass es früher so war, dass ich den Sport in den Mittelpunkt gestellt hatte, von entscheidender Wichtigkeit, hatte mir Erfahrung und eine solide Basis verschafft. Diese Wertschätzung wollte ich beibehalten. So wie es bislang war, war es in Ordnung. Aber so sollte es nicht bleiben.

Wenn etwas nicht mehr so funktioniert, wie es zuvor funktioniert hat, sollte man sich keine Vorwürfe machen, dass man es nicht schon vorher besser gemacht hat. So wie ich es bis zu diesem Zeitpunkt gemacht habe, habe ich es besten Gewissens gemacht. Mein damaliges Wissen konnte mich zu keiner anderen Erkenntnis führen. Jetzt wusste ich aber mehr – und konnte es besser machen.

Ich fing an, Klavierunterricht zu nehmen. Ich wollte lernen, dieses Instrument zu beherrschen, und inzwischen hatte ich mir immerhin schon alleine beigebracht, zweihändig zu spielen. Meist spiele ich nur Klassisches. Zwar habe ich auch ein, zwei Filmmusikstücke gelernt, aber ich mag die Komplexität von klassischer Musik. Sie ist wesentlich anspruchsvoller als moderne Musik oder Popsongs, die dann auf Klavier übertragen werden. Es ist nicht so, dass ich mir diese Musik nicht auch gerne anhöre, aber auf dem Klavier mag ich nur die Stücke, die wirklich für das Instrument geschrieben wurden. Ich improvisiere aber auch sehr gerne und habe schon selbst komponiert – eine Sonate und noch ein anderes Stück. In der Klavierschule, die ich besucht habe, hatte man normalen Unterricht, danach gab es Vorbereitungen für einen jährlichen Improvisationswettbewerb und zu einem Kompositionsfestspiel – an beiden Veranstaltungen nahm ich teil. Ebenso wirkte ich an einem musikalischen Theaterstück und Klavierabenden mit, außerdem an einer Musikschulaufführung, wo Kinder und Erwachsene zusammen auftraten.

Mit dem Klavierspiel hatte ich begonnen, weil mir etwas Kreatives in meinem Leben fehlte. Sportliche Wettkämpfe können sehr einsam sein, denn hinterher hatte ich mich trotz der Siege und Medaillen, die dann noch folgten, nachdem mein Traum zum ersten Mal erfüllt war, oft ziemlich allein und unglücklich gefühlt. Ich spürte in diesem Moment die Krise, in der Auseinandersetzung mit mir selbst. Ich hatte nicht nach meinen Bedürfnissen gelebt, hatte mich nicht ausgelebt und mich nicht mit meiner Umwelt verbunden gefühlt. Ich wollte nun das Leben in neuen Facetten kennenlernen, mich selbst in den neuen Facetten kennenlernen. Ich wollte nicht mehr sagen, so und so bin ich, und das bin ich nicht. Das kam mir zu statisch, zu eindimensional vor.

ICH WOLLTE JEDEN TAG AUFS NEUE SCHAUEN, WER ICH BIN, WAS MICH AUSMACHT UND WOHIN ICH WILL.

Ich fing also neben dem Klavierspiel an, bei einer Sozialorganisation zu arbeiten, ging auf meine erste große Reise, begann 2018 mit der Meditation und im nächsten Jahr mit meinem

Masterstudium. Ich las Literatur, die mich veränderte und einen nachhaltigen Effekt auf mich hatte. Besonders inspirierte mich Haben oder Sein von Erich Fromm. Der Psychoanalytiker öffnete mir die Augen dafür, dass es zwei Existenzweisen gibt, das Haben und das Sein. Das Haben, das ist etwa die Gier nach Konsumgütern, all das, was uns fremdbestimmt und uns von uns selbst entfremdet. Selbstbestimmt ist man aber nicht allein dadurch, dass man das Haben ablehnt. Übe ich einen Job aus, mache ich Sport, tue ich das auch, um meine Miete zu zahlen, eine Wohnung haben und halten zu können. Dass dieser Kreislauf so ist, wie er ist, darauf habe ich nur wenig Einfluss, aber ich kann darüber entscheiden, wie ich angehen kann, was ich sowieso angehen muss. Das Wie, meine innere Einstellung, bringt mich dazu, zu mir zu kommen und aktiv mein Leben zu gestalten.

Ein weiterer Augenöffner waren Die 7 Wege zur Effektivität des US-amerikanischen Autors Stephen R. Covey. Dieses Buch zeigte mir, was für Auswirkungen es hat, wenn man die inneren Probleme stets mit sich führt, wie das eigene Verhalten dadurch bestimmt wird, wie unsere Sicht auf die Dinge der Welt ist, wenn wir uns dem passiv ergeben. Und ganz besonders kann ich auch jedem die tagebuchartigen Selbstbetrachtungen des römischen Kaisers Marc Aurel empfehlen, wenn auch kein einfacher Lesestoff. Der Stoiker mahnt zur Bescheidenheit, Demut und Gelassenheit, seine Gedanken sind nicht nur weise, sondern auch zeitlos. Für mich sind seine Betrachtungen Kontemplationen, die dem Leben eine neue Richtung geben können. Durch diese und andere Bücher ist mir das eine oder andere Licht aufgegangen, sind neue Entwicklungen in mir angestoßen worden. Sie sind alle sehr unterschiedlich, gerieten auch auf verschiedene

Weise in meine Hände, durch Erzählungen von Freunden, aber auch durch eigene Suche im Internet. Ich bin mir sicher, genau diese Bücher mussten den Weg zu mir und in mein Herz finden.

Kapitel 7

MEDITATION – ODER: ZUFRIEDEN WERDEN IST GAR NICHT SO SCHWER

Die Auseinandersetzung mit mir und dem Sport in der Zeit meiner Verletzungen empfand ich als eine sehr prägende Phase, in der ich intensiv um die Fragen meines beruflichen Lebens kreiste, Fragen, die ich mir immer wieder stellte. Wo wollte ich hin? Welche sportlichen Ziele hatte ich noch nicht erreicht? Wollte ich sie überhaupt erreichen? Erfüllte mich der Sport noch, das Training, die Wettkämpfe? Es war nicht leicht für mich, positiv durch diese Zeit zu gehen, mich nicht unterkriegen zu lassen. Aber ich tat alles dafür, um durch die Sinnkrise zu kommen, meinen tief in mir verankerten Antrieb niemals ganz aus den Augen zu verlieren. Dennoch: Auch wenn ich sehr aktiv war und mich mit vielen Dingen beschäftigte, mein Inneres hielt mit dem Außen nicht so richtig Schritt. Immer wieder sprach ich mir selbst Mut zu, sagte mir, ich dürfe den

Glauben, die Hoffnung, nicht verlieren, dass das Ende meiner Sportkarriere noch nicht erreicht sei.

Tatsächlich, und das war letztlich doch ziemlich überraschend, ging diese Krise zwar tief, jedoch nicht so tief wie andere Dinge, die ich schon in meinem Leben erfahren hatte. Nun war ich zwar mit einer körperlichen Verletzung konfrontiert und vielleicht weiteren, die folgen konnten, dennoch war ich in der Lage, mich mit den eher existentiellen und essenziellen Fragen meines Daseins zu beschäftigen, die sich auf mich und meine innersten Überzeugungen richteten, und die ich selbst zu steuern vermochte: Wer bin ich? Was ist mir wichtig? Was will ich erreichen in meinem Leben? Wie will ich die Welt sehen? Wie will ich in ihr handeln? Wo ist mein Platz? Auch wenn ich im ersten Moment keine Antworten auf diese Fragen fand, so konnte ich sie zulassen, sie akzeptieren, auch ließ ich mich nicht von ihnen verunsichern.

Es war wirklich eine weichenstellende Phase der großen Fragen und Überlegungen, positiv in dem Sinne, dass ich mir sicher war, ich würde eines Tages etwas finden, was mich erneut antreibt, meine Leidenschaft, meine Energie, mit der ich weiter durch mein Leben gehen wollte.

Auch nachdem mein Sesambein wieder geheilt war, hatte ich Pause, denn meine Leistungen waren durch den Trainingsausfall und das fehlende Vertrauen in meinen Sprungfuß nicht gut genug gewesen, um mich für den großen internationalen Wettkampf in diesem Jahr zu qualifizieren: Am Ende hatten mir acht Zentimeter für die Qualifikation zur WM gefehlt. Während der Weltmeisterschaften 2017 in London also nur vor dem Fernseher zu sitzen und den anderen Athleten und

Athletinnen dabei zuzuschauen, wie sie liefen, sprangen oder warfen, war für mich sehr schwierig.

Im Herbst 2017 stieg ich wieder ins Training ein. Ich war guter Dinge, weil ich meinem Fuß wieder vertrauen konnte, nicht Angst haben musste, dass die Schmerzen wiederkamen, die Verletzung war völlig ausgeheilt. Mit dieser Erkenntnis konnte ich mich auf das nächste Jahr vorbereiten.

Unterstützt wurde das neu gewonnene Vertrauen in meinen Körper auch dadurch, dass ich im März 2018 zu meditieren anfing. Meditation kommt vom lateinischen Wort meditatio, was den Prozess beschreibt, die eigene Mitte zu finden, sich zur Mitte hin auszurichten. Meditation ist die Praxis, durch Nachdenken, Nachsinnen das innere Gleichgewicht zu erhalten oder wiederzufinden. Ich wollte eindeutig meine verloren gegangene Mitte wiederherstellen, also meine innere Balance, meine Verbindung von Psyche und Körper.

Lange Zeit wurden Meditationen mit Esoterik in einen Topf geworfen, hielt man sie für Humbug. Aber wie ich durch meine Mutter wusste, wohnt ihnen eine große Wirkkraft in Sachen innerer Ruhe, Ausgeglichenheit und weniger Stressempfinden inne, zumindest bei regelmäßiger Ausübung. Inzwischen haben Neurowissenschaftler die Auswirkungen von Meditationen aufs Gehirn über bildgebende Verfahren sichtbar gemacht, sodass gezeigt werden konnte, dass die psychischen Effekte auch körperliche Aspekte beeinflussen, etwa das Immunsystem, den Blutdruck oder auch den Cholesterinspiegel. Damit war für mich klar, dass ich unbedingt versuchen wollte, diese Technik regelmäßig in meinen Alltag zu integrieren.

Meine Mutter hatte sich einer neuen Meditationsgruppe angeschlossen. Das alte Yoga-Zentrum, in das ich immer mit ihr gegangen war, hatte längst seine Pforten geschlossen. Ich dachte, ich könnte eine alte Tradition wiederaufleben lassen und meine Mutter begleiten. Gefielen ihr die Meditationssessions, konnten sie vielleicht auch mir gefallen. Wenigstens ausprobieren wollte ich es. Bislang hatte ich weitgehend körperlich trainiert, nun wollte ich es mit einem mentalen Training ausprobieren. Nicht nur mein Körper, sondern auch mein Geist sollte durch eine innere Einkehr in Bewegung geraten – eine neue Richtung in meinen Gedankenmustern oder überhaupt im Leben einschlagen zu können, das war jedenfalls meine Hoffnung.

Nun lernte ich also an der Seite meiner Mutter den tibetischen Buddhismus, genauer gesagt den Diamant-Weg in Form einer bestimmten Nyingma-Schule kennen. Dieser kennt viele Buddhas, friedliche wie zornvolle, sowie Bodhisattvas, eine Art heiliger Wesen, die mildtätig sind, bevor sie selbst zu einem Buddha werden. Auch sogenannte Dakas und Dakinis, engelartige Wesen, die Lebewesen auf ihrem Weg zur Erleuchtung unterstützen und prüfen, oder Naturgeister sind dieser Glaubensrichtung bekannt. Yidams (wörtl. Das Band zum Geist) etwa, sind erleuchtete Meditationsgottheiten, die einem zur Verinnerlichung verschiedener positiver Eigenschaften verhelfen und so mit den Qualitäten des eigenen Geistes vertraut machen. Im Fokus der gemeinsamen Praxis standen Gebets- und Mantrenrezitationen, sowie Reinigungsrituale. Dieser Buddhismus ist daher eher mystisch ausgerichtet, und für mich, eine europäisch-westlich erzogene Person, war es gar nicht so leicht, mich in ihn hineinzudenken. Aber genau das reizte mich auch daran, einmal zu versuchen die Welt mit anderen Augen zu sehen. In meiner Kindheit war ich zwar mit dem evangelischen Glauben aufgewachsen und konfirmiert worden, doch entwickelte ich allgemein zu Religionen eher ein neutrales, sachliches Verhältnis. Ich begann sie mehr als ein von Menschen zusammengestelltes Konzept zu verstehen, das vom jeweiligen Zeitgeist geprägt war, viele positive Impulse enthielt, aber allzu oft in der Geschichte für politische und persönliche Zwecke oder Blutvergießen missbraucht wurde. Alles in allem ergab sich für mich aus dieser Form des Buddhismus ein nicht zu durchdringendes Dickicht, eine nahezu unendliche Vielfalt an Wesen, Ritualen und Aufgaben. Diese Anforderungen zu erfüllen und diesen mystischen Kosmos zu verstehen, schien mir unmöglich und überforderte mich. Es war ein Weltbild, was ich auch später nie vollends begreifen sollte.

Für mich war der tibetische Buddhismus aber ein interessanter Anstoß, mich intensiver mit dem Prozess des Glaubens, der Empathie gegenüber allen fühlenden Wesen und Meditation auseinanderzusetzen und mehr über all das zu erfahren.

Zu meinem Glück gab es einige Menschen, die mich auf dem Weg der spirituellen Selbsterkundung unterstützten, so erhielt ich Denkanstöße von einzelnen Mitgliedern aus meiner Meditationsgruppe. Auch von dem Lama der Gruppe, dem spirituellen Lehrmeister, konnte ich viel lernen. Von ihnen hörte ich etwa, dass Meditation nicht gleich Meditation ist, so gäbe es beispielsweise noch die Vipassana-Meditation, sehr strikt, in der Gottheiten keine Rolle spielen würden. Vipassana würde bedeuten, die Dinge so zu sehen, wie sie wirklich sind, indem man sich nur auf sich selbst konzentriert. Tue einem der Rücken weh, so sagt man sich nicht: „Das wird mir den ganzen Tag verderben“, stattdessen würde der Schmerz im Rücken wahrgenommen werden, aber nicht bewertet. Das klang eher nach einer spirituellen Abenteuerreise und nicht nach einer tiefen religiösen Verehrung, was mir näherlag.

Ich versuchte, mehr über dieses universelle Heilmittel für universelles Leiden zu erfahren, diesen Weg, der sich Dharma nennt. Er schien mir für meine Situation einer Sinnkrise, meiner inneren Wüstensteppe ausgesetzt, passend zu sein. Eine Kunst, die mich lehren sollte, wie das Leben zu meistern ist, die offenbar so viele positive Auswirkungen hat, die mir verspricht, meinem Ziel der Selbstfindung ein Stück näherzukommen – das klang nach genau meiner Art der Meditation.

Angeboten, so erfuhr ich bei meinen Recherchen, wurden meist zehntägige Kurse, um die Praxis der Vipassana-Meditation zu erlernen. Beginnen würde man bei diesem Prozess der Selbstreinigung durch Selbstbeobachtung, mit der Konzentration auf den eigenen Atem, auf diese Weise würde man die Wahrnehmung schärfen. Erst dadurch würde man fähig sein zu erfahren, wie er sich verändert, und auch, wie sich der Geist neu orientiert. Das wiederum würde zur Erkenntnis von Wahrheiten führen über die Leiden, das Ich, die Unbeständigkeit des Lebens. Mit dem Ziel, die eigenen Leiden von der inneren Wurzel aufzulösen, den Spannungen und Problemen des Lebens gelassener, ruhiger und ausgeglichener zu begegnen. Es ging aber nicht nur um das Ich, Vipassana wurde auch als eine Lebensführung verstanden, um konstruktive Lösungen für gesellschaftliche Probleme zu finden. Letztlich ging es um ein Handeln, das die herkömmlichen Reaktionen aufbricht, dass man einen Konflikt nicht immer nur mithilfe des gewohnten Musters klärt – oder eben nicht klärt.

Zehn Tage kamen mir kurz vor, um in die tiefsten Schichten des Unbewussten vorzudringen, aber ich las, dass dies möglich sei, wenn man die Regeln beachten würde, unter anderen eine ununterbrochene Praxis der Zurückgezogenheit, das sollte man vorab ehrlich und gewissenhaft bedenken. Das erfordert Disziplin, überlegte ich, und den Willen, diesen Kurs auch wirklich durchzuhalten. Mit der Disziplin würde ich keine Schwierigkeiten bekommen, das wusste ich, denn durch mein Training hatte ich genügend bewiesen, dass ich nicht jemand war, der vorzeitig etwas abbrach. Und der Wille? Auch den besaß ich. Sonst hätte ich meinen Sport längst an den Nagel gehängt, wenn ich nicht in der Lage gewesen wäre, ernsthaft etwas erreichen zu wollen.

Dann las ich: „Es ist absolut notwendig, für die Dauer des Kurses alle Formen des Betens, der Gottes- und Heiligenverehrung oder sonstiger religiöser Zeremonien – einschließlich Fasten, Abbrennen von Räucherstäbchen, Zählen von Perlen, Rezitieren von Mantras, Singen und Tanzen et cetera – völlig einzustellen." Das klang nach dem Neutralen, das ich gewohnt war. Weiterhin verboten waren Alkohol, Drogen und Nikotin, auch etwas, mit dem ich keine Probleme haben würde, weil nichts davon zu meinem Alltag gehörte. Und die vegetarischen Mahlzeiten kamen mir als Vegetarierin sehr gelegen.

Doch dann wurde es etwas brenzliger. Dass mehr oder weniger mit dem Gong zum Aufstehen ab vier Uhr morgens nonstop in einer Halle meditiert wurde, unterbrochen nur vom Frühstück, einer Mittagspause, einer Ruhephase und einem abendlichen Vortrag, klang nach Anstrengung, und zwar einer mir im Vergleich zur Leichtathletik komplett unbekannten. Wer sich für einen solchen Kurs anmelden wolle, so las ich in einem Erfahrungsbericht in einem Forum, sollte mindestens eine Stunde meditieren können, ohne sich auch nur einen Zentimeter zu bewegen.

Einige Übung hatte ich ja schon im Meditieren, aber bislang hatte ich noch keine Stunde bewegungslos auf einem Sitzkissen gesessen, das stand beim tibetischen Buddhismus, so wie ich ihn praktiziert hatte, nicht im Vordergrund. Hier lag der Fokus auf anderen Dingen. Um diese Fähigkeit zu erwerben – inzwischen wollte ich unbedingt eine Vipassana-Meditation mitmachen –, fing ich mit fünf Minuten an. Fünf Minuten meditierte ich in Stille reglos auf einem Sitzkissen, die Beine im Schneidersitz, jeden Tag, eine Woche lang. In der zweiten Woche versuchte ich es mit zehn Minuten, in der dritten steigerte ich mich auf eine Viertelstunde. Bis zum Sommer hatte ich es geschafft, eine Stunde am Stück zu meditieren und mich dabei nicht zu rühren. Aber das war noch nicht alles, ich merkte auch, wie es mir immer mehr gelang, mich von meinen Gedanken loszulösen und die Stille im Kopf und im Körper zuzulassen. Es war ein gutes Gefühl, das mich nach jeder Session durchströmte, ich stellte eine größere Ausgeglichenheit fest, ein Wohlbefinden, auch nahm ich mich als entspannter wahr. Ich wollte aber noch mehr lernen, mehr bewusstes Sein, was ich mir von Vipassana unter Anleitung erhoffte.

Die Kurse konnte man, auch das hatte ich recherchiert, weltweit absolvieren. Nach der Saisonpause, so hatte ich mich inzwischen entschieden, wolle ich unbedingt an einem Kurs teilnehmen. Doch wohin zog es mich? Nach Nepal? Thailand? In die USA? Oder Indien? Indien hatte mich schließlich am meisten angesprochen. Denn schließlich stammt die Meditationsschule aus Indien. Es war auch klar, dass ich das alleine machen wollte. Für viele aus meinem Umfeld war mein Vorhaben, allein als Frau nach Indien zu reisen, komplett verrückt, sie zeigten nicht gerade viel Verständnis dafür und meinten, das sei doch viel zu gefährlich, außerdem gäbe es dort schlimme Krankheiten, die man sich einfangen könne. Ich hörte mir alle Vorbehalte an, aber bei jedem Versuch, mich von meiner Reise abzuhalten, schüttelte ich nur den Kopf. Ich hegte nicht die geringsten Zweifel, dass ich das schaffen würde. Habe ich mir erst einmal eine Sache in den Kopf gesetzt, ziehe ich sie in der Regel auch durch. Nichts kann mich dann davon abbringen, mein Entschluss steht fest.

Vielleicht hatte meine Meditationspraxis mir schon geholfen, jedenfalls wurde ich in dieser Saison Europameisterin und als sie zu Ende war, flog ich nach Indien.

Kapitel 8

ALLEIN NACH INDIEN – STILLE UND MITGEFÜHL

Es war warm, tropisch warm geradezu, obwohl die Dunkelheit schon seit Stunden angebrochen war. Kurz nach ein Uhr nachts kam ich auf dem Chhatrapati Shivaji International Airport in Mumbai an, jener Stadt am Arabischen Meer, die voll von hart arbeitenden Menschen, aber auch vielen Träumern ist – die größte Filmindustrie Asiens ist hier zu Hause, zudem ist Mumbai Finanz- und Fashion-Zentrum. Die Luft roch nach Großstadt, aber auch nach Dschungel, keine andere Stadt weltweit hat einen so großen tropischen urbanen Wald. Im Taxi, auf dem Weg ins Hostel, wo ich mir im Voraus ein Zimmer gebucht hatte, fuhr ich an einem Slum vorbei, Nachtvögel kreischten, Hunde streunten besitzerlos herum, in beleuchteten Bereichen hingen auf von Pflanzen überwucherten Balkonen Wäschestücke. Der Taxifahrer hatte Probleme, sich in den schlängelnden Gassen zurechtzufinden. Mich störte das nicht, ich sah aus dem Fenster, um die Stadt auf mich wirken zu lassen, und sog die Eindrücke der Nacht in mich auf. Selbst um halb drei war noch Leben in den kleinen Gässchen, und ich sah zwei Kleinkinder auf einer Veranda munter spielen. Als er vor dem Hostel hielt, verabschiedete er sich freundlich von mir und meinte: „Sie sind sicher zum Meditieren nach Mumbai gekommen." Wie recht er damit hatte.

Nach einer kurzen Nacht machte ich mich auf, die Innenstadt zu erkunden. Mein Ziel war es, mir indische Kleidung zu besorgen – was in der Fashion-Metropole kein Problem sein sollte –, denn ich wollte vor allem später, wenn ich zu meinen Yoga-Retreat auf dem Land weiterfuhr, als allein reisende Frau nicht durch westliche Outfits auffallen und auch bei den Einheimischen nicht anecken. Es war schon extrem, dieser Gegensatz von großer Armut und großem Reichtum, der sich mir da eröffnete. In der City türmten sich die Hochhäuser aus Glas und Beton, doch neben noblen Boutiquen entdeckte ich auch einige schlichtere Geschäfte und Marktstände, in denen ich mir Kurtis, Tuniken aus bunter Baumwolle, kaufte. Passend zu den Farben der Blusen gab es noch jeweils einen Schal in Zitronengelb, Mintgrün und Rosa. Dazu ließ ich mir noch weite weiße Leinenhosen geben. Mit den Sandalen, die ich mir noch in Deutschland extra für die Reise gekauft hatte, war mein Outfit komplett. Obwohl die Stadt an der Westküste Indiens eine moderne Millionenmetropole ist, trugen viele Frauen noch die traditionellen Kurtis und Saris. So hatte ich mich mit meiner Kleidung richtig entschieden.

Am nächsten Tag brach ich mit dem Taxi in Richtung Navi Mumbai auf, einem Vorort nordwestlich von Mumbai, wo der Kurs stattfinden sollte. Erwartet wurde ich im Dhamma Vipula Vipassana Centre, das auf einem Berg lag, und von wo aus ich einen atemberaubenden Panoramablick auf die Stadt, die grünen Hügel und das Meer hatte. Ich wohnte in einem lang gestreckten gelben Gebäude mit türkisfarben umrandeten Fenstern. Mein Zimmer war spartanisch eingerichtet, ein Bett aus Stein mit einer gepolsterten Matte darauf, ein Tisch mit Plastikstuhl, ein Fenster. Das eigene Bad – eher eine Nasszelle – war nur mit Toilette und Waschbecken ausgestattet. Zum Duschen gab es einen Eimer, der mit Wasser gefüllt wurde, und einen Becher zum Abbrausen. Mich störte das nicht, ich wollte mich aufs Innere konzentrieren und nicht an Äußerlichkeiten hängen bleiben. Eine dhamma workerin, mit streng gescheiteltem schwarzem Haar und einer Haut, die dunkler war als meine, gekleidet in einem gelben Sari, wies mich direkt auf Englisch ein, denn trotz meiner Kleidung war klar, dass ich keine Inderin war. Andere westliche Teilnehmer gab es im Zentrum kaum. Neben mir waren da nur noch vier weitere Frauen und drei Männer, alle anderen Teilnehmer waren Inder und Inderinnen allen Alters, manche achtzig und vielleicht sogar älter. Weiter berichtete sie mir, dass die Meditationen nach den Lehren von Satya Narayan Goenka erfolgen würde, der leider 2013 verstorben sei, aber die Kurse würden nun seine Schüler geben. Danach erklärte sie mir alle Regeln, die ich ja bereits durch meine Recherche kannte und registrierte mich. Schließlich sammelte sie meinen Pass und andere Wertgegenstände sowie mein Handy ein.

„Wie geht es jetzt weiter? Und wann werden wir mit den Meditationslehrern sprechen können?“, fragte ich.

„Schon heute wird es nach dem Abendessen ein erstes Einführungsvideo geben, wo Meister Goenka sprechen wird. Mit den Meditationslehrern wirst du im Laufe der Zeit sprechen, das wirst du dann sehen“, antwortete die junge dhamma workerin. Sie meinte noch, dass die Meditationslehrer uns während des Kurses mental und praktisch unterstützen würden.

Erleichtert atmete ich auf.

Die Kurse wurden auf Hindi und Englisch angeboten, darauf hatte ich bei der Anmeldung geachtet. Ich war gespannt, was auf mich zukommen sollte.

Mein Abenteuer Meditation hatte endlich begonnen. Zehn Tage Schweigen, kein Handy, keine Bücher, keine Notizbücher, auch nichts zum Schreiben durfte ich bei mir tragen. Für mich befremdlich war ein wenig, dass ich keinen Sport machen durfte, nicht einmal eine Runde Stretching war erlaubt. Nun gut, das würde ich auch noch überstehen. Bezahlen musste ich übrigens nichts, weder für den Kurs noch für die Unterkunft oder die Verpflegung. Wer wollte, konnte hinterher spenden, so war gesichert, dass jeder Erfahrungen mit dem Dhamma machen konnte, auch wenn er kein Geld besaß. Diese Offenheit war mir gleich sympathisch.

Um Punkt vier Uhr am nächsten Morgen ertönte der Gong, mit dem wir geweckt wurden, 30 Minuten später hatte ich meine erste Meditationseinheit, die zwei Stunden dauerte; Frühstück gab es erst danach. Und so folgte eine Meditationseinheit nach der anderen. Abends sahen wir in der Gruppe der englischsprachigen Frauen – die Bereiche für Männer und Frauen waren strikt getrennt – noch ein einstündiges Video an, in dem es um die Meditationstechnik ging, aufgezeichnete Einweisungen, erteilt von Goenka persönlich.

Knapp elf Stunden, genauer gesagt 10 Stunden und 45 Minuten, hatte ich an meinem ersten Tag auf meinem Meditationskissen gesessen, eine Seite der Meditationshalle war den Frauen gewidmet, die andere den Männern. Ein breiter Gang teilte die Bereiche ab und führte zu einem Podest, auf dem die Meditationslehrer saßen. Ein Stuhl war frei in Gedenken an den Lehrmeister Goenka.

Das mit den elf Stunden hatte ich bereits im Vorfeld gewusst, aber das tatsächliche Ausmaß dieser Zeitspanne begriff ich erst vor Ort. In meiner Wohnung hätte ich niemals so lange am Stück meditiert. Aber ich hatte mich angemeldet, und ich wollte es schaffen. Was hatte Goenka in seinem Videovortrag – er sprach in einem gut verständlichen Englisch mit indischem Akzent – gesagt? Am zweiten Tag solle es besser werden. Ich war mir nicht so sicher, konnte mir sogar vorstellen, dass es noch schlimmer sein würde, da sich die Gelenke erst an das stundenlange Sitzen in der Meditationshaltung gewöhnen mussten, an die Schmerzen in den Knien. Auch der Jetlag machte mir spürbar zu schaffen. Durch die Zeitverschiebung musste ich in etwa zu der Zeit aufstehen, zu der ich in Deutschland für gewöhnlich zu Bett gegangen war.

Dieser Kurs brachte mich wirklich an meine Grenzen. Körperlich durch Rücken- und Knieschmerzen und einem auf den Kopf gestellten Biorhythmus. Mental durch Müdigkeit, den Versuch, sich über zehn Stunden am Tag zu konzentrieren und dennoch jegliche Gedanken auszublenden. Gekrönt wurde das Ganze durch ein karges Abendessen, das aus einer kleinen Banane, etwas süßem Tee und einer Art Cracker bestand. Der einzige Trost war, dass erfahrene Meditationsschüler gar kein Abendessen bekamen und ich somit dankbar sein konnte, dass ich abends überhaupt etwas zu mir nehmen durfte, wo mir doch der Magen schon in den Kniekehlen hing. Das ging auch den anderen so, gerade von den westlichen Teilnehmern, die ich immer wieder mal im Blick hatte, verabschiedete sich nach und nach über die Hälfte.

In den ersten drei Tagen konzentrierte sich die Gruppe, nur auf das Dreieck von Nasenansatz bis zur Oberlippe, um die

Atmung zu spüren und sie von Minute zu Minute zu beobachten. Drei Tage lang, 36 Stunden, 2160 Minuten! Als der dritte Tag vorüber war, spürte ich eine gewisse Ungeduld in mir, fragte mich, wann es endlich weitergehen würde. Wir durften ja nicht in unseren ganzen Körper achtsam hineinfühlen, kreisten immer nur um diesen kleinen Nasenbereich. Immerhin habe ich so erfahren, was man dabei alles spürt, etwa, wie warm die Atemluft ist, wenn man sie ausatmet, den Luftzug auf der Oberlippenregion, feucht und warm, während er beim Einatmen kühl und trocken ist. Und wie die Luft die Nasenhöhlen bewegt und in ihnen auf- und abströmt. All das sind Wahrnehmungen, die wir im Alltag komplett ausblenden, wenn wir nicht gerade aus der Puste sind, weil wir einen intensiven Dauerlauf gemacht, uns im Fitnessstudio ausgepowert oder einen Fahrradsprint hingelegt haben.

Goenka gab uns allabendlich über die Videoaufnahmen zu verstehen, man solle sich auf sich selbst konzentrieren und sich nicht als Opfer von äußeren Umständen oder bestimmten Menschen betrachten. Eigentlich eine allgemeine Erkenntnis, die mir nicht fremd war, dennoch hörte ich ihm aufmerksam zu, wohl auch aus dem Grund, dass ich langsam spürte, dass meine Bemühungen, stundenlang zu meditieren, Auswirkungen zeigten. Wie oft verstehen wir etwas rational, kognitiv, ohne jemals ein tiefes emotionales Verständnis zu erreichen? Ich konnte noch nicht konkret in Worte fassen, was mit mir passierte, aber etwas war in Bewegung geraten, nicht äußerlich wie in meinem bisherigen Leben, sondern tief in meinem Inneren. Und das machte mich unglaublich zufrieden.

In diesem Rhythmus ging es weiter und weiter. Und so anstrengend die Tage auch waren, sie fühlten sich gut an. Und dennoch war dies kein Zuckerschlecken. Knapp fünf Stunden schaffte ich es am Tag, gut zu meditieren und komplett abzutauchen. Die restlichen Stunden kämpfte ich: mit der Sitzposition, dem Stillhalten, den Gedanken. Nach einer Zeit des Schweigens begann mein Verstand Geschichten zu erzählen, ausgehend von Situationen, die es gegeben hatte, geben könnte oder nie geben würde. Er klammerte sich an jeden Strohhalm. Hauptsache, die eigene Stimme im Kopf ertönen lassen, um gegen die äußere und innere Stille anzukämpfen.

Doch am Ende des Kurses wusste ich unmissverständlich:

ICH KANN IN MIR ANKER SEIN, MEIN EIGENER FELS IN DER BRANDUNG. ICH BIN ES SELBST, DIE IM EIGENEN KÖRPER, IM EIGENEN KOPF EIN ZUHAUSE FINDEN KANN.

Ich kann für mich da sein und muss nicht etwas sein, was ich nicht sein will, was ich auch gar nicht bin. Ich erfuhr, dass ich in mir eine Balance herstellen, die Wogen meines emotionalen Ich selbst glätten kann, ohne mich dabei unlebendig zu fühlen. Das Gegenteil war der Fall: Alles spürte ich intensiver, auch den Schmerz (in den Knochen), sah alles deutlicher, was mir gefiel oder auch nicht gefiel, aber ich lernte, dass ich nicht mehr sofort darauf reagieren musste, so wie ich es früher getan hatte. Ich konnte tatsächlich sehr genau wahrnehmen – und zugleich loslassen. Ich kam mit dem Hier und Jetzt in Kontakt, begann, die Realität so zu sehen, wie sie gerade war, in dem vorherrschenden Moment, nur dies – und sonst nichts. Und durch das Vergegenwärtigen dieses Moments konnte ich erkennen, dass es akut keine Bedrohung gab, nur vielfältige Möglichkeiten.

Ebenso erlangte ich ein tieferes Verständnis über das ständige Bewerten von Dingen und Geschehnissen. Ständig bewerten wir Dinge, das letzte Gespräch mit unserem Partner, die nächste Aufgabe, die auf der To-do-Liste steht. Daraus erwachsen Gefühle, wir empfinden Abneigung, starke Sehnsucht. Diese Gefühle sind wichtig, aber oft beziehen sie sich auf eigentlich belanglose Dinge, etwa auf ein Kleidungsstück, von dem wir meinen, es unbedingt haben zu müssen. Dafür wenden wir viel Energie auf, und weil es so viel Kraft erfordert, sind wir dadurch nicht mehr in der Lage, die wirklich wichtigen Emotionenen wahrzunehmen und wertzuschätzen. Reduzieren wir diese kurzfristig aufwallenden Gefühlsreaktionen, können wir besser damit leben, wenn damit verbundene Sehnsüchte und Wünsche nicht erfüllt werden. Letztlich sind wir dadurch sogar in der Lage, grundsätzlich negative Ereignisse besser verarbeiten zu können. Was heißt: Geschieht uns etwas Unangenehmes, können wir Derartiges in stoischer Gleichmütigkeit annehmen und akzeptieren. Wir lernen so mehr Zufriedenheit, lernen, schöne Momente zu genießen, ohne gleich wieder das nächste Verlangen zu verspüren.

Während mir der tibetische Buddhismus zu komplex gewesen war, so stellte ich bei Vipassana fest, dass auch diese Form der Meditation letztlich jedoch nicht das Richtige für mich war, da zu streng und auch nicht wirklich alltagstauglich. Die abschließende Empfehlung war, dass man zweimal am Tag eine Stunde meditieren sollte. So wie mein Alltag mit den Trainingseinheiten und Wettkämpfen gestrickt war, erschien mir diese Umsetzung in meinem Leben völlig utopisch, auch wenn es sicherlich positive Auswirkungen auf mich gehabt hätte. Dass ich gelernt habe, mein eigener Anker zu sein, der sich nie losreißt, hatte mir jedoch eine Sicherheit gegeben, die ich zuvor noch nie gespürt hatte. Auch hatte ich nie zuvor eine solch heilsame Ruhe empfunden, ein Gefühl von innerer Verbundenheit.

In Indien fing ich an, meinen inneren Dialog zu ändern. Bedingungslos akzeptierte ich mich, mit meinen Schwächen und Stärken, war harmonisch mit mir selbst verbunden. Und so verließ ich das Zentrum in Navi Mumbai.

Da ich schon einmal in Indien war, wollte ich mir das Land auch genauer anschauen und nicht gleich wieder nach Hause fliegen. Es war überhaupt das erste Mal, dass ich allein unterwegs war. In der Kindheit hatten meine Mutter und ich nicht so viel Geld, um zu reisen oder in den Urlaub fahren zu können. Zwar war ich durch die Wettkämpfe ein wenig herumgekommen, aber dies war nicht nur die erste Reise allein, sondern auch die erste, die ich privat außerhalb Europas machte.

In Indien war ich nun also auf mich gestellt und mit einer mir fremden Kultur konfrontiert. Ich sammelte neue Eindrücke und gewann Einblicke in andere Lebensrealitäten. Das Land zeigte mir, dass das Leben viel zu bieten hat und dass es gar nicht so viel an materiellen Gütern braucht, um zufrieden zu sein und ein Lachen im Gesicht zu haben. Wohlstand war nicht unbedingt eine Voraussetzung für ein erfülltes Leben. Das zu erfahren, gefiel mir sehr, zumal ich wusste, was es heißt, nicht viel Geld zu haben. Wie ein Schwamm saugte ich alles auf, ich war bei mir und nicht bei anderen, wie man es ist, wenn man in Gesellschaft unterwegs ist. Auch konnte ich die weitere Reise so gestalten, wie ich wollte, und das gab mir viel Selbstbewusstsein.

Nach dem Vipassana-Kurs blieb ich noch zwei Wochen in Indien. Ich schaute mir Mumbai etwas genauer an, die Spuren der englischen Kaufleute und die Bauten aus der

Kolonialzeit. Danach wohnte ich bei einer indischen Familie in der Nähe von Neu-Delhi, Bekannte meiner Mutter, und zusammen besuchten wir das Taj Mahal, denn natürlich war das Symbol unsterblicher Liebe unverzichtbar für jeden Touristen und jede Touristin. Der Marmorpalast war riesig, ein Monument, das ein Mogul-Herrscher im 17. Jahrhundert für seine Lieblingsfrau hatte errichten lassen. Eigentlich unglaublich, was Menschen der Liebe wegen machen, doch um das zu verstehen, musste ich erst noch viel mehr über die Liebe lernen. Davon werde ich an späterer Stelle erzählen.

Anschließend fuhr ich allein mit dem Bus durch den Bundesstaat Rajasthan. In der Wüstenstadt Jaisalmer, nahe der Grenze zu Pakistan, fühlte ich mich so wohl, dass ich dort mehr oder weniger strandete. Jaisalmer, die goldene Stadt, wie sie auch genannt wird, besaß einen wunderschönen Stadtkern gänzlich aus goldgelbem Sandstein. Ich ließ mich in der alten Karawanenstadt mit einer Unter- und einer Oberstadt auf dem mittelalterlichen Festungshügel treiben, spürte, wie Indien eine magische Ausstrahlung besaß, eine Aura, zu der sicher die große Stille in der Wüste gehörte, aber auch das rege Treiben in den schmalen goldenen Gassen, die Schönheit der Sonnenaufgänge und -untergänge, das silbrige Licht des Mondes, die unzähligen Sterne am Firmament. Ich konnte mir vorstellen, wie die Händler in Karawanen durch die Sandwüste zogen, vorbei an Kakteen, die endlose Weite vor sich.

Trotz der inneren Stärke, die ich durch Meditationserfahrungen erlangt hatte, und der familiären Gastfreundlichkeit holte mich die Realität ruckartig wieder ein. Ich fühlte mich plötzlich rastlos und verunsichert: Wohin sollte ich als Nächstes reisen? Eigentlich wollte ich bleiben, doch mein Reiseplan sah anderes vor. Schnell merkte ich aber, dass dieses Gefühl der Unsicherheit einen viel tieferen Ursprung hatte und diese Frage so stellvertretend war, für den Prozess in dem ich mich gerade befand. Wohin wollte ich eigentlich im Leben? Wer war ich? Wer wollte ich sein? Welche Ziele hatte ich noch, welche Träume wollte ich verwirklichen? Wofür brannte ich?

All diese Fragen drängten plötzlich wieder hoch, an einem Ort, der unpassender nicht hätte sein können: In einem Souvenirshop in Jaisalmer, den ich nur betrat, um zu fragen, wann der gegenüberliegende Tempel wieder seine Pforten öffnen würde. Auf die arglosen, freundlichen Fragen des Ladenbesitzers: „Wie geht es dir? Wie lange bist du schon hier und wohin geht es als Nächstes?" brach ich zu meiner eigenen Überraschung in Tränen aus. Ich fühlte mich allein und verlassen und wie einer der vielen streunenden Straßenhunde Indiens ohne festes Zuhause. In dieser aufgewühlten emotionalen Situation erlebte ich, wie mich ein Fremder auffing. Ruhig bat er mich in das Hinterzimmer seines Shops, wo er die besonders teuren Souvenirs aufbewahrte und es eine kleine Kochnische gab, und kochte mir einen Chai. Er strahlte eine solche Empathie aus, dass ich ihm sofort vertraute und mich sicher fühlte. Als über dem Topf auf seiner kleinen Herdplatte würziger Duft aufstieg, und mich in den Moment zurückholte, atmete ich tief ein und aus, und begann, meine Empfindungen in Worte zu fassen. Der Ladenbesitzer hörte mir interessiert zu und gab mir Rat. Sein Englisch war sehr gut, und er erzählte mir, dass solche schwachen Momente auch ihm nicht fremd seien. Er schilderte, wie sein Glauben ihm Kraft gab, vertraute mir intime Gedanken an und fragte immer wieder auch nach meinen Gefühlen. Voller Mitgefühl und Nächstenliebe fing er mich auf und ließ mich die Welt wieder mit anderen Augen sehen. Ich selbst war in dieser Situation sehr verletzlich, und dass sich ein völlig Fremder meiner auf diese Weise annimmt, mir so selbstlos begegnet, erschien mir wirklich wie ein kleines Wunder.

Ein paar Tage später nahm ich an einer Kamelsafari durch die Wüste Thar teil. Während dieser Tour stieß unsere Gruppe auf einen zurückgelassenen Hund. Der Bauer hatte sein Land und seine daraufstehende Farm aufgegeben, das Tier aber nicht mitgenommen. Der Hund war ähnlich verängstigt wie ich ein paar Tage zuvor, einsam und unglücklich. Zuerst hatte ich Hemmungen, ihn zu berühren. Doch das Leid des kleinen Tieres war zu groß. Erst zögerlich, dann immer sicherer streichelte ich den herrenlosen Streuner. Ich bemerkte, dass er ein eitriges und entzündetes Auge hatte und reinigte es mit einem feuchten Tuch. „Wir müssen etwas tun", dachte ich. Wir konnten den Hund doch nicht so zurücklassen. Ich sprach mit der Hostelmanagerin, mit der ich mich mittlerweile angefreundet und die uns bei der Tour begleitet hatte, und fragte sie, wie wir dem Hund helfen könnten. In diesem Fall wusste sie Rat. Ganz in der Nähe sollte ein neues Wüstenhostel eröffnet werden, und tatsächlich gab es dort auch ausreichend Platz, um einen Hund zu beherbergen.

Die Liebe, die ich selbst in einem schwachen Moment erfahren hatte, konnte ich direkt weitergeben. Ebenso die gelernte Lektion, niemals ein hilfloses Lebewesen, egal ob Vier- oder Zweibeiner, im Stich zu lassen.

Dass ich diesen schwierigen Moment in dem Shop erlebte, hatte auch damit etwas zu tun gehabt, dass nach meinem Meditationskurs die normale, alltägliche Welt auf mich einbrach. Ich war aus meiner Komfortzone herausgerissen worden und damit komplett überfordert, mein neues Selbstbewusstsein stand noch auf wackeligen Füßen. Ich musste mir selbst vertrauen, hatte erfahren, dass es keinen Menschen gibt, der mir sagen kann, wie ich mein eigenes Leben besser leben kann. Das kann jeder von uns nur für sich selbst herausfinden. Aber so gut sich das bei meinem Weggang aus dem Meditationscenter angefühlt hatte, so schwierig war diese Erkenntnis in die Praxis umzusetzen. Erst langsam lernte ich, diesen Weg weiterzugehen. Schritt für Schritt musste er in die Realität umgesetzt werden.

Kapitel 9

DAS DILEMMA MIT DEN SICH SELBST ERFÜLLENDEN PROPHEZEIUNGEN

Längst hatte ich noch nicht die innere Zufriedenheit gefunden, aber ich war auf einem guten Weg. Meine Probleme waren zwar noch nicht vollständig gelöst, nicht vorbei, aber ich verzweifelte nicht mehr an ihnen, sondern konnte sie annehmen. Noch heute weiß ich keine Antwort auf all meine Fragen, aber das ist okay. Auf meinem Weg sammle ich Erkenntnisse wie viele bunte Steinchen, die sich erst am Ende zu einem großen Ganzen zusammenfügen werden. Das fertige Mosaik wird sich mir erst in der Zukunft offenbaren. Seit 2018 weiß ich, dass ich Dinge ändern muss und auch ändern kann, und vor manchen habe ich auch Angst, sie mir einzugestehen und anzuschauen, aber es wird besser. Ich hatte schon früh angefangen, bestimmte Sachen zu entwirren, war aber bislang noch nicht bis zum Kern vorgedrungen.

Doch ich versuchte es weiter: In dem Meditationskurs hatte ich noch lange Haare gehabt, über Brustlänge, die ich an Tag drei abgeschnitten hatte. In meinem Zimmer und auch sonst gab es in der Unterkunft keine Dusche, nicht einmal einen Duschkopf, meine Haare zu pflegen war mir so zu umständlich. Ich hatte nur einen Eimer voll mit kaltem Wasser, und den Becher, den ich füllen und mir über den Kopf schütten konnte. Haare befeuchten, Shampoo einwirken lassen und ausspülen, Conditioner auftragen, kämmen und wieder ausspülen war viel zu nervig unter diesen Umständen, fand ich, und so dachte ich darüber nach, wofür meine Haare eigentlich stehen. Wofür brauchte ich sie, was bedeuteten sie mir? Ich stellte fest, dass ich lange Haare trug, weil sie für mich ein Schutzschild waren, den ich mir zugelegt hatte, um vor meiner Umwelt geschützt zu sein, mich in gewisser Weise hinter ihnen verbergen zu können. Diesen Schutz wollte ich nicht mehr. Viele Frauen identifizieren sich mit ihren langen Haaren. Und Frauen wie auch Männer verbinden lange Haare häufiger mit weiblich gelesenen Personen als kurze. Ich fand an meinen langen Haaren überhaupt nichts Positives, im Gegenteil. Was war schon positiv daran, so viel damit zu tun zu haben? Und sich dahinter zu verstecken? Ich wollte lernen, mir selbst ohne jeglichen Schutz Halt und Sicherheit zu geben. Dazu wollte ich weder lange Haare brauchen oder sonstige äußere Umstände. Außerdem standen kurze Haare für mich auch für Mut. Mut sich vom Gewohnten zu lösen, den Mut, aus dem Mainstream von weiblich gelesenen Personen herauszutreten, und den Mut, sich von alten Ketten zu lösen, auch wenn sie über Jahre mein Anker gewesen waren. Es war Zeit, eine Reise zu mir selbst zu beginnen, und dafür musste ich auch einigen Ballast loswerden.

Ich starrte in den Spiegel und erkannte mich selbst kaum wieder. Ein Blick voller Bestimmtheit und Stärke. Ich flocht mir zwei Zöpfe und schnitt sie kurzerhand mit einer kleinen Nagelschere ab, die ich in meinem Gepäck hatte. Seltsam kam ich mir vor, wie ich mit zwei Zöpfen in der Hand dastand. Und gleichzeitig euphorisch, selbstbestimmt. Und noch einen weiteren Entschluss fasste ich. Würde ich wieder in Deutschland sein, würde ich sie mir gleich noch kürzer schneiden lassen. Dieser Gedanke war sehr befreiend, ich war von einem Moment auf den anderen nicht mehr die alte Malaika. Natürlich war die nicht völlig verschwunden, aber etwas Entscheidendes war passiert.

Zu meiner inneren Befreiung gehörte es auch, dass ich lernte, mir meine Ängste genauer anzuschauen. Ich hatte gemerkt, dass ich stark genug war, mich ihnen zu stellen. Ich musste nicht mehr vor ihnen weglaufen, sie ignorieren oder sie verdrängen, indem ich was anderes machte, etwa ein Buch las, zum Handy griff oder den Fernseher einschaltete. Betrachtete ich die Vergangenheit, so hatte ich zeitlebens das Gefühl gehabt, ein großer Angsthase zu sein. Wenn sich etwas nicht gut angefühlt hatte, war meine erste und bisher einzige Reaktion, einfach wegzuschauen. Stieg Angst in mir auf, lief ich weg. Das konnte mir passieren, wenn ich negative soziale Erfahrungen machte, das betraf meinen Selbstwert oder Gefühle bezüglich meines Vaters, ich konnte sogar einfach vor dem nächsten Tag oder der nächsten Woche Angst empfinden, auch wenn keine besondere Sache anstand.

ERST MIT DER ZEIT BEGRIFF ICH, DASS ES VIEL SCHLIMMER IST, EIN LEBEN LANG AUF DER FLUCHT ZU SEIN, ALS SICH MIT DEN EIGENEN ÄNGSTEN ZU KONFRONTIEREN.

Denn, wenn man sich seine Ängste anschaut, dann ist der eigentliche Punkt meist weniger bedrohlich als die Angst davor. Diese Erkenntnis gab mir viel Kraft und ließ mich freier werden, machte mich fokussierter. Den mit der Angst verbundenen Fluchtmodus konnte ich nach und nach souveräner handhaben, und das hieß nicht, dass ich stattdessen in den Kampfmodus ging – eine weitere Alternative bei Angst – , sondern dass ich Gelassenheit in mir einziehen ließ. Ich führte mir vor Augen, was wirklich so schlimm an manchen sozialen Interaktionen, meinem Vater oder dem Ausblick auf die nächste Woche war.

Ich lernte, erst einmal bei mir anzufangen und mich zu fragen, was macht der Gedanke an bestimmte Dinge mit mir? Welche Gefühle steigen in mir auf und wieso? Ich lernte zu trennen zwischen potenziellen Problemquellen, die man zeitnah und sachlich angehen sollte und Problemen, die eigentlich nur zwischen den Ohren stattfinden. Durch das Trennen lernte ich effektiver mit Ängsten umzugehen und diese zu hinterfragen und zu analysieren, was den Einfluss dieser nach und nach reduzierte.

Das alles hatte auch Auswirkungen auf den Sport, ich wurde sicherer in meinem Training und bei den Wettkämpfen. Ich fragte mich, wovor ich insbesondere vor Wettkämpfen Angst hatte. Nach und nach deckte ich die einzelnen Aspekte auf und bearbeitete sie, durch Kommunikation mit mir selbst und mit anderen. Einer der Punkte war, dass ich Sorge hatte, nicht erfolgreich zu sein. Ein anderer, dass ich mich auch im Stadion als Teil eines sozialen Gefüges unwohl fühlte: Im Mittelpunkt zu stehen, Unterstützung anfordern, Bewertung von außen ausgesetzt sein – das alles belastete mich. Selbst Angst vor Erfolg und seinen Konsequenzen begann ich wahrzunehmen Ich hatte zu dieser Zeit auch Angst vor einer Konkurrentin, die ein bisschen älter und erfahrener war als ich. Sie dominierte den Weitsprung und war in ihren Leistungen so konstant, dass sie fast jeden Wettkampf gewann. Lange Zeit hatte ich das Gefühl, dass sie unschlagbar sei und ich mich prinzipiell bei jedem Wettkampf hinter ihr einordnen müsste. Dieses Gedankenmuster prägte ich aufs Neue mit jedem weiteren Gedanken daran, bis es zu einem Teil meines Athleten-Selbst wurde. Ich nahm in Gedanken also schon die Rolle der Athletin ein, die die andere Athletin X nicht schlagen konnte. Bald entwickelten sich diese Gedanken auch zu einem diffusen, leicht negativen Gefühl, mit dem ich schon in den Wettkampf ging. Ich fühlte mich schwach. Dieses Gefühl bestärkte dann die Überlegung, dass sie von mir eh nicht zu schlagen sei, weil ich dazu nicht in der Lage sei (nun war auch ein körperliches Gefühl von Schwäche erwachsen). Und siehe da: Eine sich selbst erfüllende Prophezeiung war geboren.

Es war nicht leicht gewesen, sich einzugestehen, dass man sich selbst Angst macht. Self-fulfilling prophecy, das war mir geradezu auf den Leib geschrieben. Indem ich mir sagte: „Diese Konkurrentin kann ich eh nicht schlagen, ich kann an diesem Tag höchstens Zweite werden", wurde ich auch höchstens Zweite. Denn wenn man mit einem solchen Mindset, mit einem solchen Denken in den Wettkampf geht, beeinflusst es auch das eigene Handeln und Verhalten. Ich stehe mir dann selbst im Weg, und niemals werde ich bei einer solchen Ausgangslage einen Sieg erringen.

Von Anfang an stelle ich mein eigenes Licht unter den Scheffel und reduziere die Chancen, mein Potenzial abzurufen. Es kann auch sein, dass ich deshalb höchstens Zweite werde oder sogar noch viel schlechter abschneide. Und am Ende merke ich nicht einmal, dass noch mehr drin gewesen wäre. Und beim nächsten Mal, beim nächsten Wettkampf, wenn man wieder auf dieselbe Konkurrentin trifft, denkt man: Ach, das Gefühl kenne ich, das habe ich schon erlebt, die kann ich nicht schlagen. Ich trug selbst aktiv dazu bei, dass ein Ergebnis, das ich erwartete, auch wirklich eintrat.

Ich hatte also nicht nur negative Gedanken, sondern es gab auch eine negative Rückkoppelung, die bleibende negative Gefühle bewirkte. Angstgefühle. Und so verstärkte sich das alles immer wieder gegenseitig, hatte ich mich – auch auf neuronaler Ebene – doch wie in einem Regelkreis eingerichtet. Konstant gab ich mir selbst Rückmeldungen, die sich mit dem Kognitiven und Unterbewusstsein verbanden, um nur ja bei meinen Ausgangsleistungen zu bleiben. Mit anderen Worten: Aus Angst, eine bestimmte Schwelle überschreiten zu können, hemmte ich mich selbst, kontrollierte ich mich. Während Feedback auch konstruktiv sein kann, so war es bei mir in diesen Fällen eindeutig destruktiv. Ich hatte mich im Kreis gedreht, statt den Ursprung von allem zu untersuchen. Hätte ich das eher getan, hätte ich vielleicht Verbesserungspotenziale erkannt und mich aus meinem Angstsumpf früher herausholen können. Doch bisher hatten mir andere Perspektiven gefehlt, neue und bessere Wege.

Kapitel 10

BODENSTÄNDIG UND IDEALISTISCH, ABER NICHT FAMILIEN-ORIENTIERT

Viele meiner Gedanken, auch die über die Angst, habe ich nach und nach aufgedeckt und beleuchtet, und zwar mithilfe von Christoph Steinbach, der seit über 30 Jahren am Olympiastützpunkt Rhein-Neckar tätig ist und dort für Athletinnen und Athleten Sorge trägt, dass sie eine duale Laufbahn anstreben, sich also ein zweites Standbein schaffen, eine berufliche Perspektive aufbauen. Dabei werden diese auch bei grundsätzlichen Entscheidungen begleitet, die für sie anstehen.

Eines der ersten Male begegnete ich Christoph, herzlich und drahtig und mit raspelkurzem Haar, 2011 im Rahmen einer Berufsorientierung, ein Wochenendseminar, welches er organisiert hatte. Ich war 17, und das Seminar hatte einen großen Einfluss darauf, dass ich später anfing, Politikwissenschaften zu studieren. Wir redeten über alles Mögliche, Intelligenztests wurden mit uns gemacht, auch ein Test, bei dem ich mich mit meinen Interessen auseinandersetzen konnte. Anschließend folgten Einzelgespräche, in denen wir uns mit meinen Stärken und Schwächen befassten. Was zeichnete mich aus? Was beschäftigte mich? Da ich mich in einer Phase befunden hatte, in der mir noch alles offenstand – ich war zu diesem Zeitpunkt gerade dabei, mich auf mein Abitur vorzubereiten –, aber noch nicht wusste, wo es für mich hingehen könnte, war ich dankbar über die Fragen, die mir gestellt wurden und die Antworten, die wir gemeinsam fanden.

Schon von Beginn an fand ich es völlig normal, doppelgleisig zu fahren, einerseits zur Schule zu gehen und andererseits zu trainieren. Nie hatte ich das als eine große Herausforderung empfunden, so kam mir auch eine Verbindung von Sport, Schule und später Studium als völlig normal vor, wobei Christophs Funktion auch darin bestand, diesen Spagat und die durch den Sport resultierenden vielen Fehlstunden über geschaffene Strukturen, wie etwa Eliteschulen des Sports, Partnerhochschulen des Spitzensports oder Partnerbetriebe, zu ermöglichen. Bei diesen Gesprächen merkte ich, dass es ihm ein großes Anliegen war, dass jeder Athlet sich nicht nur als solcher verstehen sollte, sondern auch als „normaler" Mensch – um dann zu lernen, aus einer sportunabhängigen, alternativen Identität heraus Kraft und Motivation zu schöpfen. Da Leistungssport altersbedingt nur in einem befristeten Zeitraum möglich ist, war es ihm wichtig, die jeweilige Persönlichkeit so zu unterstützen, dass sie alles durchstehen kann und ein Weg in eine gute Zukunft gesichert war.

Resilienz und Kohärenz waren seine Begriffe, im Wissen, jemand kann nur dann Leistung erbringen, wenn er sich gut fühlt bei all dem Stress, dem Athletinnen und Athleten ausgesetzt sind. Er wollte ganzheitlich unterstützen.

Bei jedem Einzelnen sah er sich an, wie diese Person intuitiv Themen anpackte, wie sie mit Grenzen umging, und vieles mehr.

„Was sind deine innersten Berufswünsche?", fragte er mich. „Oder kannst du dir vorstellen, was du gern machen würdest, vielleicht sogar liebst?"

Ich antwortete: „Den Klimawandel dokumentieren, unseren Planeten entdecken und erforschen, Kulturen kennenlernen, mich für Menschen und Umwelt einsetzen, eine Hilfsorganisation leiten, Projekte entwickeln, Meeresbiologin werden, neue Tierarten ausfindig machen, Ägyptologie, Personal Managerin und Gerontologin." Das war eine lange Liste, die ich da runterratterte, und nach einer kleinen Pause fügte ich noch hinzu: „Ich möchte aber unbedingt auch Zeit für mich haben." Was heute Work-Life-Balance genannt wird, hatte ich mir schon mit 16 als Ziel gesetzt.

2018, ich hatte mein Politikstudium schon länger beendet und plagte mich immer noch mit den Auswirkungen meiner Krise herum, war ich wieder einmal bei Christoph. Um mich selbst noch besser kennenzulernen, wurde in diesem Coaching nach 2011 eine zweite MSA bei mir vorgenommen, eine sogenannte Motivationsstrukturanalyse, unter der man sich eine Persönlichkeitsanalyse vorstellen kann, die einem hilft, Zugang zu den eigenen Potenzialen zu bekommen. Grundlage sind hierbei 18 Grundmotive, die die inneren Antreiber des Menschen erfassen. Je nach Zusammensetzung soll der emotionale Charakter abgebildet und die Frage geklärt werden, was eine Person bewegt. Zu diesen 18 Grundmotiven gehören unter anderem Wissen (Freude am Denken), materielle Sicherheit (Freude am Haben und Besitz) oder Beziehung (Freude an der Kommunikation mit Anderen). Diese Motivationen sind bei jedem einzelnen Menschen unterschiedlich ausgeprägt, und je nachdem, wie stark sie ausgelebt werden können, fühlt ein Mensch sich wohl, ist er entsprechend leistungsfähig, befindet er sich im Flow und strotzt nur so vor Energie. Der Mensch ist glücklich, wenn er das ausleben kann, was er ist. Die MSA vermittelt letztlich ein Gefühl für dieses innere Selbst.

Einige Ergebnisse fand ich kaum überraschend, so wurde ich zu 96 Prozent als bewegungsfreudig eingeschätzt. Und was den Wettkampf betraf, war ich eher der ausgleichende Typ. Damit konnte ich gut leben. Was mir gar nicht gefiel, war, dass ich nur zu 15 Prozent als familienorientiert charakterisiert wurde. Familie war in meiner eigenen Konstellation durch ein großes Maß an Freiheit gekennzeichnet, jeder durfte machen, was er wollte, es gab keine bestimmten Erwartungen. Meine Auffassung von Familie war nach meinem Verständnis also anders, als es in dieser Analyse gespiegelt wurde. So hieß es außerdem: „Für Sie steht die eigene Person im Zentrum des Interesses, Sie betrachten alle Geschehnisse unter dem Aspekt, welche Bedeutung sie für Ihre eigene Person haben. Es kann sein, dass Sie ein großes Bedürfnis haben, ungebunden zu sein und Elternschaft als bedrückend empfinden. Sie können Ihre Kinder lieben, wenn Sie welche haben, aber Sie genießen es, wenn Sie sich nicht rund um die Uhr um sie kümmern müssen. Auch als Führungskraft achten Sie auf die Selbstständigkeit Ihrer Mitarbeiter."

Ich dachte: Wieso sollte ich mich auch rund um die Uhr um meine Kinder kümmern, sollte ich welche bekommen? Meine Mutter war für mich da gewesen, aber sie hatte mir auch vorgelebt, dass man sich selbst nicht vergessen, sich nicht komplett für die Mutterrolle aufgeben sollte. Ich hatte das Gefühl, dass sich hier die Vorstellung von Familienorientiertheit am Klischee einer Mutter orientierte, die sich aufopfert und sich selbst vernachlässigt, sobald Kinder da sind. Niemals konnte ich mir vorstellen, eine Frau zu sein, die sich ausschließlich als Gebärende, Nährende und Erziehende sah. Das hielt ich für ungesund. Mit einem solchen Rollenbild konnte ich mich damals nicht identifizieren, und das hat sich bis heute nicht geändert. Ich hatte nie Probleme, mich zu binden, nur ein anderes Verständnis von Familie, als es in diesem Fragebogen skizziert wurde.

Auch kam heraus, dass ich sehr idealistisch sei. Das zu lesen hatte mir gutgetan. Ich war mir immer bewusst gewesen, dass ich einen Hang zum Idealismus habe, mir war aber nicht klar gewesen, dass er so stark ausgeprägt war – 93 Prozent auf der Skala. Ich erinnerte mich, als ich mich mit diesem Punkt beschäftigte, an ein Schlüsselereignis. Auf der Internationalen Gesamtschule in Heidelberg nahm ich an der Menschenrechts-AG teil, dort versuchten wir auch Thementage, Themenwochen oder Charity-Events zu organisieren, bei denen wir Bäume pflanzten, Spenden sammelten, aber auch aufklären wollten. Zum Beispiel über die Millenniums-Entwicklungsziele, die Anfang des neuen Jahrtausends von UN-Generalsekretär Kofi Annan dargelegt wurden und bei denen es um Frieden ging, um Sicherheit, wirtschaftliche Zusammenarbeit, um eine Verminderung der Armut, um den Schutz der Umwelt sowie um Demokratie, Menschenrechte und „die Förderung guter Regierungen“, was immer man darunter auch verstehen sollte. Angepeilt für das Erreichen dieser Ziele war das Jahr 2015, aber schon 2011 zeigte sich, dass die meisten Ziele illusorisch waren. Das fand ich sehr eindrücklich und hat mich auch bewegt, denn ich bin ein Mensch, der emotional von Ungerechtigkeit, von Umweltzerstörung, vom Leid von Menschen und Tieren oder der Natur im Gesamten berührt wird. Klar hatte ich auch Phasen in meinem Leben, wo ich mich hauptsächlich um mich selbst kümmern und meine Kindheit und meine Jugend aufarbeiten musste, vergessen habe ich darüber das Leid anderer aber nie.

Bei diesem Aktionstag, an dem wir uns den acht Millenniumszielen der UN widmen wollten, überlegten wir lange, wie wir das anstellen sollten. Als dann die UN ihren Zwischenbericht veröffentlichte, gab es zu jedem Ziel ein Video, das zwischen acht und zehn Minuten lang war – vielleicht konnte man ja mit diesen Kurzfilmen etwas machen? Ich schaute sie mir an, doch nach dem dritten oder vierten Video, saß ich angesichts dieser unzähligen negativen Entwicklungen nur noch schluchzend vor dem Computer. Es war nicht möglich, dass es mich nicht mitnahm.

Diese Videos waren für mich Augenöffner. Leid wird in unserer Gesellschaft in die Ferne gerückt, fremdes Leid macht uns kaum noch betroffen, höchstens bei einer Person, die man kennt, Familienangehörige etwa, Freunde oder die Nachbarn. Aber ich ließ meinen Schmerz für das Leid wildfremder Menschen zu. Sah und spürte diese Ungerechtigkeit, blendete die mir unbekannten Menschen nicht aus. Ich blieb nicht an den Barrieren hängen, die man sich sonst immer aufbaut, um Abstand zu halten. Ich wurde regelrecht übermannt von der Wucht an Fehlern, die immer wieder aufs Neue begangen werden, für die es keine Lösungen zu geben schien. Oder, besser gesagt: Man hat Lösungen in der Schublade, aber sie werden nicht herausgezogen, weil die politischen Kosten zu hoch sind, weil sie vielleicht bedeuteten, dass jeder und jede etwas beitragen müsste. Weil die Lobbyarbeit in eine falsche Richtung verläuft. Gründe gibt es genug, warum man nicht handelt und deshalb wenig erreicht. Das alles wurde mir in diesem Moment bewusst.

Nicht allen aus der AG ging es so beim Anschauen der Videos. Viele konnten das Gezeigte, die Bilder aus teilweise weit entfernten Ländern, von ihrer eigenen Lebensrealität abspalten, ich aber saß nur da, weinte und konnte es nicht fassen, warum man trotz besseren Wissens nicht bessere Lösungen finden wollte. Sicher, es gibt nie die eine richtige Lösung, aber es gibt sinnvollere und weniger sinnvolle Ansätze – und wider besseres Wissen hat man sich viel zu oft für schlechtere Varianten entschieden.

Die Videos waren so einprägsam, dass die Welt für mich mit einem Schlag nicht mehr war wie vorher. Ich fand das nicht in Ordnung – mein Gerechtigkeitssinn meldete sich. Mir wurde klar, dass ich etwas gegen die Ungerechtigkeit auf der Welt tun möchte, dass ich meinen Beitrag leisten will, damit es wenigstens etwas besser wird. Damals wurde etwas in mir aufgewühlt, das seitdem nie mehr aufgehört hat zu arbeiten. Etwas, das mich immer antreibt und mir sehr deutlich sagt, dass ich gern mehr machen möchte.

ICH WOLLTE NICHT NUR NICHT STILL VERHARREN ANGESICHTS DES ELENDS AUF DIESER WELT, ICH WOLLTE MICH AUCH EMOTIONAL MIT SOLCHEN THEMEN AUSEINANDERSETZEN, NÄHE ZULASSEN. NUR WENN WIR BETROFFEN SIND, HABEN WIR DEN ANSPORN, ETWAS ZU VERÄNDERN.

Denn hatte ich selbst nicht massiv daran gearbeitet, Ziele zu erreichen, ohne auf mein Herz zu hören? Wie konnte ich mich für andere einsetzen und dabei ich selbst sein? Diesen Punkt diskutierte ich später lange mit Christoph, um ein entsprechendes Engagement für mich zu finden.

Unabhängig von meinem Idealismus wurde ich für überdurchschnittlich bodenständig gehalten, zudem lasse ich mich eher führen, als dass ich selbst führe. Ich glaube, dass sich das in der Zwischenzeit verändert hat. Meine Spiritualität wurde mit 90 Prozent angegeben – was nach meiner Meditationserfahrung nicht weiter verwunderlich war.

Die Analyse meiner Persönlichkeit, ganz egal, ob mir einige Punkte gefielen oder nicht, hat mir am Ende das Gefühl von Sicherheit vermittelt. Sicherheit darüber, wer ich in diesem Moment bin und was ich gerade brauche. Ich war in mir selbst und meiner Ausrichtung bestärkt worden, mit Menschen an meiner Seite, die mich in meinem Reifeprozess unterstützen wollten. Zugleich hatte ich verstanden, dass ich gar nicht so bei mir war, wie ich zwischenzeitlich gedacht hatte. Mir wurde bewusst, dass immer noch nicht alles für mich in Ordnung ist. Dass ich mich nicht so wohlfühlte, wie ich wohl könnte.

Es war ein unglaublicher Luxus, so gecoacht zu werden, dass ich zu mir finden konnte. Neben Christoph hatte ich einige weitere Coaches, die mir den Raum gaben, mich noch weiter zu entfalten. Sie hatten keine Vorstellung davon, wie eine Person zu sein hatte oder was sie tun sollte. Die Gespräche und Analysen waren für mich ein fruchtbarer Austausch gewesen, ich konnte den Dingen, die in mir angelegt sind, Impulse geben und mich so vielfältig aufstellen. Auch wenn ich inzwischen durch die Meditation einiges von dem wusste, was ich wollte, konnte ich es lange Zeit anderen Menschen gegenüber nicht kommunizieren. Es war mir vorher nicht gelungen zu zeigen, wo meine Grenzen sind, die ich innerlich gespürt hatte, und zu jemandem zu sagen: „Hey, du bist gerade dabei, sie zu überschreiten." Nun kam ich langsam in die Situation, dass ich genau das einfordern konnte, da meine innere Selbstsicherheit auch durch die MSA-Analyse ein weiteres Stückchen gewachsen war. Nach dem Test dachte ich auch: Ich wäre gern stressresistenter, dann würde ich überlegter reagieren und handeln. Es gab also noch einiges für mich zu tun.

Kapitel 11

WOFÜR BRENNE ICH NOCH?

Im Rahmen eines Pilotprojekts des Olympiastützpunkts ging ich auch in eine hypnosystemische Beratung, die in der sysTelios Klinik für Psychotherapie und psychosomatische Gesundheitsentwicklung in Siedelsbrunn im Odenwald extra für Athleten und Athletinnen entwickelt wurde. Das hypnosystemische Beraten geht unter anderem auf den US-amerikanischen Mediziner Milton H. Erickson zurück, der die moderne Hypnose und Hypnotherapie maßgeblich prägte. Er warf akademische Leitzsätze über Bord und formte ein Therapiesystem auf der Basis und Praxis von Menschenkenntnissen. Sein Therapieansatz wurde hypnosystemisch genannt, weil bei diesem Verfahren der Schwerpunkt auf Störungen der Interaktionen liegt, etwa mit sich selbst und der sozialen Umwelt, was auch andere Menschen oder Familienmitglieder einschließt. Das „hypno" steht hierbei für den Blick nach innen, wie wirken Erlebnisse auf uns, wie gehen wir mit ihnen um? „Systemisch" bezieht sich auf das Außen, unser Miteinander mit anderen.

Erickson, Kind einfacher Farmer in Nevada, war in jungen Jahren an Kinderlähmung erkrankt. 1918, mit 17, lähmte ihn die Polioinfektion fast vollständig, er konnte nur noch ein wenig seine Augen bewegen, und zu sprechen war ihm kaum mehr möglich. Die Ärzte, die ihn behandelten, gaben ihn schließlich auf und den Eltern zu verstehen: „Ihr Junge wird die Nacht nicht überleben." Milton hörte diesen Satz und entwickelte daraus ungeahnte Selbststärkungs- und Selbstheilungskräfte, unbedingt wollte er dem Tod entkommen und seine Bewegungsfähigkeit wiedererlangen. Stundenlang starrte er auf seine Hand und versuchte sich daran zu erinnern, wie es war, eine Heugabel zu führen. Durch die Fixierung versetzte er sich in Trance, und entgegen der Annahme der Ärzte überlebte er die Nacht und noch viel weitere – er starb erst 1980. Seine Fokussierung auf einzelne Teile seines Körpers, seine Trancezustände wiederholte er, und nach elf Monaten konnte er wieder mit Krücken herumlaufen, schließlich blieb nur noch ein leichtes Hinken zurück.

Bauer wollte er nicht mehr werden, er entschied sich dafür, Medizin und Psychologie zu studieren und beschäftigte sich mit systemischen Konzepten. Gunther Schmidt, der ärztliche Leiter der sysTelios Klinik, nahm das Denken von Erickson auf, um neue Potenziale zu entdecken und diese bewusst anzusteuern. Seine Coachingmethoden helfen normalerweise Menschen, die an einem Burn-out leiden oder sich in starken psychischen Krisen befinden. Bei ihnen wird unter anderem die Coachingmethode des Synergetischen Navigationssystems (SNS) angewendet – Synergetik ist die Lehre von der Selbstorganisation, sie hat sich inzwischen in der Psychologie etabliert.

Christoph wiederum hatte irgendwann die Idee, dieses Verfahren auf den Sport zu übertragen, da er bei Gunther Schmidt seine Coachingausbildung machte und den Kontakte zur Klinik hielt. Das Pilotprojekt wurde geboren und mir angeboten.

Da ich das Vorgehen spannend fand, ließ ich mich darauf ein. Im Vorfeld der ersten Sitzung sollte ich mir eine Frage überlegen. Wichtig sei, dass sie in einem Zusammenhang stehe, was mir gerade auf der Seele brenne. 2016 war mein einschneidendes Erlebnis ja immer noch, dass ich meine sportlichen und damit auch meine Lebensträume erfüllt hatte und nun nichts mehr benennen konnte, was auf die Liste mit meinen Träumen gehörte. Mittlerweile war es 2019, die Pakete in meinem Rucksack hatte ich noch längst nicht alle aufgemacht, angesehen und aussortiert. Zwar hatte ich gelernt, besser über mich und meine Situation zu reflektieren, aber so richtig lebenserfahren fühlte ich mich immer noch nicht.

Deshalb lautete meine dringlichste, existenziellste Frage: Wofür brenne ich?

In der ersten Sitzung erzählte ich also viel von dem, was mich ausmacht (oder was ich dafür hielt, dass es mich ausmacht). Daraus entwickelten die zwei Coaches, Florian und Michael, ein Modell mit Variablen, um herauszufinden, wie sich in meinem System ein Faktor auf den anderen auswirkt. Was steht für Positives, was für Negatives, welche Kreisläufe ergeben sich daraus? Das wiederum bezeichnet man als Ideografische Systemmodellierung (ISM).

Zusammen fanden wir heraus, was mich äußerst überraschte, warum ich mit dem Leistungssport angefangen, wie er in meine persönliche autobiografische Geschichte hineingepasst hatte. Früher war er ein negatives Muster gewesen, um

Selbstvertrauen zu gewinnen. Ich hatte kein hohes Selbstwertgefühl besessen, kein Gefühl für den eigenen Wert, das war mir durch die Erfahrungen in der Kindheit abhandengekommen, ja geraubt worden. Der Sport war ein Weg gewesen, um mein Selbstwertgefühl zu steigern. War ich erfolgreich, hatte ich mir bewiesen, dass ich wenigstens ein bisschen was konnte. Das hatte aber eine negative Komponente, denn selbst wenn ich Erste geworden war, hatte ich das Gefühl, mittelmäßig zu sein. Es war kein vollwertiges Selbstwertgefühl, sondern ich hatte durch den sportlichen Sieg einzig für einen Moment meine negativen Gedanken ausgesetzt.

Durch das hypnosystemische Denken konnte ich nun ableiten, welche Dinge mich positiv und welche mich negativ beeinflusst haben. Es hat mich dazu gebracht, noch mehr an mir zu arbeiten. Und sosehr das Coaching ein sportbezogenes Projekt war, war es auch ein ganzheitliches. Denn mir war schon früher klar geworden, dass ich den Rucksack, den ich privat trage, auch als Sportlerin bei mir habe. Doch hatte ich bis dahin nicht verstanden, dass ich den Leistungssport so betrieben hatte, dass für die Privatperson kaum Raum war. Belastete mich etwas, versuchte ich es auszublenden, denn es störte die Athletin in mir. Und so schaffte ich es zwar, als Athletin zu funktionieren, aber ich selbst blieb dabei auf der Strecke.

Einer der beiden Coaches fragte mich: „Könnte man vielleicht sagen, dass es in dir Tendenzen gibt, fraglos zu akzeptieren, was der Sport ‚will'? Die dich dazu bringen, dich selbst, deine Gefühle und Bedürfnisse zu unterdrücken?" Privatperson und Sportperson waren wie zwei Menschen, die eine toxische Beziehung zueinander führten. Während die private Malaika mit unterschiedlichsten Emotionen und Bedürfnissen gehört werden wollte, aber keine Kraft fand, dies einzufordern, so gab es die Sportlerin Malaika, die dafür keine Notwendigkeit und Raum sah, da sportliche Ziele und Träume erfüllt werden mussten und man sich mit vermeintlichen Kleinigkeiten wie diesem riesigen Rucksack nicht zu sehr aufhalten sollte.

Eigentlich war mir das bekannt – und dann doch wieder nicht, nur sehr gebremst war es in mein Bewusstsein gedrungen. Ein Teil von mir funktionierte nicht, weil er nicht gesehen und gehört wurde. Durch das Projekt mit Florian und Michael wurde das sortiert. Ich lernte, meine zwei Seiten zu befrieden und zu vereinen. Ich lernte, jeden Teil meines Selbst zu wertschätzen und zu hören. Meine eigenen Grenzen zu verteidigen, auch gegenüber mir selbst. Irgendwie war mir klar, dass alles zusammenhängt, wobei ich aber nicht genau wusste, was in mir noch alles gesehen, noch gehört werden wollte.

Aus der Frage, wofür ich brenne, wurden wieder neue Fragen generiert, die sich auf die Selbstabwertung bezogen sowie auf die Glücksgefühle. Die gemeinsam erarbeiteten Fragen wurden als eine Art täglicher Reminder oder digitales Tagebuch per E-Mail an mich gesandt, sodass ich mich damit jeden Tag aufs Neue befasste. Nach dem Prinzip, das trifft voll zu, das trifft gar nicht zu, konnte ich meine Antworten formulieren. So nahm ich eine Beobachterrolle mir selbst gegenüber ein, und das täglich. Und genau darüber unterhielt ich mich im Nachhinein mit Florian und Michael: Was ist passiert, was hat es mit mir gemacht? Täglich darauf zu achten, was in mir vorgeht, was ich denke und was ich fühle, war für mich sehr wertvoll und stärkte meine Selbstreflexionsfähigkeiten enorm. Speziell ein auf meine Person abgestimmter Fragebogen und die Auseinandersetzung damit machten mich sensibel und achtsam dafür, was einem sonst schnell entgeht. Wer sieht und hört im Alltag immer genau hin? Jeden Tag überlegte ich, ob ich es geschafft hatte, achtsam mit mir zu sein. Eine andere Frage war: „Ist es dir heute gelungen, dich wertzuschätzen? Konntest du die Privatperson in dir wertschätzen?“

Mir brachte diese hypnosystemische Methode viel, zum einen machte sie mir die Kreisläufe bewusst und Entwicklungen sichtbar. Dazu gehörten auch die Negativspiralen, die ich durchbrechen wollte. Zum anderen schulte ich mich darin, jeden Tag in mich hineinzuhorchen und ein Auge für die eigenen negativen Muster zu entwickeln. Aber auch für die positiven, die ich bestärken wollte. Von daher war es ein sehr wertvolles Tool, ein großes Geschenk.

Über den Leistungssport hatte ich also mein mangelndes Selbstwertgefühl kompensiert, das war wohl die größte Erkenntnis. Anschließend stieg ich in den Prozess ein, den Sport zu relativieren. Es war nicht einfach, unter dem eigenen Panzer herauszuschauen und sich anzusehen, was eigentlich los ist. Ich musste ins aktive Leben kommen, es selbstbestimmt gestalten, das war erste Voraussetzung. So lernte ich, wer ich wirklich bin. Ich hatte mir Geschichten über mich selbst erzählt – aber wollte ich nicht vielleicht eine ganz andere Person sein? Eine andere Geschichte schreiben? Dafür ist es übrigens nie zu spät, egal wie alt man ist, ob 25 oder 75. Wichtig ist, Verantwortung für die eigene Geschichte zu übernehmen – und daraus eine gewisse Kreativität zu entwickeln. Der Weg ist ja das Ziel, der Weg zu der Person, die man eigentlich sein möchte.

Heute fühle ich mich viel freier. Sich diese Freiräume zum Denken und Leben nehmen, das sollte jeder, nicht nur in eine Richtung, sondern in ganz viele. So vieles im Leben ist vorstellbar und möglich, so viele Fragen stellen sich. Wer möchte ich sein? Was sind meine Werte? Wie kann ich sie mit meinem Beruf vereinbaren? Wie kann ich überhaupt einen Job finden, der mir Spaß macht? Wie kann ich ein Leben führen, das mich glücklich macht, und nicht nur so, wie ich es gelernt habe? Wer bin ich gerade in diesem Moment? Wie kann ich mein Leben so gestalten, wie es für den jetzigen Augenblick passt, es optimal ist, jedoch nicht im Sinne eines Optimierungswahns. Nicht: Wie kann ich perfekt sein, sondern wie kann ich mich selbst am besten glücklich machen, am ehesten meiner Natur entsprechend leben? Wie kann ich mein Leben so gestalten, dass ich mir nicht selbst im Weg stehe? Das hatte ich oft so empfunden, weil ich zu unsicher war und immer diesen riesigen Rucksack dabeihatte. Sich von alldem freizumachen, das geschah 2018 und 2019, auch noch in der ersten Hälfte 2020. Ich hinterfragte mehr, kaufte mir die eigenen Geschichten nicht mehr ab. Ich wollte nicht länger das verlassene Kind sein, das niemand mag, weil es auf jeder Ebene versagt. Ich wollte aber auch nicht mehr die toughe leistungsorientierte Person sein, die Gefühlsregungen – gerade die negativen – als dysfunktional sieht, auch wenn sie einem vielleicht nur die eigenen Grenzen und Bedürfnisse aufzeigen wollen. Die sich selbst zurückstellt, um funktionieren zu können, weil sie sich ausschließlich darüber definiert. Wie ich schon erzählte, jeder kann sich eine neue Geschichte auswählen, keinesfalls sollten die autobiografischen Zufallsereignisse über das eigene Leben entscheiden.

Es gab noch eine andere Methode, die mir half, mich besser zu verstehen, das war die Reflexintegration (RI), ein Projekt, dass über den Olympiastützpunkt lief, und mir auch wieder über Christoph zugespielt wurde. Babys haben sehr früh ausgeprägte Reflexe, sogar schon im Mutterleib. Der bekannteste Reflex ist sicher der Greifreflex, der bei Säuglingen vom ersten

Lebenstag an ausgelöst werden kann. Außerdem gibt es noch den Saug- und den Schluckreflex und weitere. Diese motorischen Reaktionen von Kleinkindern sind sinnvoll, weil sie etwa dabei helfen, Arme und Beine besser zu koordinieren, oder die Sprachentwicklung zu unterstützen. Später werden sie nicht mehr benötigt und wieder verlernt. Bei traumatischen körperlichen Erlebnissen wie einem Treppensturz, einem schweren Auto- oder Fahrradunfall, aber auch als Folge von seelischen Traumata können diese Reflexe jedoch wieder aktiviert werden. Das wiederum kann sich nachteilig auf unser Verhalten und unsere Emotionen auswirken. Ist beispielsweise der Angstreflex eines Erwachsenen wie bei einem Kleinkind übersteigert aktiv, ist man schneller gestresst. Wenn es um einen herum laut ist, weil man mit vielen Menschen in einem dichten Gedränge steht, oder neben einem plötzlich ein Buch aus dem Regal fällt. Es ist in einer solchen Situation wichtig, dass diese Reflexe wieder zurückgebildet und integriert werden, sodass sie einen nicht mehr beeinflussen, und genau dafür ist die RI da.

Bei mir waren die Stressreflexe gesteigert aktiv. Ich beruhigte mich nach einem Schreck nicht sonderlich schnell, konnte den Reiz einfach nicht verarbeiten, war komplett darin verhakt. Meist stellt der Körper bei einem Schock rasch fest, dass die Gefahrensituation vorbei ist (oder nur ein Irrtum war) und schaltet dann direkt in den Modus, in dem alles wieder in Ordnung ist. Das traf bei mir nicht zu, mehrere Minuten lang hatte ich nach einem akustischen Reiz einen erhöhten Puls, obwohl der Schreckmoment vielleicht nur den Bruchteil einer Sekunde gedauert hatte. Unwohlsein stieg in mir auf, ein Anspannungsgefühl machte sich in meinem Körper breit. Ein solcher Zustand kann bei einem sportlichen Großereignis wie einem Wettkampf schnell getriggert werden. Im Stadion geht es laut zu, vieles passiert gleichzeitig, es fallen Startschüsse, Dinge werden in ein Mikrofon gebrüllt, die Zuschauer toben. Das konnte mich beim Springen behindern – und war auch ein Grund, warum ich die RI ausprobierte. Ein anderer Reflex hatte auch meine Haltung beeinträchtigt. Ich stand nicht so aufrecht wie es mir aufgrund der Beweglichkeit und Kraft möglich gewesen wäre, obwohl diese körperliche Komponente für den Sport wichtig ist, um in der Balance, in der Stimmigkeit mit sich selbst zu sein. Solche hinderlichen Erscheinungen, so wurde mir versichert, können jedoch durch einfache Übungen verändert werden. Nach dem RI-Training würde ich besser mit Lärm und ähnlichen Situationen umgehen und eine bessere Haltung einnehmen können, versicherten mir Projektleiterin Christine und die RI-Trainerin Birgit.

In Gesprächen und Untersuchungen zeigte sich auch, dass ich meinen Fußgreifreflex noch optimieren konnte, die Abrollbewegung funktionierte nicht zu 100 Prozent – beim Weitsprung etwas sehr Zentrales. Um das neu zu justieren, absolvierte ich wochenlang ein etwas seltsames und doch einfaches Training, das bei genauer Betrachtung aber sehr einleuchtend war, weil es den Körper wieder mehr in Balance brachte. Diese Übungen können nicht nur für den Leistungssportler oder die Leistungssportlerin wichtig sein, sondern auch für all jene, die vielleicht nur hin und wieder joggen oder auch gar keinen Sport machen. Man hat sie sich bei Babys abgeschaut, wenn sie vom Liegen ins Rollen kommen, wenn sie sich von rechts nach links oder umgekehrt bewegen, oder wenn sie zu krabbeln anfangen und schließlich aufrecht stehen. Als ich sie absolvierte, fühlte ich mich auch fast wie ein kleines Kind.

Von einer Übung wurde mir regelrecht übel, weil sie etwas mit dem Gleichgewichtssinn zu tun hatte; ich war nicht oft reisekrank, aber durch sie wurde ich es regelmäßig. Ich saß dabei auf meinen Knien, die Hände vor mir. Dann musste ich mich nach vorne wegstoßen, befand mich also auf allen vieren, und musste in dieser Position anfangen, den Kopf nach links und rechts zu drehen – so wie es ein Kleinkind machen würde, wenn es vom Sitzen ins Krabbeln kommen will. Das fiel mir gar nicht so leicht, denn es war eben auch von Schwindel und Kopfschmerzen begleitet. Mit dieser Übung wurde der Impuls, der Moment simuliert: „Jetzt geht's los!" Ich machte diese Übungen drei bis fünf Wochen lang, fünfmal die Woche.

Ich fragte mich, weil ich alles ziemlich seltsam fand, ob das klappen, ob das reichen würde. Aber als man die Reflexe nochmals bei mir auslöste, passierte nichts mehr. War ein Reflex doch noch ein wenig aktiv, machte ich noch einige Zeit weiter, etwa zwei Wochen, dann war auch er integriert, und zwar dauerhaft.

Da ich das RI-Programm im Rahmen einer Studie an zwei Leistungssportlern absolvierte, flog ich vor dem RI und danach sogar nach London zu einer Bewegungsanalystin, Helen, die von meiner Wirbelsäule ein 3-D-Modell erstellen ließ, und zwar in Bewegung. Ich trabte auf einem Laufband, und sie hatte ein Lichtgitter auf mich projiziert und drei Punkte festgelegt, die spezifische Schlüsselstellen der Wirbelsäule markierten. Das subjektive Gefühl der verbesserten Körperhaltung war nach der Therapie auch objektiv zu messen. Sämtliche Reflexe waren integriert, die Körpermechanik war verbessert. Erst durch das RI wurde mir bewusst, was es für meinen Körper neben der O-Beine bedeutet hatte, dass ich schon mit neun Monaten herumgelaufen war. Wenn man schon so früh läuft und die Phase des Krabbelns mehr oder weniger auslässt, werden manche Reflexe nicht integriert, und das war bei mir der Fall gewesen. Die typischen Krabbelreflexe hatte ich nicht verloren, weil ich vom Rollen gleich ins Gehen übergegangen. Die wenigsten wissen, welche Bedeutung ihre frühkindlichen Reflexe für sie haben, aber leiden heute trotzdem darunter. Von Kinderärzten und Neurologen wird das aber immer mehr wahrgenommen.

Bei der Europameisterschaft 2018 in Berlin kam schließlich der Moment, in dem ich all das Gelernte praktisch anwenden und testen konnte. Und ich zum ersten Mal Europameisterin wurde! Ich hatte schon gemerkt, dass ich nervös war, mich gleichzeitig aber durch meine ganzen Coachings und mentalen Maßnahmen auch handlungsfähiger gefühlt. Die Qualifikation war schnell eingetütet, ein einziger Sprung – und die Direktqualifizierung war mir sicher. Doch das Finale zwei Tage später lief nicht so wie erhofft, alles war anders, schwerfälliger, ich war nervös. Ich kannte das schon, das war mir schon früher bei internationalen Meisterschaften passiert wie etwa bei meiner ersten U-18-WM, wo ich als Neunte vom Platz ging, weil ich vor Nervosität und dem bis dahin unbekannten vollen und tobenden Stadion keinen soliden Anlauf mehr an den Tag legen konnte.

Ich hatte zwei Sprünge, die schlecht waren – im Sinne von, dass beide bei 6,36 Meter lagen –, und das reichte einfach nicht. Damit konnte ich bei einer Europameisterschaft nicht unter die ersten acht kommen. Ich hatte nur noch einen Versuch.

65 000 Zuschauer befanden sich im Stadion, all ihre Aufmerksamkeit war auf die deutschen Athleten und Athletinnen gerichtet. Auf Schritt und Tritt wurde ich von allen verfolgt, immer wieder war ich auf einer der vier riesigen Leinwände zu sehen. Egal, was ich tat. Schuhe bindend, aus einer Wasserflasche trinkend oder beim Erholen auf meiner Decke. Kameramänner standen direkt vor mir und fingen nahezu jeden Atemzug von

mir ein. Nie hatte ich einen Moment für mich oder konnte quasi in Ruhe nur unter den Augen der Zuschauer an der Weitsprungtribüne springen. Das war für mich etwas Ungewohntes und im ersten Moment einfach zu viel. Erschlagen von den Eindrücken und dem Druck der Tausenden von Zuschauern knickte ich ein und war wie gelähmt – und vermasselte die ersten beiden Sprünge. Doch im letzten Moment gelang es mir noch, vor dem letzten Sprung wieder ruhig zu werden, all das, was in mir vorging zu erfassen und mich davon zu befreien. Vielleicht lag das auch an meinem Bewusstsein für den Stressreflex. Ich hatte es zwar nicht geschafft, mein volles Potenzial zu entfalten, aber es hatte gereicht, um Europameisterin zu werden.

Mit meinem dritten Sprung konnte ich mich so weit nach vorne schieben, dass ich auf Platz eins landete!

Darauf folgte die fabulöse Saison 2019, in der alles optimal verlief. Gleich im zweiten Wettkampf schaffte ich den ersten Sieben-Meter-Sprung in meinem Leben – dieses Ziel hatte ich natürlich immer noch gehabt. Diese magische Marke will jede Weitspringerin erreichen, wenn sie schon mal im Bereich von 6,80 Meter gelandet war. Und nun hatte ich sie gepackt. Erst konnte ich es gar nicht fassen, aber offensichtlich hatte ich mich aus meiner negativen Gedankenspirale befreit. Meine eigenen Ängste hatten mich nicht mehr daran gehindert, mich immer nur als „Zweite" zu fühlen oder es mir nicht zuzutrauen, sieben Meter zu springen.

In dem Wettkampf war ich 20, 30 Zentimeter weiter gesprungen als alle anderen Teilnehmerinnen, und als ich den nächsten Wettkampf absolvierte, ging es genauso weiter. Mein Niveau war so deutlich über den anderen Weitspringerinnen, dass es fast schon unheimlich war. 2019 war wirklich ein schönes, in gewisser Weise auch ein einfaches Jahr, weil sich alles fügte und sich dabei noch so leicht anfühlte.

Im Oktober, bei den Leichtathletik-Weltmeisterschaften in Doha, war mein Selbstvertrauen also dementsprechend hoch, ich reiste als unangefochtene Favoritin an. Gleichzeitig spürte ich eine große Anspannung vor dem Wettkampf, ob ich meine Leistungen denn wieder würde abrufen können. So war ich beim ersten Anlauf auch nervöser als sonst, weshalb er zu kurz ausfiel und ich einen halben Meter am Brett verschenkte. Beim zweiten Mal passte der Anlauf schon besser, aber ich hatte knapp übertreten. Aber dieser Sprung hatte mir die Sicherheit gegeben, dass ich wieder bei mir war, mich wieder gefangen hatte. Ich hatte inzwischen so viel über meine Muster gelernt und darüber, wie ich mich von ihnen lösen kann. Deshalb nahm ich mir einen Moment, um in mich zu gehen. Ich hatte nur noch einen letzten Versuch, um im Finale zu bleiben. Ich spürte, wie angespannt ich war. Mein Atem ging flach. Ich wusste rational längst, wie ich optimal anlaufen muss. Ich wusste auch, was ich im Rahmen der ersten beiden Versuche falsch gemacht hatte. Durch die Nervosität hatte sich meine Schrittfolge verändert.

Ich setzte mich also auf meine Decke und meditierte. Ich zog mich ganz aus dem Geschehen heraus, um mich besser konzentrieren zu können. Nun ging es nur noch um das Unterbewusstsein. Darum, sich wieder in Balance zu bringen. Zwischen Körper und Geist gibt es einen Feedback-Kanal und diesen versuchte ich zu nutzen. Das hatte mir geholfen. Ich habe die negativen Gedanken losgelassen, den ganzen Druck und die Anspannung.

Es wäre ein Leichtes gewesen, mich mit Fragen zu meinen ersten beiden Sprüngen in der Vergangenheit aufzuhalten, mich meinen Versagensängsten unterzuordnen, mich von den Menschen im Stadion, dem Druck als unangefochtene Favoritin und den potenziellen Fragen der Journalisten bei einer möglichen Niederlage verunsichern zu lassen und mich selbst niederzumachen. Stattdessen holte ich mich selbst mit einem tiefen Atemzug in die Gegenwart zurück und nahm mir die Freiheit, mich darauf auszurichten. Ich sagte mir: „Halt! Stopp! Alles, was mir jetzt Angst macht, lasse ich los. Ich bin nur noch im Moment und fokussiere mich auf diese eine Chance, die ich noch habe. Da ist noch so viel Positives, da liegt noch so viel Mut in mir. Ich habe noch eine Chance, etwas zu verändern. Und ich werde sie ergreifen."

Und dann gab es, als ich am Anlauf stand, keine Vergangenheit, keine Zukunft, sondern nur diesen einen Moment und den Sprung, der jetzt anstand. Es gelang mir, mich von allen negativen Gedanken zu verabschieden und mir selbst zu vertrauen. Ich kann jeder und jedem aus voller Überzeugung nur raten: Gib niemals zu früh auf! Bleib hoch motiviert und verwandle den Druck in positive Energie.

Als ich dann sprang, ging mein erster Blick zum Kampfrichter. Zur Weite konnte ich in dem Moment nichts sagen, ich wollte einfach nur wissen, ob der Sprung gültig war. Als ich die Bestätigung bekam, stieg ich überglücklich aus der Grube. Noch immer hatte ich mir über die Weite keine Gedanken gemacht. Wichtiger war für mich, im Wettkampf zu bleiben.

Und dann waren es die unfassbaren 7,30 Meter, und schon bekam ich Gänsehaut, denn mir wurde klar, dass ich zum ersten Mal in meinem Leben Weltmeisterin geworden war, denn diese Weite würde keine der anderen Athletinnen schlagen.

Die Tools, die ich in den letzten Wochen und Monaten kennengelernt und angewendet habe, hatten mir geholfen, diesen Weg zu gehen. Alle Medaillen nach meiner Krise nahm ich mit großer Dankbarkeit und einem großen Glücksgefühl entgegen. Ich wollte gar nicht dieses Gold haben, sondern die Stärke, die damit für mich verbunden war. Ich wollte an mich selbst glauben, durch die tiefsten Täler gehen und dennoch wiederauftauchen können, weder an den biografischen Erlebnissen noch an Verletzungen oder falschen Sprüngen untergehen. Schnell wurde mir klar, dass der innere Wachstumsprozess Früchte getragen hatte. Und manchmal ist man besser, als man denkt, das kennen viele Athletinnen und Athleten. Wichtig ist allein, handlungsfähig zu bleiben. Bei manchen funktioniert es über den Mut zur Naivität, bei mir über die Selbstreflexion.

Kapitel 12

ANGST IST AUCH KEINE LÖSUNG

Natürlich hörte ich mit dem Meditieren nicht auf, schon gar nicht, nachdem ich so viele Erfolge bei den Wettkämpfen hatte, die sicherlich zum Teil auf diese Technik zurückzuführen waren. Meditationen waren zum einen etwas, das ich für mich selbst tun konnte, ich kam während ihnen zur Ruhe. Ruhezeiten werden immer häufiger aus unserem Leben ausgeklammert, wir finden kaum noch Zeit zum Durchatmen, sind eigentlich oft eher atemlos. Eine solche Pause bedeutet für mich Entschleunigung, nach der ich mich insbesondere vor den Wettkämpfen sehne.

Wenn ich meditiere, kann ich mich ganz auf mich selbst fokussieren, mich konzentrieren, bei einer Sache sein und in die Stille eintauchen. In dem Meditationszentrum in Navi Mumbai hatte ich erlebt, wie viel Kraft es einem geben kann, wenn nicht Termine einen Tag strukturieren, sondern Pausen. Wie gut es tut, nicht dauernd zu sprechen, sondern durch das Schweigen aller eine Stille zu erfahren, die inspiriert. In Indien habe ich erfahren, wie sehr meine Gedanken in der Vergangenheit um mich selbst gekreist sind und dass ich meine innere Stimme fast verloren habe. Die Stimme, die nichts mit der Außenwelt, der Erziehung, dem Training gemein hat, sondern die mich mein wahres Selbst erkennen lässt und mir die wichtigen Fragen des Lebens beantwortet. Diese innere Stimme ist auch ein Ort, an dem man sich selbst begegnen kann.

Zum anderen sind Meditationen ein Tool, mit dem man seine Aufmerksamkeit, seine Achtsamkeit und Innenschau schärfen kann. Nach einer Session sehe ich viel klarer, und um diese Klarheit nicht zu verlieren, halte ich immer wieder meine in der Meditation aufgekommenen Gedanken in meinem Tagebuch fest – ich kann jedem oder jeder nur dazu raten, ein ähnliches wohltuendes Ritual in seinem oder ihrem Leben einzubauen! Meditationen sind eine gute Möglichkeit, um sich selbst besser kennenzulernen und zu ergründen, um sich Sorgen und Ängste anzuschauen und sie dann auch loslassen zu können. Ich habe gelernt, dass Sorgen auch ihre guten Seiten haben, denn gerade die permanente Sorge um sich selbst führt dazu, eine Kompetenz zu entwickeln, grundsätzlich bedacht mit sich umzugehen. Ich gebe aber nicht nur auf mich acht, sondern auch auf andere Personen, auf das, was mich umgibt, meine Umwelt. So fand das Mitgefühl wieder einen Weg zu mir – ähnlich wie ich es selbst in dem indischen Souvenirshop von einem anderen Menschen erfahren hatte oder der zurückgelassene Hund in der Wüste Thar davon profitierte.

Seit dem Vipassana-Kurs gestaltete ich meine Meditationen aber ein bisschen flexibler, je nach Gefühl und Bedürfnis. Manchmal mache ich geführte Meditationen, meistens meditiere ich aber frei. Oft lasse ich mich auf meinem Sitzkissen nieder, um mich auf bestimmte Gefühle konzentrieren zu können, wie zum Beispiel Dankbarkeit oder Liebe. Manchmal versuche ich einfach nur in eine innere Stille zu kommen, wenn es um mich herum oder in mir zu laut ist. Dann wieder nutze ich die Meditation, um alles, was in meinem Kopf herumspukt, besser sortieren und verarbeiten zu können und meinen Gedanken einen Raum zu geben. Neuerdings interessiere ich mich auch für eine Art Körper-Geist-Training, das im japanischen und chinesischen Zen-Buddhismus seinen Ursprung hat und körperliche Übungen wie Sport oder Chigong mit Mediation verbindet. Gerade das In-Einklang-Bringen von Körper und Geist ist für einen Sportler essenziell.

Wer in keine Meditationsgruppe möchte, kann sich auch Videos auf YouTube anschauen, dort kann man viele unterschiedliche Meditationsformen kennenlernen. Ich habe das ausprobiert und fand es total spannend.

Man muss auch nicht unbedingt auf einem Sitzkissen meditieren. Da ich viel unterwegs bin, schleppe ich es nicht jedes Mal mit mir herum. Zum Meditieren bietet sich jede Sitzgelegenheit an, ein Stuhl, eine Bank, ein Stein. Ich habe sogar schon im Flugzeug meditiert. Einfach ist es auch, vor dem Schlafengehen zu meditieren, sodass man direkt in den Schlaf übergehen kann. Ich sitze dann im Bett, aber viel lieber, ehrlich gesagt, liege ich bei so einer Meditation. Auch morgens, noch bevor ich richtig wach bin, finde ich es toll zu meditieren. Wenn ich etwas Ernstes auf dem Herzen habe, gehe ich in meiner Wohnung zu meinem Mediationsbereich, den ich mir extra eingerichtet habe, mit einem Kissen und einem Meditationsbänkchen.

Aber nicht nur die Meditation hat mich verändert, es ist die Vielschichtigkeit, also das Einhergehen von vielen anderen

Dingen, die ich noch nebenher gemacht habe und die mich in meinem Denken und Fühlen zu einem reiferen Menschen haben werden lassen. So wurde es mir möglich, mehr Verantwortung für mein eigenes Handeln zu übernehmen. Ich erfuhr, dass es befriedigender ist, nicht in einer Passivität zu verharren, sondern das eigene Dasein aktiver zu gestalten, mich mehr auf andere einzulassen, ihnen genauer zuzuhören. Ich habe gemerkt, dass ich so auch zu mir selbst eine gesündere Beziehung aufbauen kann, die auf Verständnis und Selbstliebe beruht. Das war eine wichtige Erkenntnis für mich, denn man redet ja auch mit sich selbst, und bei vielen Menschen sieht dieser innere Dialog nicht unbedingt erfreulich aus. Doch ich habe für mich gelernt, mich nicht immer so stark zu kritisieren und runterzumachen. Oder die Kritik objektiv zu formulieren und nicht auf eine persönliche Ebene zu ziehen. So wie ich das mit anderen Leuten nie gemacht hätte, habe ich es aber bei und mit mir gemacht. Heute bin ich mir selbst meine beste Freundin.

Vieles, was ich an mir bemängelte und missbilligte, hatte ich aus der Kindheit mitgenommen. Damals hatte ich fälschlicherweise gelernt, dass ich, so wie ich bin, nicht in Ordnung sei. Dementsprechend habe ich mich, wenn ich Fehler gemacht habe – und das erkannte ich erst spät und konnte es benennen – dafür übermäßig stark kritisiert. Die Fehler fasste ich als Bestätigung auf, dass ich schlecht bin, dass ich nicht gut genug bin, dass ich immer alles falsch angehe. In mir war das Gefühl, dass alle anderen Menschen es besser machen als ich.

Durch das anfängliche Aufschreiben meiner Gedanken, die mir während der Mediation gekommen sind, habe ich begriffen, dass ich ein Mensch bin, bei dem immer alles im Fluss ist und auch sein soll. Ich möchte nicht, dass Routinen wie das Meditieren starr werden, dass ich etwas jeden einzelnen Tag im

Jahr so und nicht anders umsetze – das lässt mein Alltag als Athletin auch gar nicht zu. Von daher mache ich alles so, wie es sich gerade ergibt. Ich will mich nicht zu etwas zwingen oder den Gedanken haben, etwas Bestimmtes definitiv machen zu müssen, sondern ich will das wollen, was ich tue.

Inzwischen halte ich nur dann etwas schriftlich fest, wenn ich es wirklich will. Das ist meist der Fall, wenn mich eine Sache intensiv beschäftigt. In solchen Momenten versuche ich meine Gefühle in Worte zu fassen, womöglich die Ängste, wenn mich doch mal wieder der Zweifel in seinen Bann zieht und ich auf die Idee komme, vielleicht nicht gut genug zu sein. Um ganz frei von Ängsten und meinen negativen programmierten Gedanken-, Gefühls- und Verhaltensmustern zu sein, werde auch ich noch einen Weg gehen müssen. Es ist ein spannender Prozess, der nicht linear erfolgt. Manchmal bleibe ich stehen oder gehe einen Schritt zurück. Aber das Wunderbare ist, dass ich weiß, dass ich an einem schöneren Ort ankommen werde, als ich gestartet bin, egal wo dieser Ort dann sein wird.

Mit 16 las ich Unterm Rad von Hermann Hesse, ich hatte die Erzählung im Bücherschrank meiner Mutter gefunden. Sie hat mich sehr berührt, da das, was Hesse vor so langer Zeit geschrieben hat, immer noch so aktuell ist und nichts an seiner Wahrhaftigkeit und Realität verloren hat. Nämlich dass selbst junge Menschen wie der Protagonist Hans Giebenrath damals schon in einem Hamsterrad gefangen und einem Leistungsdruck ausgesetzt waren und da nur bedingt rauskamen. Giebenrath ist ein Außenseiter, der aus ärmlichen Verhältnissen stammt und in einem kirchlichen Seminar, wo ihm eine Karriere als Pfarrer oder Lehrer in Aussicht steht, auf einen anderen Seminaristen trifft, Hermann Heilner. Heilner ist lebensfroh, und der Studieneifer von Giebenrath lässt nach, weil er sich davon anstecken lässt. Der Dekan setzt ihn unter Druck und will ihm den Umgang mit seinem Freund verbieten. Er will ihm damit aber auch ein freies, selbst gestaltetes Leben und seine Gefühle verbieten. Giebenrath bricht unter dem (Leistungs-) Druck zusammen, er kommt durch das ständige Laufen im Hamsterrad im wahrsten Sinne des Wortes unter die Räder.

Diese Erzählung hat mich sehr beeinflusst und mich dafür sensibilisiert, mich abseits üblicher gesellschaftlicher Erwartungen entwickeln zu können. Zu wissen, dass es entfernt vom Mainstream noch etwas gibt oder für mich geben sollte, das hat es für mich einfacher gemacht, mich um mich selbst zu kümmern. Nur so habe ich ein Bewusstsein dafür entwickelt, wie ich leben möchte. Dass ich mich aktiv entscheiden kann, welche Person ich sein will, welche Ziele ich angehe, welche Dinge ich beseitigen will, die mich aufhalten. Unterm Rad ist auch das Verarbeiten eines Scheiterns und eine Kritik an eine Gesellschaft, in der Ehrgeiz und äußere Erfolge mehr zählen als ein glückliches und zufriedenes Leben.

Es wird einem oft suggeriert, dass man immer alles perfekt machen, stets sein Bestes geben sollte. Es wird aber niemals erwähnt, schon gar nicht im selben Atemzug, dass das nicht dauerhaft möglich ist, ohne einen hohen Preis dafür zu zahlen. Gerade in unserer Leistungsgesellschaft hat man diesen Hang zum Perfektionismus, ein „Gut“ reicht nicht aus, es muss schon ein „Supergut“ werden – und wenn man das nicht schafft, werden die Ergebnisse als wenig zufriedenstellend angesehen. Schon sitzt man in der Abwärtsspirale negativer Gedanken.

Der Leistungs- und Spitzensport ist wie geschaffen dafür, höchste Maßstäbe zu setzen und ehrgeizige Ambitionen zu formulieren, nach Perfektion oder Fehlerlosigkeit zu streben. In der Folge ist es hier noch mal schwieriger, die übermäßig hohen und immer höher werdenden Ansprüche zu erfüllen oder mit dem stets präsenten Optimierungsstreben umzugehen. Denn wenn man schon herausragend in einer Sportart ist, übernimmt man fast automatisch mehr und mehr ein perfektionistisches Denken, überträgt dieses Ideal auf die eigene Person, bis man am Ende nur noch diesem falschen Perfektionismus hinterherhechtet. Wer kann schon auf Dauer seine Höchstleitungen toppen? Und bleibt dann der sportliche Erfolg aus, führt das häufig zu einer abwertenden Selbstbeurteilung, man sieht sich als Versager oder Versagerin, als jemanden, der wertlos ist, und das nicht nur im sportlichen Bereich, sondern auch auf allen anderen Feldern des Lebens. Irgendwann lässt dadurch unweigerlich die Motivation nach. Wobei jedes Optimierungsstreben auch seine positiven Seiten haben kann, nämlich tatsächlich (sportliche) Höchstleistungen wahrscheinlicher zu machen.

Ich kann nur für mich als Athletin sprechen, aber bestimmt ist das in anderen Berufen nicht viel anders. Im Grunde ist Perfektionismus ein Scheinkonstrukt, denn man muss sich auch verändern können, um perfekt zu bleiben. Je nach Situation ist eine andere Aktion oder eine andere Ausführung perfekt. Beim Weitsprung zum Beispiel hängt der optimale Anlauf von meiner Geschwindigkeit ab. Diese variiert je nach Alter, Tagesform, Kraft, Sprinttechnik, Wind und Wetter, den Eigenschaften der Bahn oder meiner Fähigkeit, denselben Anlauf mehrmals zu replizieren. Es gibt also nicht den einen unveränderlichen, perfekten Anlauf, der immer passt.

Auf manches habe ich Einfluss, anderes unterliegt schlicht dem Zufall. So gesehen ergibt sich ein völlig anderes

Verständnis von Leistung und Erfolgen. Aber genau das möchte ich anstreben, einen Perfektionismus, der mobil ist, der im Fluss bleiben darf. Damit wäre es vielleicht möglich, sich nicht selbst zu überschätzen, seinen eigenen Bedürfnissen oder der Unterschiedlichkeit verschiedener Situationen gerecht zu werden, denn diese Tendenz besteht bei einem überzogenen Optimierungswahn. Ein flexibler Perfektionismus könnte ein Denken beinhalten, bei dem es mehr um ein optimales Handeln im inneren Gleichgewicht und ein angemessenes Handeln in Bezug zu einer sich ändernden Umwelt geht. Ein solch definierter Perfektionismus lässt auch Raum, um gemeinsames Handeln, also Kooperation, zu ermöglichen, und einen Wettbewerb um jeden Preis mit sich oder anderen mal außen vor zu lassen. Das ist auf den ersten Blick nicht ganz so leicht umzusetzen, vor allen Dingen im Sport, aber als Gesellschaft würde es uns weiterbringen, wenn Achtsamkeit, Verbundenheit und Gemeinsinn wichtige Werte wären, wichtiger, als sie es heute sind.

DENN WER PERFEKTION ANSTREBT IN DEM SINNE, DASS ER SICH KEINE FEHLER ERLAUBEN KANN, LEBT AM LEBEN VORBEI UND IST NICHT IN DER LAGE, SICH SO ANZUNEHMEN, WIE ER ODER SIE IST. IMMER NUR PERFEKT SEIN ZU WOLLEN – IST DAS NICHT SO, ALS WÜRDE MAN SICH SELBST AUS DEN AUGEN VERLIEREN?

Dennoch will ich weiter Erfolg haben, mich selbst weiter zu Erfolgen führen, aber eben auf meine Art, mit der von mir entdeckten Kombination aus Meditation und der Arbeit an mir selbst, weil sie es ist, die mich voranbringt. Wenn ich mir nach der Meditation genau anschaue, was mich zum Beispiel unter

Druck setzt, was meine Ängste sind, dann setze ich mich konstruktiv damit auseinander.

Jede Form von Angst erzeugt ungute Gefühle, die man nicht wahrhaben will und von denen man hofft, dass sie schnell vorbei sind, aber die meisten Ängste verschwinden nicht einfach, wenn man nicht genau hinschaut. Sie bleiben da, verhärten sich, wirken sich permanent unterbewusst aus. Deswegen ist die Selbstreflexion für mich ein inneres Aufräumen in der eigenen Gefühls- und Gedankenwelt.

Viele versuchen, ihren Unsicherheiten mit Routinen entgegenzuwirken und jeden Tag das Gleiche zu tun. Bloß nicht die eigene Komfortzone verlassen, bloß nicht die markierten Grenzen überschreiten, um in unbekanntes Terrain einzudringen.

Das ist letztlich aber auch nur eine wenig hilfreiche Verdrängungsmethode. Wenn ich immer am Thema vorbeigehe und meine Ängste nicht konfrontiere, werde ich den Rest meines Lebens eher sehr oberflächlich achtsam sein, ohne reflektiert gelebt zu haben.

Es machte mir durch die Auseinandersetzung mit mir selbst auch auf einmal nichts mehr aus, wie es wäre, mich wieder zu verletzen. Ich dachte stattdessen: Ich liebe es, neue Dinge anzupacken, irgendetwas wird sich schon finden, was mir genauso viel Freude macht wie der Sport. Nie kam ich auf die Idee, dass es nicht gut werden könnte, nur weil sich etwas in meinem Leben verändern würde. Nie hatte ich das Gefühl, mit dem Rücken zur Wand zu stehen. Immer gibt es einen Weg aus einem Dilemma, ich konnte mir nicht vorstellen, dass ein mögliches Neues mir nicht gefallen könnte. Auf diese Weise habe ich mich sicher gefühlt.

Für mich kann ich sagen, dass ich mich inzwischen schon sehr vielen Ängsten gestellt habe. Auf stärkere Athletinnen zu treffen, zum Beispiel, lässt mich inzwischen nicht mehr verzagt fühlen. Damit Ängste sich nicht in mir manifestieren, weder körperlich noch mental, und sie mein Selbstbewusstsein nicht schwächen, sage ich mir heute: „Okay, ich habe also schlechte Gedanken gegenüber diesem oder jenem Thema, die können mich runterziehen. Doch das, was ich da in sie hineinprojiziere, ist real gar nicht da. Und es hindert mich auch nicht daran, über mich hinauszuwachsen." Mir einen solchen Satz zu sagen, ist wesentlich kraftvoller, als mir einzureden: „Schau, bloß nicht genau hin. Sei stoisch und halte das Gefühl aus oder lenke dich ab, bis es vergeht." Mit einer derartigen Haltung können Grenzen nicht überwunden werden. Es wird sogar noch schlimmer, wenn Gedanken und Gefühle eine Art Programm darstellen, was auch unterbewusst oder unterdrückt weiterläuft. Ich habe mir auf diese Weise einen Puffer geholt, warum es in Ordnung war, unter meinen Möglichkeiten zu bleiben – vergleichbar mit einer Ausrede.

Solche Denkmuster haben meiner Erfahrung nach auch Menschen, die nichts mit Sport am Hut haben, fast jeder kennt das Gefühl, dass man sich kleiner und schlechter macht, dass man sich runterzieht, um dann eine Abwehr zu haben, wenn einen etwas bedroht. Aber um ein solches Verhalten zu ändern, ist Offenheit eine Voraussetzung, man muss es sich eingestehen können. Für mich war es äußerst schmerzlich gewesen, mir bewusst zu machen, dass ich besonders gegenüber einer Athletin so viel Angst aufgebaut hatte. Als ich das merkte, habe ich mich sogar dafür geschämt.

So seltsam es klingt, aber ich hatte auch Angst vor dem Finanziellen. Ich stamme aus einer eher armen Familie, wir hatten wenig Geld, nur selten konnten wir uns etwas über das Lebensnotwendige hinaus leisten. Ausgaben für irgendwelche Spaßsachen oder Urlaube mussten genau überlegt werden; meine Mutter und ich waren vielleicht ein- oder zweimal in all den Jahren zusammen verreist. Vor diesem Hintergrund war es für mich immer ganz komisch, durch den Sport auf einmal zu Geld zu kommen. Ich hatte das Gefühl, es nicht verdient zu haben. Wieso durfte ich an einem Wettkampf teilnehmen, bei dem es um viel Geld ging? Das war für mich problematisch. Eigentlich völlig absurd, denn die meisten Menschen freuen sich, wenn sie mehr Geld zur Verfügung haben und nicht auf jeden Cent achten müssen. Ich hatte aber von klein auf genau das gelernt, auf jeden Cent zu achten – das war meine Komfortzone gewesen, in der kannte ich mich aus. Noch heute, wo ich nicht mehr befürchten muss, dass ich mir meine Miete womöglich nicht leisten kann, achte ich noch aufs Geld und arbeite an meinem Mindset, bin auch in dieser Hinsicht liebevoller zu mir selbst. Verschwendung ist etwas, was mir nicht liegt. Aber man darf sich wohlbedacht auch ab und zu etwas gönnen, was einem wirklich wichtig ist.

In einigen Angstsituationen muss man sich selber gut zusprechen. Manchmal reicht es aber nicht, sich zu sagen: „Oh, wow, da steckst du wieder gegen deinen Willen in einer Negativspirale, die musst du nun irgendwie in den Griff bekommen." Inzwischen weiß ich, dass ich durch eine genaue Betrachtung der jeweiligen Situationen die Gefahr einer Abwärtsbewegung verhindern kann. Manche Negativspiralen haben aber die unangenehme Eigenschaft, immer wieder aufzutauchen. Da braucht es mehr an Anstrengung, um sie loszuwerden. Sie haben sich im Gehirn etabliert, durch ein ständiges Konzentrieren auf diese Gedanken und Gefühle haben sich starke neuronale Verbindungen herausgebildet.

Unser Gehirn ist nämlich eigentlich ziemlich faul und liebt einmal eingeschlagene und bereits bekannte Wege, denn bei gewohnten Reaktionen verbraucht es am wenigsten Energie. Aus diesem Grund können wir unsere Ängste nur beherrschen, indem wir sie von der neuronalen Autobahn herunternehmen, sozusagen den Autopiloten stoppen, der von unbewusst Erlerntem geprägt ist. Wir müssen uns wieder für die Straße entscheiden, die wir eigentlich ausgewählt hatten, und dazu müssen wir erst mal die Ausfahrt finden. Das ist mit hohen Anstrengungen verbunden, die sich aber lohnen, weil wir mit jedem Gedanken, den wir weniger in Negativmustern verbringen, auch einen Schritt weiter aus der Spirale herauskommen.

Inzwischen kann ich belastende Dinge auf dem Sportplatz gut ausblenden, und ich glaube, dass es mir im Wettkampf gelingt, auf dem Punkt da zu sein. Natürlich birgt das auch die Gefahr, Dinge zu verdrängen. Das kann sich als Stärke erweisen, aber jede Stärke kann sich in eine Schwäche umkehren – jahrelang habe ich das praktiziert. Ich habe Dinge einfach ausgeblendet, was aber letztlich bedeutet, dass ich sie nicht verarbeitet habe. Diese Zeiten sind jedoch inzwischen vorbei.

Kapitel 13

EXPERIMENTE MIT KÄLTE UND SCHLAF

„Und noch einen Durchgang!“ Mein Krafttrainer Werner Heger ruft mir das jedes Mal im Training zu, immer und immer wieder: „Krafttraining ist die Grundlage für deine körperliche Fitness.“ Er hat gut reden, er gehört zu den Menschen, die ohne Probleme 50-Kilo-Scheiben durch die Gegend tragen können und das, obwohl er schon über 80 Jahre alt ist.

Mein klassisches Krafttraining findet in einem Raum statt, in dem sich über die Jahre wenig verändert hat, auch mein Krafttrainer ist noch derselbe. Werner begleitet mich seit meinem zwölften Lebensjahr, noch vor dem Beginn meines Krafttrainings mit etwa 16 Jahren, nämlich als ich Kugelstoßen lernte. Seitdem hat sich unsere Beziehung weiterentwickelt. Früher war ich in seiner Gegenwart oft eingeschüchtert – denn Werner machte mit seiner Körpergröße und strengen Art definitiv einen autoritären Eindruck. Heute dagegen führen wir eine Beziehung auf Augenhöhe. Vom Sie zum Du war es ein längerer

Weg. Aber immer zeichnete ihn eine Herzlichkeit aus und ein Engagement für die Jugend, das seinesgleichen sucht. Denn Leistungs- und jeglicher Vereinssport ist ohne solche Menschen, die mit Herzblut dabei sind und andere Menschen unterstützen, undenkbar. Es war schön, dass die Zusammenarbeit mit Werner auch nach dem Trainerwechsel erhalten blieb und ich mich auf weitere zukünftige Trainings mit ihm freuen durfte.

Unsere Übungen und Trainingsziele variieren: Beim Aufbautraining, das ich im Herbst und Winter mache, geht es darum, die Muskulatur, aber auch Sehnen und Bänder belastungsfähig zu machen. Werner und ich arbeiten dann hauptsächlich an der Langhantel, da stehen freie Übungen im Fokus, bei denen ich meinen ganzen Körper selbst steuern und im Gleichgewicht halten muss, was das Ganze deutlich anspruchsvoller macht und das Zusammenspiel der Muskeln fördern soll.

Ob ich das Krafttraining mag, hängt stark von der Trainingsphase ab, denn bei einem Training, bei dem ich im Rahmen der jeweiligen Übungen mehr Wiederholungen machen muss, habe ich als Sprinterin eher zu kämpfen. Athletinnen aus beispielsweise dem Radsport, dem Boxen oder Rudern fördern mit ihrem Training eine andere Muskulatur als ich. Sie bilden eher rotfasrige Muskeln oder auch Slow-Twitch-Fasern aus, die nicht so schnell müde werden, aber dafür insgesamt langsamer und explosiv arbeiten. Als Sprinterin und Springerin hingegen setze ich bei meinem Training in der Wettkampfvorbereitung im Sommer eher auf den Aufbau weißfasriger Muskeln, auch Fast-Twitch-Fasern genannt, die reaktiver und schnellkräftiger sind, aber eher ermüden. Durch eine erhöhte Schnellkraft kann ich innerhalb einer kurzen Zeit einen großen Kraftimpuls erzeugen. Würde ich zu viel Ausdauer trainieren, würde sich auch meine Muskulatur umformen, und irgendwann würde ich vielleicht einen guten Marathon laufen können, aber sicher keine sieben Meter mehr springen können. Dennoch sind sowohl Kraftausdauer als auch Schnell- und Maximalkraft essenziell für einen ausgeglichenen Trainingsaufbau.

Im Winter, wenn der Schwerpunkt auf einer breiten Grundlage in allen Bereichen liegt, sieht das Training also wie folgt aus: Fünf Durchgänge mit jeweils sieben Wiederholungen und niedrigere Gewichte erhöhen die Grundfitness, Ermüdungswiderstandsfähigkeit und Durchblutung der Muskeln. Dieses Training ist optimal, um sich nach einer längeren Saisonpause von bis zu sechs Wochen an die Belastung zu gewöhnen. Wir fangen mit drei Durchgängen an und steigern alle zwei bis drei Wochen auf fünf Durchgänge; anschließend erhöhen wir nach und nach das Gewicht. Ab Januar folgt das Training mit Fokus auf Muskelaufbau in der Form einer abgestumpften Pyramide. Sechs Durchgänge mit jeweils fünf Wiederholungen und einem Gewichtswechsel von einem leichten zu einem schweren und abschließend zu mittlerem Gewicht.

Danach, wenn ich ab Mai oder Juni in den Maximalkrafttrainingsbereich wechsele, wird die Wiederholungszahl sukzessiv weniger. Bei diesem Training werden viel höhere Gewichte eingesetzt, womit die Anzahl der Wiederholungen naturgemäß begrenzt ist. Maximal fange ich bei vier Wiederholungen an, und am Ende ist es vielleicht nur noch eine. Das liegt mir viel mehr, weil mein ganzes Training darauf ausgelegt ist, schnellkräftig zu sein. Aber am Anfang geht es auch darum, meine Grundlagen zu trainieren, also mit anderen Worten, meine Grundfitness. Deswegen ist es im Winter wichtig, an der Substanz zu arbeiten und das Fundament zu setzen, um darauf aufbauen zu können.

So lange wie möglich versuche ich, draußen zu trainieren, eigentlich ganzjährig mit mindestens einer Einheit pro Woche, um viel an der frischen Luft zu sein und damit Erkältungen und Infekten vorzubeugen. Letztlich bin ich sehr selten länger krank. Wenn es mich mal erwischt, dann sind Schnupfen und Husten in der Regel nach drei Tagen wieder fort.

Dass ich meist sehr fit und gesund bin, schiebe ich vor allem darauf, dass ich selbst in der Kälte immer viel draußen bin. Mein Immunsystem stärke ich zudem mit Eisbädern sowie eiskalten Duschen, die meinen Körper in Schwung halten. In der Vergangenheit wurde ich oft in Verbindung mit Stress krank. Vor einer Europameisterschaft oder nach einer Klausurenphase, wenn ich zu großen Druck empfand, kratzte plötzlich der Hals. Früher war es gefühlt so gewesen: Einmal an einer zugigen Ecke stehen, und schon hat mein Körper gegen einen Infekt kämpfen müssen. Zwar gewann er die meisten Kämpfe, aber ich war wirklich sehr empfindlich gewesen und kam schnell an meine Grenzen. Seit ich aber resilienter gegenüber Stress bin und mich auch wohler in mir selbst fühle, bin ich auch nicht mehr so anfällig für Krankheiten.

Auch der Aufbau von braunem Fettgewebe, der sich mithilfe von Kälte – also kalten Duschen zum Beispiel, beim Aufenthalt bei kälteren Temperaturen draußen oder niedrigeren Temperaturen im Zimmer – in unserem Körper erzielen lässt, trägt dazu bei, den Körper gegen Kältestress resistenter zu machen. So kommt die körpereigene Heizung in Gang und verbraucht mehr Energie, denn das braune Fettgewebe hat Einfluss auf den Wärmehaushalt und die Fettverbrennung. Auch ist es nicht das Fett, welches dick macht, dafür ist das weiße Fett verantwortlich. Es besteht tatsächlich ein Unterschied zwischen beiden Fettarten, denn während das weiße Fett, das wir meist an Bauch und

Oberschenkeln haben, ein Speicherort ist, ist ebendieses braune Fett ein spezielles Gewebe, das, über den gesamten Körper verteilt, Energie verbraucht. Seit ich mehr braunes Fett ausgebildet habe, friere ich auch nicht mehr so schnell. Dass ich mich mehr der Kälte aussetze als früher, an meiner Kälteresistenz regelrecht arbeitete, fing 2020 an, im ersten Lockdown. Auch Bewegung ist wichtig, am besten draußen und idealerweise kombiniert man körperliche mit geistiger Bewegung. Wir alle sitzen zu viel. Durch körperliche Bewegung werden freie Radikale und andere schädliche Substanzen über den Stoffwechsel ausgeschaltet und können nicht mehr ihr Unwesen im Körper treiben. Bewegung und Sport wirken so, als würde jemand im Körper aufräumen, die potenziell schädlichen Dinge entfernen. Als Ziel kann jede und jeder die berühmten 10 000 Schritte pro Tag anstreben. Unsere Vorfahren haben sich viel mehr bewegt, haben vor Abertausenden Jahren Wälder durchstreift und einen großen Bewegungsradius gehabt. Daher ist es auch gut, ins Schwitzen zu kommen. Denn das ist ein Zeichen dafür, dass die Bewegung im Körper den Stoffwechsel erreicht.

Neben meiner Kälteresistenz habe ich auch mit meinem Schlaf experimentiert. Grund dafür war eine Feststellung meinerseits: Will ich auf dem Platz eine hundertprozentige Leistung abrufen, brauche ich einen Schlaf, der zu 100 Prozent erholsam ist. Natürlich kann ich ein oder zwei kurze Nächte wegstecken, aber eine chronische Übermüdung funktioniert nicht im Leistungssport – wie in vielen anderen Berufen sicher auch nicht. Dann tut einem jeder Schritt weh, jede Bewegung erscheint mühsam, und man kann nicht das Leistungsniveau erbringen, das gebraucht wird, um mit sich selbst zufrieden zu sein. Achteinhalb Stunden sind für mich optimal, was ich aber auch nicht immer hinbekomme. Weniger als acht Stunden sollten es auf Dauer jedoch nicht sein.

Mein Trainer hatte mir nie gesagt, wie lange ich schlafen soll, ich habe es durch Selbstbeobachtung festgestellt. Wobei: Ich habe ihm einige Male nachts eine Textnachricht bezüglich des Trainings geschrieben, was dazu führte, dass er mich beim nächsten Training fragte, was ich denn um diese Uhrzeit treiben würde – sollte ich nicht besser schlafen? Selbstverständlich hatte er recht, oder etwa nicht?

2020, ebenfalls im ersten Lockdown, fragte ich mich nämlich genau das: Wie natürlich ist es eigentlich, dass wir so lange am Stück schlafen? Ist das nur eine weitere gesellschaftlich festgelegte Norm, der ich folge, ohne sie in Zweifel zu ziehen? Man braucht nur ins Tierreich zu schauen, Tiere in freier Natur schlafen selten durch (außer sie sind im Winterschlaf), sondern haben ein, zwei oder sogar mehr Schlafzyklen. Sie schlafen, wenn sie müde sind, und das nicht nur in der Nacht, sondern ebenso am Tag. Sie schlafen, wenn sie Lust haben und keine Gefahr besteht.

Aber auch bei uns Menschen gab es etwa im Mittelalter Schlaf-Wach-Wechsel, die nichts mit unseren heutigen Schlafgewohnheiten zu tun haben. Forscher fanden in historischen Quellen heraus, dass es in der vorindustriellen Zeit einen „ersten“ und einen „zweiten“ Schlaf gab. Insgesamt dauerte die Nachtruhe wie heute auch insgesamt sechs bis acht Stunden, aber die Menschen im Mittelalter unterbrachen sie gegen Mitternacht oder ein Uhr morgens für einige Stunden, um aufzustehen und diversen Aktivitäten nachzugehen, etwa um zu beten, nachzudenken, Sex zu haben (wozu sie vielleicht auch im Bett blieben), manchmal sogar Verbrechen zu planen und auszuüben. Auf die Wachphasen in der Nacht folgte dann der

Morgenschlaf. Das Durchschlafen ist also ein recht modernes Konzept, gesellschaftlich bedingt durch Erfindungen wie elektrisches Licht, Wecker und die Etablierung von Schichtarbeit.

Da einige Wissenschaftler den biphasischen Schlaf als den natürlicheren ansahen, wollte ich ihn unbedingt einmal ausprobieren. In dieser Zeit hatte ich wegen der Pandemie und hartnäckiger Rückenschmerzen kein Training, weshalb ich ein solches Experiment wagen konnte. Meine Interpretation des mehrphasigen Schlafes gestaltete ich so, dass ich ungefähr um halb zwölf nachts ins Bett ging und um halb drei oder vier, je nachdem, wann ich den Wecker gestellt hatte, wieder aufstand. Dann meditierte ich, ging spazieren oder lernte für die Uni. Gegen zehn Uhr am frühen Vormittag hatte ich alle meine Pflichten, meine ganzen To-dos, abgehakt.

Dann legte ich mich nochmals ins Bett, um weitere zwei Stunden zu schlafen. Durch diesen zweiphasigen Schlaf bekam ich quasi einen kompletten Tag geschenkt. Das war ein intensives Erlebnis und hat mich sehr produktiv werden lassen. Ich hatte eher gedacht, dass ich Probleme hätte, aus dem Bett zu kommen, oder dass mir die Dunkelheit zu schaffen machte, aber dem war nicht so. Ich liebte die Dunkelheit und die Zeit, die nur mir gehörte, da sich für gewöhnlich vor sechs oder sieben Uhr eigentlich niemand bei mir meldete. Seltsamerweise kam mein Körper damit gut zurecht und ich wachte auch ohne Wecker spätestens gegen vier Uhr auf, nur lebte ich in einer bestimmten sozialen Struktur, die einer anderen Schlafvorstellung nachging. So spannend das Experiment auch war, letztlich musste ich mir jedoch eingestehen, dass es nicht sehr alltagstauglich und vor allem in Trainings- und Wettkampfphasen nicht realisierbar war. Wer kann es sich erlauben, zwischen zehn und zwölf nicht ansprechbar zu sein oder jeden

Besuch um 18:30 Uhr abzubrechen, weil man um 19:00 Uhr im Bett liegen will, um noch mal einen Powernap zu machen? Aber ich fand es interessant, „out of the box" zu denken und zu handeln, überhaupt auch, etwas zu hinterfragen, ob im privaten, familiären Umfeld oder im Hinblick auf unsere gesellschaftlichen Zustände. Unsere festen Schlafenszeiten sind ja auch deshalb etabliert, weil sie sich unseren Arbeitszeiten angepasst haben. Sie sind für viele Menschen ein Diktat, und selbst wer im Homeoffice arbeiten kann, muss wach sein, wenn um zehn Uhr ein Videocall angesetzt ist. Die Art und Weise, wie wir schlafen, ist Teil eines politischen Statements. Ich kann mir zwar überlegen, dass der Schlaf, unabhängig davon, was biologisch am gesündesten ist, auch anders gehandhabt werden kann. Das habe ich mir mit meinem Experiment erlaubt, habe abseits von Normen gedacht und gelebt, denn Normen geben die Richtung vor, schränken aber auch ein, und man erfährt oft soziale Sanktionen, wenn man abseits vorgeschriebener Wege geht. Sich solcher Sachen bewusst zu sein und nicht unreflektiert durchs Leben zu laufen, ist mir sehr wichtig.

DENN WENN WIR UNS DEN FREIRAUM NEHMEN, ABSEITS DER GEWOHNTEN PFADE ZU GEHEN, KÖNNEN WIR ERST WIRKLICH LERNEN, WER WIR SIND, WAS UNS GUTTUT UND WAS UNS AUSZEICHNET.

Nicht zuletzt aus diesem Grund war das Schlafexperiment eine prägende persönliche Erfahrung für mich.

Kapitel 14

TAUCHEN IN THAILAND

Zu meiner Persönlichkeitsentwicklung gehört für mich auch das Reisen. Begonnen hatte es mit meinem Aufenthalt in Indien, der für mich die erste große Reise gewesen war. Früher hatte ich mir über das Reisen nie so viel Gedanken gemacht, ich kannte es ja nicht, in den Ferien wegzufahren, geschweige denn eine Fernreise zu machen, das hatte sich mir erst durch den Meditationskurs eröffnet. Der Kurs war zudem eine Brücke, um meinen Horizont zu erweitern, die Kultur in diesem Land kennenzulernen, in der die Technik des Meditierens ihren Ursprung hat. Nach anfänglichen Stolpersteinen fühlte ich mich Indien sehr verbunden – was ich als eine wunderschöne Erfahrung empfand. Ich konnte allein mit mir selbst sein und merkte, wie es mir gelang, über mich hinauszuwachsen. Ich musste mich in einer fremden Umgebung zurechtfinden, hatte mit Sprachbarrieren zu kämpfen, zudem reiste ich allein als Frau und zum ersten Mal als Backpackerin. Zum Glück hatte ich mich sehr sicher gefühlt und konnte alles genießen.

Ein halbes Jahr später war ich nochmals in Indien, wobei ich einen anderen Teil des Landes erkundete, aber auch Freunde besuchte, Menschen, die ich während meiner ersten Reise kennengelernt hatte. Ich trainierte sogar dort, oft in einem Stadtpark, zu einer Zeit – meist vor dem Morgengrauen –, in der ich andere Besucher nicht störte, wenn ich meine Sportübungen absolvierte. Ich joggte, machte Dehnübungen und Sprints. Ich ging auch ins Fitnessstudio, was den Vorteil hatte, dass es klimatisiert war und ich auch mittags trainieren konnte, ohne in der Sonne brüten zu müssen. Ich hatte ein festes Programm an einem festen Ort fernab von zu Hause.

Nach meiner Rückkehr holte mich mein Alltag recht schnell wieder ein und ich richtete mich in meinen Routinen ein.
Reisen hingegen war so etwas wie aus der Welt zu fallen. Ich machte unterwegs völlig andere Erfahrungen als die, die meinen strukturierten Trainingsalltag prägten. Bei genauerer Betrachtung kam es mir sogar ein bisschen so vor, als müsste ich weit wegfahren, um mich lebendig zu fühlen und bei mir selbst anzukommen. Viele verreisen, um sich von einem stressigen Alltag zu erholen, um in einer neuen Umgebung lange ausschlafen, entspannt am Strand liegen und neue Energie tanken zu können, um danach wieder in das alte Leben zurückzukehren, zufrieden mit dem, wie es ist. Doch das war nicht der Grund, warum es mich in die Ferne zog. Ich wollte mehr über mich erfahren. Ich brauchte einen größeren Abstand, um zu begreifen, wer ich bin und was ich wirklich vom Leben will. Lebe ich das Leben, das ich führen möchte? Und wenn nein, was muss ich ändern?

Ich habe das Glück gehabt, auf meinen Reisen zwar nicht alle, aber einige Antworten zu finden, nach denen ich gesucht habe. Der Vipassana-Kurs war ein solcher Augenöffner gewesen, dort hatte ich Momente gehabt, in denen ich ganz klar spüren konnte, dass alles anders wird, dass ich nicht mehr in das zurückfallen werde, was vor meinem Abflug noch gewesen war. Dieses Gefühl entfaltete eine große Kraft in mir – die Kraft für ein selbstbestimmtes Leben. Und das bestand auch darin, die Augenblicke, die einen verändern und im Fluss sein lassen, zu wiederholen, so wie man seine Meditationen wiederholt, um seine eigene Entwicklung zu verankern. Es sind nicht immer Momente wie im Souvenirshop in der Karawanenstadt, manchmal lassen sich die Erfahrungen nicht konkret festmachen, weil es oft nur sehr kleine Dinge sind, die etwas in Bewegung setzen, aber in der Summe dennoch nachhaltig sind. Äußere Reisen, so formulierte ich es einmal für mich, sollen für mich immer auch innere Reisen sein. Und nach den beiden Indientouren wusste ich, dass mein Hunger nach Leben noch längst nicht gestillt war.

Meine nächste größere Reise führte mich nach Thailand, wo ich vier Wochen blieb. Ich hatte mich dort für einen weiteren Meditationskurs angemeldet, zugleich wollte ich Tauchen lernen, also wieder etwas ausprobieren, was ich nie zuvor gemacht hatte.

Abermals reiste ich allein. Meine Route sollte in Nong Khai starten, einer Stadt am Ufer des Mekong. Danach ging es auf Ko Samui, eine Insel im Golf von Thailand, wo das Meditations-Retreat stattfinden sollte. Von dort aus wollte ich schließlich weiterreisen, auf Ko Tao, eine Nachbarinsel im Golf von Thailand. Ko Tao, so recherchierte ich, sei einer der schönsten Tauchspots der Welt.

Meinem ersten großen Meilenstein, die Goldmedaille bei der WM in Doha, hatte ich kurz vor Antritt meiner Reise erreicht.

Diesen Sieg feierte ich dann auf besondere Art: Während meines Aufenthalts in Katars Hauptstadt wohnte ich in einem Hotel im zehnten Stock, von dort oben konnte ich auf den Pool blicken, der sich im siebten Stock befand. Jeden Tag schaute ich auf ihn hinunter, aber ich sagte mir: „Geh nicht in den Pool, denn dann werden deine Haare nass, und wenn du so durch klimatisierte Räume gehst, holst du dir womöglich noch eine Erkältung." Aber am letzten Tag, besser gesagt in der Nacht nach meinem Triumph, feierten wir zusammen mit den Speerwerfern, die einen dritten und einen sechsten Platz geholt hatten. Um halb drei sprangen wir dann in unseren Wettkampfklamotten in den Pool. Ein herrlicher Abschluss nach dem Weltmeistertitel. Nachdem ich sechs, sieben Tage auf den Pool gestiert hatte, war ich doch endlich noch hineingetaucht.

Gut hätte ich noch weiter im Ruhm baden können. Aber nicht ein einziges Mal dachte ich daran, meine Thailandreise zu stornieren. Es war ein schöner Erfolg, aber auf der anderen Seite freute ich mich darauf, in die Welt zu gehen, neue Dinge zu sehen und etwas für mich zu machen. Unabhängig davon, wer zu Hause wartet – oder ob überhaupt jemand auf mich wartet. Mein persönliches Wohlergehen, mein innerer Frieden, meine innere Weiterentwicklung und meine Freiheit waren für mich immer wichtiger als alles andere.

So flog ich im Oktober direkt von Doha nach Bangkok. Bevor ich mich auf den Weg nach Doha machte, hatte ich eine riesige Reisetasche gepackt, mit all meinen Wettkampf- und Trainingsklamotten, sowie einen großen Rucksack für meine Reise nach Thailand. In Doha stellte ich diesen in den Schrank, damit er aus meinem Blickfeld war und ich mich auf den Wettkampf und die Vorbereitung darauf konzentrieren konnte. Als es so weit war, zum Flughafen zu fahren, hatte meine Mutter, die mich für drei, vier Tage begleitet hatte, ihren kleinen Koffer in meine riesige Reisetasche gestopft, auch hatte ich ihr meine Medaille anvertraut. Und so ging es für mich mit leichtem Gepäck per Direktflug nach Bangkok.

Mein damaliger Trainer konnte das nicht ganz verstehen, auch andere sagten: „Wie, du fliegst jetzt nach Thailand? Du musst dich doch feiern lassen ..." Aber dieses Du-musst-Dies und Du-musst-Das, das hatte ich hinter mir gelassen, ich dachte nur: Nee, ich muss gar nichts. Meine Gemeinde, in der ich wohne, wollte mir einen wunderschönen Empfang bereiten, aber der musste einen Monat später stattfinden. Dinge, die ich zuvor nicht für denkbar gehalten hatte, waren möglich – eben auch, sich für einen sportlichen Sieg mit Verspätung feiern zu lassen. Man muss nur den Mut haben, Grenzen zu verschieben, selbst wenn das im ersten Moment von anderen nicht verstanden wird.

Thailand war ein schönes Erlebnis, aber ganz anders als Indien, viel touristischer, weswegen ich auch das Gefühl hatte, dass ich dieses Mal gar nicht so tief in die hiesige Kultur eindringen konnte. Auf dieser Reise lernte ich dafür zum ersten Mal in meinem Leben Couchsurfing kennen. Ich schlief bei mir fremden Menschen in einem kleinen Gastzimmer. Da ich bei einem Ägypter mit neuseeländischem Pass wohnte, der erst vor Kurzem nach Thailand ausgewandert war, konnte ich nicht so viel über die thailändische Kultur in Erfahrung bringen, wie ich es gehofft hatte. Das war allerdings sowieso nicht mein Hauptanliegen bei dem Besuch in Nong Khai, denn primär wollte ich ein mystisches Naturphänomen erleben, das nur einmal im Jahr zu sehen ist, und zwar am Mekong. Über dem Fluss, der sechs Länder durchquert, darunter Thailand, steigen in der ersten Vollmondnacht im Oktober in dieser Region sogenannte

Naga-Feuerbälle auf. Ein unglaubliches Schauspiel. Es wird angenommen, dass sich durch das Mondlicht und das Ende der Regenzeit Gase aus dem Schlamm im Flussbett lösen und sich, wenn sie in Kontakt mit Sauerstoff kommen, entzünden. Aber genau hat man sich diese Feuerbälle noch nicht erklären können. Naga-Feuerbälle heißen sie deshalb, weil es nach dem dortigen Volksglauben die im Fluss lebende Schlange Naga ist, die die Leuchterscheinungen hervorruft.

Das Ereignis wurde nicht nur gefeiert, sondern auch für Einheimische und Touristen wie mich inszeniert. Am Ufer des Mekongs gab es unzählige Verkäufer und Verkäuferinnen, die Speisen und Getränke anboten, überall wurden Stühle aufgestellt, auf denen man Platz nehmen konnte. Jedes Mal, wenn ein Feuerball gesichtet wurde, johlte die Menge. Viele Thailänder ließen auch Lampions mit Kerzen steigen. Dabei wurden Wünsche und Hoffnungen ausgesprochen, im festen Glauben, dass sie sich erfüllten. Ich dachte darüber nach, was ich für Wünsche hatte, ob ich überhaupt welche hatte. Erst fielen mir in dieser turbulenten Stimmung keine ein, zu sehr war ich fasziniert von dem Treiben, das ich beobachtete. Aber dann wurde mir bewusst, dass ich noch mehr solche Tage und Abende erleben wollte, an denen ich mich dem mir Fremden aussetzte. Aber was bedeutete eigentlich das Fremde für mich, die ich mich selbst so oft als Fremde in dem Land gefühlt hatte, in dem ich geboren war? Konnte man „Anderssein" nicht auch als Vielfalt und damit als Bereicherung empfinden, so wie ich es in diesem Moment tat? In jener Nacht konnte ich tief in meinem Inneren spüren, wie beglückend es war, in eine andere Welt einzutauchen und mich in ihr treiben zu lassen. Obwohl ich selbst nicht Teil der thailändischen Kultur war, gelang es mir, jedes Gefühl von Fremdheit zu überwinden.

Der Meditationskurs – dieses Mal nur sieben Tage – war wiederum nicht im Geringsten vergleichbar mit dem in Navi Mumbai. Alles war viel lockerer, auch ein wenig ungewöhnlich. Der Mönch, der unsere Gruppe anleitete, stammte aus Großbritannien und vertrat einen mir bis dato unbekannten Ansatz von Buddhismus, den ich aber nicht so richtig zu fassen vermochte – vielleicht war es ein Gemenge aus verschiedenen Einflüssen, die der Mönch mit seinen eigenen Vorstellungen von dem, was Buddhismus zu lehren hatte, vermischte. Einige Dinge fand ich interessant, wenn auch nicht weiter erhellend, andere waren mir zu dogmatisch, schwierig fand ich seine Gedanken über Sexualität. Eigentlich wollte ich in dem Retreat nur meditieren, aber dann wurde uns immer wieder gesagt, man dürfe sich keineswegs seinen Gelüsten hingeben. Damit meinte er nicht nur Sex, sondern auch das Essen – dabei gab es in dem Retreat sowieso nur sehr einfache Mahlzeiten, von wollüstigen Gelagen weit entfernt. Aber der Mönch war der Meinung, dass man sich nicht die ganze Zeit ausmalen solle, einen Kuchen zu essen oder einen Big Mac oder sonstiges Junkfood. Auch solle man nicht ständig daran denken, Cola, Wein oder Bier zu trinken. Ich fand diese Aussagen sehr speziell, aber dabei blieb es nicht. Er meinte dann noch, wenn man Gedanken hätte, die sich aufs Essen oder auf Sex beziehen, solle man sich beides total ekelig vorstellen, und an verrottendes Essen oder verwesende Körper denken. Er steigerte sich noch weiter in seine absurden Fantasien: dass sich die Fleischeslust sozusagen umkehrt und der eigene Körper vergammelt. Ich dachte nur: Ich bin doch hier, um zu meditieren, und nicht, um mir irgendwelche Horrorszenarien auszumalen.

Der Mönch hatte, wie ich fand, einen extrem destruktiven und abwertenden Umgang mit Essen und Sex. Habe ich

Gedanken, die sich obsessiv um etwas drehen, ist zu vermuten, dass das vielleicht einen Grund haben könnte. Aber dann wäre es vielleicht sinnvoll zu ergründen, warum ich so was immer wieder heraufbeschwöre, statt die Gedanken mit irgendwelchen abschreckenden Bildern zu verdrängen.

Nein, das war nicht mein Ding, ich hatte doch den Kurs besucht, um meine Gedankenmuster weiter aufzudecken und vielleicht neue Inspirationen aufzusaugen. Davon konnte keine Rede sein. Oder doch? Der Mönch brachte mich immerhin dazu, mich zu fragen, ob ich etwa eine gewisse Neigung zu Obsessionen habe. Zuerst dachte ich an den Sport, verwarf diesen Gedanken aber gleich wieder, weil er für mich keine fixe Idee ist, sondern ein Beruf, den ich mit Leidenschaft betreibe. Aber etwas anderes fiel mir tatsächlich ein. Ich liebe es zu tagträumen, mich in meinen Luftschlössern behaglich einzurichten – wobei ich immer um ihren imaginären Charakter weiß. Aber Wunschträume helfen mir, wenn ich das Gefühl habe, mich gerade in einem starren Korsett zu befinden, dann sind sie für mich ein wunderbarer Gegenentwurf zum realen Leben. In einem dieser Schlösser hatte ich es mir während des Meditationskurses jedoch in der Tat gemütlich gemacht: in der Romantik. Ich bin ein sehr romantischer Mensch, und wenn ich etwas obsessiv betrieben hatte, dann war es mein Rückzug in dieses Luftschloss, das ich mir als Flucht vor der Realität gebaut hatte.

Aber dieses Luftschloss, so entschied ich nach reiflicher Überlegung, hatte nichts mit Sex zu tun oder mit anderen Dingen, von denen dieser Mönch gesprochen hatte, sondern es ging eher um etwas, was gerade extrem in mir arbeitete. Das hatte auch damit zu tun, dass ich vor meiner Abreise nach Thailand eine Trennung erlebt hatte. Nun fragte ich mich, ob es vielleicht ein obsessiver Wunsch sein könne, einen Partner haben zu wollen, der mich mit allen Eigenheiten akzeptiert und auf den ich mich bedingungslos verlassen kann. Die Medien, Bücher oder Filme, mit denen wir aufwachsen, schüren nämlich oft die Erwartung bei jungen Frauen, dass, überspitzt formuliert, eines Tages ihr Traumprinz auf seinem weißen Pferd dahergeritten kommt, um ihnen die Welt zu zeigen. Sie verharren aus diesem Grund in einer ziemlich passiven Frauenrolle und nehmen ihr Schicksal nicht selbst in die Hand. Auch ich hatte früher ein bisschen diese Sehnsucht in mir getragen, trotz des Leistungssports, trotz Studiums. Ich hatte erst begreifen müssen, dass ich niemand anderen brauche, um glücklich zu sein. Es ist ungerecht dem Partner oder der Partnerin gegenüber, wenn man ihm oder ihr die Verantwortung für das

eigene Wohlergehen überträgt. Ungerecht – und auch ungesund, denn eine solche Erwartung überfordert den anderen und bringt die Beziehung in eine Schieflage.

Mich freizuspringen bedeutet also auch, mich von gesellschaftlichen Erwartungen loszumachen. Und wenn man diese Situation genauer betrachtet, so sehen sich auch Männer oft mit ungesunden Stereotypen konfrontiert. Viele Männer kämpfen etwa mit Gefühlen oder besser gesagt, ihrem Umgang damit – etwa, wenn von ihnen erwartet wird, keine Schwäche zu zeigen und Tränen runterzuschlucken. Erst das Befassen mit dem Thema Feminismus machte mir klar, dass es um mehr geht als reine Emanzipation – also der Gleichberechtigung von Frau und Mann. Feminismus bedeutet auch nicht die Ablehnung von Männern, wie manch einer denkt. Stattdessen geht es darum, sich von toxischen Stereotypen zu lösen, und zwar männlichen UND weiblichen. Gerade der intersektionale Feminismus lädt dazu ein, sich kritisch mit den Lebensrealitäten anderer Menschen auseinanderzusetzen und auch Minderheiten

Gehör zu schenken. Es geht um die Thematisierung aller möglichen Formen von struktureller Diskriminierung, sei es Rassismus, Klassismus oder Ableismus. Denn letztendlich hängen all diese Formen zusammen und haben ihren Ursprung in der unkritischen Auseinandersetzung mit gesellschaftlichen und kulturellen Vermächtnissen.

In Thailand allerdings dachte ich erst mal nur über meine persönliche Emanzipation, mein persönliches Freispringen nach. Ich habe gelernt, dass ich jede Krise, jede Katastrophe allein bewältigen kann. Es ist schön, wenn es jemand Besonderen gibt, mit dem ich mein Leben teilen kann, aber ich bin nicht auf einen anderen angewiesen. Das ist ein großer Unterschied. Natürlich bin ich in Beziehungen und Freundschaften gewachsen, habe in ihnen neue Werte ausgebildet. Ich habe mich im Zuge dessen gefragt: Was brauche ich von einer Beziehung, und was kann ich mir selbst und auch einer anderen Person geben? Früher dachte ich, wenn ich einen Partner habe, der mir hilft, dann bin ich glücklicher, dann wird mein schweres Paket, das ich mit mir herumtrage, leichter. Aber das war eine Fehleinschätzung. Stattdessen ging ich daran, mich mit meinen Ängsten zu beschäftigen, sie anzuschauen, sie abzubauen und loszulassen. In einer früheren Beziehung habe ich beispielsweise den Mut gefunden, mich intensiver mit mir selbst zu beschäftigen, er hatte mich darin unterstützt, mir quasi die Hand gereicht, mich auf meine Selbstreflexionen einzulassen. Doch nun, nachdem sich unsere Wege getrennt hatten, musste ich mir wieder in Erinnerung rufen, dass ich auch allein in der Lage bin, das Leben zu bewerkstelligen. Gleichzeitig hatte ich auch ein bisschen Angst davor, nun meinen Weg ohne jemanden an meiner Seite fortzusetzen. War ich deshalb aber obsessiv, nur weil ich häufig an die Liebe dachte? Daran, dass mir ein Partner etwas gibt, aber ich lernen muss, mir das auch selber zu geben?

Gedanken wie diese schwirrten nach dem Meditationsretreat in meinem Kopf herum und ich war froh, nach dieser intensiven Erfahrung noch den Tauchkurs hintendranhängen zu können. Im Rahmen der sportlichen Betätigung wollte ich das Erlebte erst mal in Ruhe sacken lassen, so dachte ich. Ich ahnte nicht, dass der Tauchkurs neben der Unterwasserwelt auch einen gedanklichen Perspektivwechsel für mich bereithalten würde. Am Anfang war ich einfach nur erschlagen von der Theorie. Die anfängliche Vorstellung, dass Tauchen eine simple Angelegenheit sei, wurde beim Blick auf den dreitägigen Theorieplan schlagartig zunichtegemacht. Aber dann gingen wir mit der gesamten Ausrüstung zum ersten Mal in Richtung Wasser, um bestimmte Übungen mit einem Partner oder einer Partnerin auszuprobieren. Dann paddelten wir ein Stück weit hinaus, bis mit einem Mal der Boden fünf Meter unter uns war – und wir geschlossen als Gruppe abtauchten. Das war eine sehr intensive Erfahrung, denn anfangs stieg Panik in mir auf, und ich musste mit meiner inneren Angst kämpfen, weil ich mir nichts Sehnlicheres wünschte, als wieder an die Oberfläche zu schwimmen und einen richtigen Atemzug durch meine Nase zu nehmen. Das mental durchzustehen, mir zu sagen: „Nein, du atmest ganz normal durch das Mundstück weiter, es ist alles in Ordnung, hier ist kein Raum für Panik“, war extrem schwer. Doch als ich diese Phase durchgestanden hatte und ich mich nicht mehr unwohl fühlte, saßen wir fast eine Stunde lang auf dem Meeresboden. Ich war zufrieden mit mir, happy, dass ich meine aufflammende Panik überwunden hatte. Es ist jedes Mal ein tolles Gefühl, wenn ich mich meinen Ängsten stelle und erfahre, dass ich mich nicht von ihnen überrollen lassen muss.

Am nächsten Tag blieben wir nicht im Uferbereich, sondern fuhren in einem Boot hinaus aufs Meer, wo ich zum allerersten Mal 18 Meter in die Tiefe tauchte. Es war einfach wundervoll, die üblichen Gedanken und Probleme waren unter Wasser vergessen. Das Tauchen hatte etwas Meditatives für mich, wobei ich aber darauf achten musste, wo genau ich mich in diesem unbekannten Terrain befand, um nicht die Orientierung zu verlieren und Korallen zu beschädigen. Auch auf meine Atmung achtete ich, damit der Lufttank länger hielt. Aber auch, weil man durch die Atmung die Tauchtiefe bestimmen kann. Wollte ich sinken oder musste ich steigen, weil vor mir ein Riff war? Konnte ich das aussteuern, indem ich tiefer oder weniger tief Luft hole? Oder musste ich Luft aus der Schwimmweste lassen, damit ich sinken konnte? Mit so etwas hatte ich mich bislang noch nie auseinandergesetzt, aber ich fand diese physikalischen Aspekte sehr spannend und kam mir fast vor, als würde ich mich auf einem anderen Planeten befinden. Und letztlich war es ja auch so ähnlich.

In dieser Unterwasserwelt entdeckte ich eine unglaubliche Vielfalt von Fischen. Wir schauten uns die faszinierenden Tiere aus der Nähe an, wobei wir vorsichtig waren und darauf achteten, keinen negativen Einfluss auf diese kostbare Umwelt auszuüben. Nichts berührten wir. Das Tauchen hat mein Herz für die Meereswelt auf jeden Fall noch mal höherschlagen lassen. Fisch esse ich schon seit meinem achten Lebensjahr nicht mehr, weil ich fand, dass jedes Lebewesen ein Recht auf Leben hat. Hier unten, wo sie um mich herumschwammen, mich neugierig in ihren Blick nahmen, wurde mir nochmals bewusst, wie schön dieser Raum ist und wie schützenswert das Leben in ihm, aber auch, wie gefährdet er durch den Klimawandel, die Überfischung der Meere und somit letztlich durch das Handeln der Menschen ist. Das Meer mit seiner Artenvielfalt – es erweiterte meinen Horizont, was den Zustand unserer Erde betraf.

Als ich wieder auftauchte, hinterfragte ich auch meine Bedürfnisse. War das, was ich für selbstverständlich hielt, tatsächlich notwendig? Es gab so viele Dinge, auf die man verzichten konnte, besonders jene, die aus Plastik bestehen und die Meere verschmutzen. Jeder Fisch, der mir entgegenschwamm – und das musste ich mir bei aller Schönheit immer wieder klarmachen –, konnte durch Überfischung gefährdet sein, auf jede Koralle, die ich staunend betrachtete, konnte sich unsichtbar der Kunststoff legen und ihr Licht, Nahrung und Sauerstoff nehmen oder sie konnten Opfer der überhitzten Meere werden. Menschliche Einflüsse wirkten sich über die ganze Nahrungskette aus und konnten auf diese Weise komplette Ökosysteme aus dem Gleichgewicht bringen, das wusste ich. Sahen wir also Müll beim Tauchen auf oder unter Wasser, dann sammelten wir diesen ein. Ich nahm mir jedenfalls vor, noch genauer darauf zu achten, Plastikverpackungen und Wegwerfprodukte zu umgehen.

Infolgedessen dachte ich noch über etwas anderes nach: Bleibt man immer nur in dem Land, in dem man geboren wurde, läuft man Gefahr, wie in einer Blase zu leben. Man bekommt eine genaue Vorstellung davon, wer man ist, welche Meinung man hat, und schnell denkt man, diese müsse die einzig richtige sein. Empathie für das Fremde kann sich gar nicht erst entwickeln. Was gehen mich die Fische in Thailand an? Ach, so schlimm wird es schon nicht kommen. Dass viele Landstriche in Asien durch die Klimakrise in den nächsten Jahrzehnten unter Wasser stehen und die Menschen dort ihre

Heimat verlieren werden – nein, das glaube ich nicht, das ist so weit weg. Wer aber den aufgeladenen Wert infrage stellt und sich erlaubt, eine andere Perspektive einzunehmen, der oder die sieht tatsächlich anders. Und verhält sich auch anders. Die Person akzeptiert eine Ungewissheit und versucht, Lösungen zu finden.

Deswegen sind Reisen in die Ferne für mich auch etwas völlig anderes als Reisen innerhalb von Europa, da ich in Europa meist auf den gewohnten westlichen Standard treffe. Das ist vertraut, da kommen kritische Fragen seltener auf. Dabei ist mir klar, dass jede Reise, bei der man in ein Flugzeug steigt, einen Einfluss aufs Klima hat, das blende ich gar nicht aus. Aber sich die Welt überhaupt nicht anzuschauen, wäre auch schade, weil es den Horizont einengt. Gerade was die Toleranz betrifft, ist es sehr hilfreich, andere Kulturen kennenzulernen und nicht nur in seiner eigenen zu verharren. Vielleicht lernt man sie bei persönlicher Betrachtung schätzen und womöglich sogar lieben, etwas, das bloße Dokumentationen im Fernsehen nicht immer schaffen. Das ist das Spannungsfeld, das sich für mich beim Reisen auftut: auf der einen Seite das Lernen über und von anderen Kulturen, das Aufeinandertreffen von fremden Menschen, der Austausch mit ihnen, das Entdecken von neuen Landschaften und bislang nie leibhaftig zu Gesicht bekommener Tiere, auf der anderen Seite der Ausstoß umweltgefährdender Stoffe, die Müllberge und ihre Auswirkungen. Dabei verstärkt sich in mir wieder der Eindruck, dass wir einen Systemwandel brauchen: Viel zu oft werden die Forderungen nach mehr Nachhaltigkeit auf die Verbraucher abgewälzt, sie sollen kein Fleisch essen oder wenigstens nur Bio, eine Holzzahnbürste benutzen, mit dem Bus oder Fahrrad fahren, statt mit dem Auto und beim Einkaufen ja nicht ihren Jutebeutel vergessen. Auch ich werde oft in Interviews gefragt, wie ich mich persönlich denn engagiere, was ich beitrage im Kampf gegen den Klimawandel. Und Tatsache, natürlich versuche ich an vielen Stellen, wo es mir möglich ist, etwas zu tun. Gleichzeitig verursachen parallel riesige Unternehmen aufgrund fehlender staatlicher Regulationen noch riesigere Emissionen und andere Umweltschäden. 1965 bis 2017 stießen zum Beispiel 20 Unternehmen allein 35 Prozent der gesamten globalen CO_2-Emissionen aus.[1] Sich da so am Klein-Klein abzuarbeiten, klingt verlockend, weil damit die Verantwortung auf alle Schultern gleich verteilt wird. Andererseits gibt es aber anderswo viel wirkungsvollere und zielführendere Hebel, die man betätigen könnte. Darum antworte ich in Interviews auch oft: Wer etwas gegen den Klimawandel machen möchte, der sollte selbst in die Politik gehen oder sich mit seinen Lokalpolitikern austauschen, Petitionen unterschreiben oder aktiv werden und auf die Straße gehen. Denn der größte Hebel ist nahezu immer die Politik. Dabei ist es egal, ob die Themen Mobilität, Ernährung oder Energie betroffen sind. Es gibt einfach kein nachhaltiges Leben in einer nicht nachhaltigen Welt.

Kapitel 15

MIT 36 HUSKYS DURCH DIE WEITEN LAPPLANDS

Lang ist die Liste der Länder, die ich interessant finde. Noch viel in meinem Kopf, was ich erleben möchte. Mein nächstes Abenteuer sollte mich für eine Woche nach Finnland führen, genauer gesagt nach Lappland, in die nördlichste Region des Landes. Es war Februar 2020, kurz bevor sich das Coronavirus in Europa ausbreitete, als ich mich in den Flieger setzte. In Lappland wollte ich die arktische Weite der Natur kennenlernen, und damit anfangen wollte ich im Rahmen einer dreitägigen Husky-Schlittentour. Unvergesslich war für mich, dass ich einen eigenen Holzschlitten führen durfte, vor den acht freudig bellende Hunde gespannt waren. Diese Tour war mit eine der schönsten Dinge, die ich in meinem Leben gemacht habe.

Start war in Ivalo von einer Husky-Farm aus. Jarno war unser Guide, an seiner Seite war Vera, etwa Anfang 30, schmal, blass, mit glatten dunklen Haaren, die sie zu einem Zopf gebunden trug. Sie war eine Volunteerin auf der Husky-Farm, und ihre

Aufgabe bestand wohl auch darin, darauf achtzugeben, dass uns nichts passierte, sie bildete jedenfalls das Schlusslicht. Zusammen mit mir hatte noch eine Frau die Tour gebucht, Sabine, eine sportliche Endvierzigerin, die lustigerweise die Mutter eines Leichtathleten war. Sie hatte mich auch sofort erkannt.

Bevor es losging, musste noch das Hundefutter – 40 Kilo allein in meinem Schlitten – verstaut werden, und einigen der Tiere mussten Booties angezogen werden, die bereits wunde Hundepfoten davor schützen sollten, sich noch weiter an den eisigen und rauen Schneeoberflächen zu verletzen.

Ich muss zugeben, ich hatte am Anfang ein wenig mit den Hunden gefremdelt. Sehr früh am Morgen waren wir auf den Beinen, und noch bevor die Hunde in ihren Geschirren eingespannt waren, hatten sie schon angefangen, laut zu jaulen. Sobald sie eingespannt waren, zogen sie mit aller Kraft an den Schlitten, als konnten sie es kaum erwarten, dass sie rennen durften. Es war ein unglaublicher Tumult, kein Wunder, da wir mit insgesamt 36 Hunden unterwegs waren. Erst als es losging, beruhigten sich die Huskys ein wenig, und ich begriff ihr Jaulen als Ausdruck dafür, dass sie mit Feuer und Flamme dabei waren und sich pudelwohl dabei fühlten, im Gespann durch Schnee und Eis zu düsen. Da ich nicht mit Hunden aufgewachsen bin, diese Aufregung und große Emotionalität der Tiere nicht kannte, hielt ich erst einmal ein bisschen Abstand, weil ich sie nicht einschätzen konnte.

Beim Start hatte Jarno, ein stämmiger Finne von Mitte 40 mit einer dicken Pudelmütze auf dem Kopf, unter der einige rotblonde Kräusellocken hervorschauten, noch gesagt: „Passt auf, die erste Kurve, die wir nehmen, ist scharf. Fahrt hier ein wenig langsamer und bremst ab.“ Vorher war uns noch gezeigt worden, wie das Bremsen bei einem Hundeschlitten funktionierte.

Ich fuhr direkt hinter Jarno los und musste ihm recht geben, die erste Kurve war wirklich eng. Ich verlangsamte das Tempo, und alles lief gut. Ich stieg von der Bremse, und augenblicklich wurde der Schlitten wieder schneller. Womit ich aber nicht gerechnet hatte, war, dass in kürzester Zeit nach der ersten Biegung eine zweite folgte und noch viel enger war als die vorherige. Weil ich mittlerweile jedoch nicht mehr bremste, flog ich im hohen Bogen vom Schlitten in einen meterhohen Schneeberg. Jarno stieg vom Schlitten, lief zu mir und guckte mich grimmig an, während er meinte: „Ich hab doch gesagt, dass die Kurve eng ist." Keineswegs wollte ich ihm widersprechen, dass er ja nur von einer ersten und nicht von einer zweiten Kurve gesprochen hatte. Aber vielleicht hatten wir einfach unterschiedliche Definitionen, was unter einer „ersten Kurve" zu verstehen war. Es war übrigens nur dieses eine Mal, dass ich vom Schlitten fiel, wobei ich Glück hatte, dass dieser nicht auch noch umgekippt war. Man denke an die 40 Kilo Hundefutter, die wieder aufzuladen gewesen wären ...

Der Sturz in den Schnee war überraschenderweise keine nasse Angelegenheit, weil dieser sich leicht abklopfen ließ und bei den eisigen Temperaturen von minus 8 bis zu minus 26 Grad Celsius nicht das leisete Bisschen daran dachte zu schmelzen. Beim Weiterfahren auf dem Schlitten kam ich deshalb auch selten ins Schwitzen, nur bei den steilen Steigungen, bei denen ich immer wieder vom Gefährt hatte abspringen und mit den Füßen arbeiten müssen, wurde mir heiß unter der Schneekleidung. Und das Abspringen war generell kein ganz leichtes Unterfangen, unterschiedlich tief sank ich ihn den Schnee ein, während ich mich am Lenkgriff festhielt und versuchte, den Schlitten sprintend anzuschieben, ohne das Gleichgewicht zu verlieren und meinen Schlitten ohne mich davonfahren zu lassen.

Generell war es nicht einfach, den Schlitten zu handhaben, denn er war nicht nur schwer durch das zusätzliche Hundefutter, sondern er ließ sich nicht leicht lenken. Eine gute Note für das Handling hätte der Hundeschlitten beim ADAC jedenfalls nicht erhalten. Gerade in den Kurven musste ich kräftig mitarbeiten und mein Gewicht verlagern, damit der Schlitten ordentlich mitzog. Als Leistungssportlerin war ich einiges gewohnt, aber dennoch wurden hier meine Muskeln völlig anders beansprucht als sonst. Das einzig Gute am aktiven Fahrstil war, dass er gegen steifgefrorene Zehen half.

Unser Weg führte durch weiße und endlose Landschaft, noch höher in den Norden, weit hinaus auf den Inarisee oder Inarijärvi, wie die Finnen sagen, der nördlich des Polarkreises liegt und sehr lang ist, rund 90 Kilometer. Nach und nach lernte ich die Hunde näher kennen, diese tollen Tiere, sie freuten sich in den kleinen Pausen über ihre Snacks und meine Streicheleinheiten, und ich wiederum freute mich, dass sie sich über mich freuten. Jarno taute auch etwas auf und wurde mit der Zeit weniger grummelig, als ich im ersten Moment angenommen hatte, er konnte sogar witzig sein und zwischendurch Anekdoten von anderen Tourenteilnehmern erzählen.

Irgendwann landeten wir mitten im Nirgendwo auf einer der 300 kleinen Inseln im zugefrorenen See. Dort sollten wir in einer Blockhütte übernachten, die im Besitz der Husky-Farm war. Immerhin hatten wir an diesem ersten Tag 75 Kilometer geschafft, was ich unglaublich viel fand. Meine schmerzenden Knochen sahen das genauso.

Zuerst brachten wir unsere persönlichen Sachen in die Blockhütte, dann kümmerten wir uns unter Anleitung von Vera sofort um die Hunde. Zuerst wurden die Huskys von den Schlitten abgespannt, dann bekam jeder einzelne seine eigene

Hundehütte in der Nähe des Blockhauses zugewiesen. An ungefähr drei Meter langen Seilen leinten wir sie an, damit sie nicht wegliefen, die Booties zogen wir ihnen aus, morgen würde es neue geben. Ohne Murren ließen die Tiere alles geschehen, wobei sie uns aber erwartungsvoll anschauten. Klar, sie wollten ihr Fressen, ein wichtiger Punkt in ihrem Tagesablauf.

Während die Hunde uns mit ihren Augen verfolgten, meist liegend und schnaufend vor ihrer Hütte, begann für uns noch einmal eine herausfordernde Tätigkeit, denn das Fleisch, das die Huskys bekommen sollten, hatten wir kiloweise in großen gefrorenen Blöcken transportiert. In diesem Zustand aber war das Futter für die Tiere definitiv ungenießbar.

Deshalb sagte Vera: „Wir müssen jetzt die Futterblöcke mit der Axt zerkleinern."

„Und dann?", fragte ich irritiert. „Dann sind die Fleischstücke doch noch immer gefroren."

Vera grinste. „Richtig. Seht ihr die kleine Tonne?" Sie zeigte auf einen Bottich aus Plastik. „Da kommen die Fleischstücke rein. Anschließend holen wir Wasser vom See und kippen es, wenn wir es aufgewärmt haben, dort hinein." Nach einer kleinen Pause fügte sie noch hinzu: „Und ihr müsst das Fleisch wirklich in ganz kleine Teile hacken, sonst taut es nicht richtig auf."

Puh, Sabine und ich stöhnten gewaltig, als wir uns daranmachten, kleine Stücke aus den Fleischblöcken zu schlagen. Unter unseren Mützen sammelte sich der Schweiß, aber irgendwann war es geschafft, und wir konnten die Teile mit einer Schippe in die Tonne befördern. Nun mussten wir uns nur noch um das Wasser kümmern.

„Aber wie können wir Wasser aus dem See holen", wollte Sabine wissen, „wenn doch alles zugefroren ist?"

Vera wusste auch darauf eine Antwort. „Es gibt an einer Stelle am Ufer ein Wasserloch, das wir immer wieder aufschlagen. Es müsste noch von unserer letzten Tour offen sein. Wir bedecken es mit einer Platte aus Styropor, damit es nicht zufriert."

Es war gar nicht so leicht, die Platte zu entfernen, sie schien sich nicht lösen zu wollen, da sie schon wieder eingeschneit und festgefroren war. Doch schließlich war uns auch das gelungen.

Mühsam schöpften wir einen Eimer Wasser nach dem anderen und schleppten sie in ein etwa 50 Meter entferntes Häuschen, wo wir das Wasser in einen Tank kippten, der über einem Feuer erhitzt werden konnte. War es warm, kamen wieder die Eimer zum Einsatz, sodass wir es nun nach und nach auf das Hundefutter gaben. Es dauerte einige Zeit, bis die Fleischschnipsel durch diese Verfahren aufgetaut waren und sich in eine eher unansehnliche Fleischbrühe verwandelt hatten. Als Topping gab es auf jede Portion noch etwas knuspriges Trokkenfutter. Nach Anweisung von Vera verteilten wir sie an die 36 Huskys, denn jeder Hund hatte seinen eigenen Essensplan. Zum Glück hatte auch jeder Hund seinen eigenen Napf, sonst hätte es wohl viel Neid und Ärger gegeben, ein unendliches Zerren an den Leinen.

„Das war wirklich körperliche Arbeit", sagte ich, während ich meine behandschuhten Hände gegeneinanderschlug.

Sabine nickte mir bestätigend zu. „Kein Wunder, wenn man in einer Hand den schweren Bottich mit Hundefutter tragen muss und mit der anderen die Kelle trägt, um die Meute zu füttern."

„Und jetzt habe ich Hunger", gestand ich.

„Wir bekommen gleich unser Essen", mischte sich Vera ein. „Vorher kriegen noch einige Hunde einen Nachschlag." Sie hatte genau im Blick, welche Huskys zu dünn und welche zu dick waren, auch wenn das für mich nicht so einfach festzustellen war. Sie wirkten alle drahtig und gesund, und zudem sahen für mich alle komplett unterschiedlich aus. Ich hatte gedacht, alle Huskys würden diesen grau-weißen, plüschigen Pelz haben, erst hier erzählte mir Jarno, dass seine Hunde eine eigene Züchtung aus Sibirian und Alaskan Huskies seien. Die perfekte Kombination aus Ausdauer und Schnelligkeit, sodass er mit den Vierbeinern auch an professionellen Hundeschlittenrennen teilnehmen konnte.

„Ich gehe mit euch von Hund zu Hund, dann kann ich euch zeigen, was der Unterschied ist“, fuhr Vera fort, nachdem sie wohl unsere fragenden Blicke gesehen hatte.

Von mir und Sabine gab es keine Widerrede, die Huskys sollten es guthaben, denn sie würden am nächsten Tag wieder eine ordentliche Strecke vor sich haben. Auch war es wunderschön anzusehen, wie sie sich voller Freude ein zweites Mal auf ihren Napf stürzten.

Nachdem die Hunde ihr Mahl verschlungen hatten, versorgte uns Jarno mit einem leckeren Essen, für mich hatte er sogar extra etwas Vegetarisches zubereitet. Anschließend gingen Vera, Sabine und ich in die Sauna. Nach einem Gang konnten wir nicht duschen, aber es gab auch hier für uns Eimer mit kaltem und aufgewärmtem Wasser und draußen frischen Schnee zum Abkühlen. Wieder konnte ich beobachten, dass alles seine Zeit brauchte. Jede Aufgabe hatte ihren eigenen Rhythmus, und nur zu gern ließ ich mich auf ihn ein. Ich dachte daran, wie oft ich mich in meinem Alltag getrieben fühlte, getrieben von der Zeit. Wir richten uns selten danach, wie lange wir für eine Aufgabe brauchen, sondern sagen: „Um zwölf habe ich den nächsten Termin, also muss ich exakt um diese Zeit mit dem fertig sein, was vorher auf meinem Zettel stand oder unverrichteter Dinge den Stift fallen lassen." Wir hetzen von einer Verabredung zur nächsten, geben uns wenig Möglichkeiten zum Durchatmen und um neue Kraft zu schöpfen. In Lappland fühlte ich vom ersten Moment an, wie ein Leben auch sein kann, wenn wir es gelassener angehen – ähnlich wie ich es bei den Meditationen erfahren habe.

Jarno strahlte eine unglaubliche Ruhe bei all dem aus, was er tat. Bei ihm hatte ich das Gefühl, er würde mit seinen eigenen Ressourcen gesund und effektiv haushalten. Der Stress eines Stadtmenschen schien ihm unbekannt zu sein. Er machte seine Arbeit, und dabei gab nicht die Uhrzeit die Dauer der Arbeit vor, sondern die Dauer der Tätigkeit selbst. Erst wenn ein Schritt beendet war, folgte der nächste. Auch in mir machte sich bald eine Ruhe breit. Alles dauerte nun mal so lange, wie es dauerte. Sollten wir beispielsweise eine Stunde oder sogar zwei für das Füttern der Hunde brauchen, änderte das nichts am Ablauf der Dinge. Erst danach wurde zu Abend gegessen oder in die Sauna gegangen. Wir hatten keinen Zeitdruck, und ich genoss es, endlich einmal eine Arbeit zu verrichten, ohne einen Termindruck zu verspüren.

Fasziniert war ich auch davon, dass die Arbeiten in sich einen Sinn hatten. Viele Tätigkeiten ergeben erst einen, weil wir diesen als Menschen sozial konstruieren. Weitsprung als Profisportlerin zu trainieren zum Beispiel, macht nur deshalb Sinn, weil wir als Gesellschaft sagen, es ist schön, mit dem Sport mitzufiebern und hautnah dabei zu sein, wenn Höchstleistungen entstehen oder Sportgeschichte geschrieben wird.

Anders war das auf der kleinen finnischen Insel im Inarisee mitten im Nirgendwo. Bislang hatte ich mir wenig Gedanken darüber gemacht, dass ich etwas dafür tun muss, um an heißes

Wasser zu gelangen. Zu Hause öffne ich einen Wasserhahn, und je nach meinen Bedürfnissen kann ich ihn so einstellen, dass ich kaltes, lauwarmes oder heißes Wasser habe. In der Blockhütte mussten wir unser Wasser aus dem See holen und in einem Bottich erhitzen, unter dem ein Feuer entfacht wurde. Und war es zu heiß, musste es wieder mit kaltem Wasser gemischt werden. Das war fast eine Wissenschaft für sich. Wir Menschen in Deutschland können duschen und kochen, wann wir wollen, wir müssen auf nichts achtgeben, auf nichts warten, uns an nichts halten oder orientieren. Wasser, Strom, Wärme sind im Normalfall permanent verfügbar. Einmal am eigenen Leib zu erfahren, dass diese Dinge nicht zu jeder Zeit abrufbar sind, fand ich sehr heilsam. In dieser extremen Natur konnte man nur im Einklang mit ihr leben und nicht gegen sie. Das ist überlebenswichtig.

Licht gab es, also auch Strom, aber geheizt wurde mit Holz in einem Ofen. Was zur Folge hatte, dass es morgens ziemlich kalt im Raum war, wenn ich aufwachte. Aber keiner von uns störte sich daran, wir zogen uns einfach wärmer an. Wir waren dem Klima ausgesetzt, tagsüber betrug die Temperatur in den drei Tagen bis zu minus 16 Grad Celsius, in der Nacht konnte es schon bis minus 26 Grad runtergehen. Auf dem Schlitten mussten wir uns ebenfalls sehr warm anziehen, ich trug ein Skioutfit, das ich mir von einer Freundin geliehen hatte, und darüber einen Schneeoverall. Unter den Skisachen wärmte ich mich noch mit anderen Schichten. Spezielle Winterschuhe schützten meine Füße vor Erfrierungen. Erfrierungen, nicht nur an den Füßen, sondern auch an den Händen, waren eine realistische Gefahr, wenn man den ganzen Tag in der Eiseskälte auf dem Schlitten unterwegs war. Wenn ich auch keine Erfrierungen hatte, waren meine Füße und Hände dennoch häufig kalt, da konnte ich mich bewegen, so viel ich wollte.

Je länger ich auf dem Schlitten unterwegs war, umso mehr entstand in mir eine immer größer werdende Verbundenheit mit der Natur, setzte ich mich immer intensiver mit ihr auseinander. Insbesondere mit dem Wind, der auf dem Rückweg grundsätzlich nur noch aus einer Richtung und mir eisig ins Gesicht wehte. Zwar hatte ich eine Sonnenbrille aufgesetzt, aber meine Augen waren gereizt von dem eiskalten ständigen Windzug und tränten schmerzhaft.

Irgendwann merkte ich, dass ich benommen war. Da stand ich über Stunden auf dem Schlitten, das Gesicht taub von dem Wind, fuhr fast nur geradeaus und fühlte mich wie in Trance. Ich kam mir vor wie in der Wüste – was auch irgendwie stimmte, da hier nur der Schnee den Sand ersetzte und die immense Kälte die Hitze –, wenn die Leute durch die Monotonie der Landschaft umherirren und sich schon ganz dusselig vorkommen. Und so erging es mir in meiner Schneewüste. Ich dachte an Schneeballschlachten in meiner Kindheit, an Wanderungen durch tief verschneite Winterwälder, wenn auch nur wenige, weil von Jahr zu Jahr weniger Schnee gefallen war. Ich hatte die Winterlandschaften für mich immer als still und ruhig empfunden, hier in dieser unermesslich weißen Weite fühlte sich der Schnee jedoch gar nicht so still an.

Aber mir ging noch etwas anderes durch den Kopf, nämlich dass 30 Prozent der Nordhalbkugel im Winter von Schnee bedeckt sind – noch. Weniger Schnee würde zu weiterer Erderwärmung führen, da frischer weißer Schnee die Sonnenstrahlung bis zu 90 Prozent reflektiert. Ein verhängnisvoller Kreislauf, wenn kein fester Niederschlag mehr fällt. Zugleich verhindert eine dicke, isolierende Schneedecke, dass zu viel gespeicherte Bodenwärme abgegeben wird. Sie schützt Fauna und Flora vor Frost. All diese Gedanken führten für mich in

Lappland dazu zu erkennen, wie ich als Mensch dieser gewaltigen Natur ausgeliefert und von ihr abhängig war. Ich aber auch mehr dafür tun wollte, mich für unsere Umwelt einzusetzen.

Sabine und ich verabschiedeten uns herzlich voneinander, und jeweils auch von Jarno und Vera. Während Sabine ihre Lapplandreise beendet hatte und nach Deutschland zurückflog, wollte ich mir noch die Polarlichter anschauen, wozu ich mich in der Stadt Inari in einem kleinen Hotel einmietete, einer familienbetriebenen Lodge, die aus einigen Wohnwagen bestand. Nachts konnten sie auf den Inarisee gezogen werden, und weil ich wie die anderen Gäste in meinem Wagen fast ein Rundumpanorama hatte, konnte ich vom Bett aus in den Sternenhimmel schauen – und die grandiosen Polarlichter beobachten. Das war wie ein magischer Tanz am Himmel, mal vertikal, mal horizontal, zart oder stark leuchtend, mit breiten oder schmalen Bändern. Die Lichter kamen auf mich zu, sie sahen wie mystische Wesen aus und waren in ständiger Bewegung, als hätten sie ein eigenes Leben oberhalb unserer Welt. Dabei waren es bloß elektrisch geladene Teilchen der Sonne, die auf andere Teilchen trafen, die sich im Magnetfeld der Erde befanden und dann leuchtend miteinander reagierten. Gebannt verfolgte ich dieses grüne, rote, violette Naturschauspiel – und fühlte mich wieder einmal eins mit mir und meiner Umgebung, fühlte mich selig. Für einen kurzen Moment dachte ich, dass ich mir nichts Schöneres mehr vorstellen konnte. Es war ein Moment des höchsten Glücks.

Kapitel 16

FERNE KULTUREN UND WARUM DER AMAZONAS-DSCHUNGEL AUCH FÜR UNS SO WICHTIG IST

2022 startete ich in ein ganz besonderes Abenteuer: Es war schon immer ein Traum von mir gewesen, Machu Picchu zu sehen, die Ruinenstadt in den Bergen, die die Inkas im 15. Jahrhundert erbaut hatten. Ich kannte die Weltkulturstätte bislang nur von Fotos, sie thront fast über den Wolken, auf einem Bergsattel in über 2400 Meter Höhe. Erst 1911 wurde die Steinstadt wiederentdeckt. Über ihre Entstehung gibt es viele Vermutungen, einige Forscher halten sie für eine Winter- oder geheime Rückzugsresidenz der Inkaherrscher, andere für einen zentralen Ort, von dem aus Sterndeutung betrieben wurde. Unbedingt wollte ich mir anschauen, mir vorstellen, wie Menschen dort oben gelebt, wie sie Steine in diese Höhen transportiert hatten. Außerdem hatte mich schon zu Schulzeiten die weit entwickelte Kultur der Inkas – neben der der Mayas und Azteken – interessiert, die unter anderem durch die Invasion der Spanier ein jähes Ende fand. Überhaupt finde ich alte Kulturen spannend, so das antike Griechenland, das alte Ägypten (nicht von ungefähr hatte ich bei meinen Berufswünschen Ägyptologin angegeben) oder das alte Rom. Auch wenn die Geschichte dieser großen Kulturen nur allzu oft mit Blut befleckt ist.

Nun wollte ich mir also Machu Picchu – gesprochen wie Matschu Piktschu – endlich mit eigenen Augen anschauen! Dieses Mal fuhr ich nicht allein, sondern mein jetziger Freund reiste mit mir. Es war die erste große Reise, die ich im Beisein eines anderen Menschen erlebte. Die Ruinenstadt wollten wir uns erwandern, und zwar über den Inka-Trail, wohl eine der legendärsten Trekkingrouten in Lateinamerika, die auf den alten Inka-Pfaden angelegt worden war. Ich dachte, dieser Trail würde mir am meisten helfen, um die Kultur der Inkas kennenzulernen und mehr über das ganze Land zu erfahren. Vier Wochen sind eine lange Zeit, um ein Land zu bereisen, aber sie reichen bei Weitem nicht. Und so wählten wir unsere persönlichen Highlights für unsere Route durch Peru. Mit dem Wissen, dass es noch viele weitere schöne Ecken dort gibt, die einen Besuch wert sind.

Der Inka-Trail umfasst 40 Kilometer und ihn zu gehen, dauerte vier Tage, begleitet wurden wir von einigen Locals, Einheimischen also, die Quechua sprachen (und natürlich Spanisch und manch einer Englisch), eine indigene Sprache, der Inka-Nachfahren. Sie versorgten uns mit leckerem Essen und halfen beim Tragen des schweren Gepäcks, was der Großteil der Touristen aus eigener Kraft in diesen Höhen nicht geschafft hätte.

Zudem teilten die Guides mit großer Leidenschaft ihr Wissen mit uns. Sie erzählten uns eine Menge über die Kultur der Inkas, wie fortschrittlich sie gewesen war, dass sie architektonisch bereits Großes geleistet hatte, wie die Menschen eine Landwirtschaft in großer Höhe und damit unter Extrembedingungen betrieben hatten. Durch die Erschaffung unterschiedlicher Plateaus konnte auf jedem von ihnen ein anderes Mikroklima erschaffen werden, was genutzt wurde, um die verschiedensten Pflanzen von tropischen bis alpinen Arten anzubauen, und das im Abstand von nur wenigen Metern.

Es war wirklich herausragend, was die Inkas im 15. Jahrhundert alles gemeistert hatten. Wie sie Terrassen mit einem Drainagesystem anlegten, sodass die Städte nicht geflutet wurden, wie sie gleichzeitig das Regenwasser landwirtschaftlich nutzten, um ihre Felder zu bewässern. Zum Nachdenken brachte mich auch, wie die Gesellschaft aufgebaut war, mit einer explizit hierarchischen Struktur, vom Hochadel bis zum Unfreien. Ich begann deshalb zu reflektieren, was ich an unserer Gesellschaft schätze und was ich gerne verändern würde. Denn trotz aller Hierarchie gab es bei den Inkas eine Gemeinschaft, ein gemeinschaftliches Handeln, das ihre Kultur überhaupt erst vorangebracht hat. Von dieser Gemeinschaft sollten wir uns in Deutschland vielleicht auch hin und wieder inspirieren lassen.

Bei den Inkas hatte es drei Formen des gesellschaftlichen Miteinanders gegeben: zum einen das gemeinsame Arbeiten in der Dorfgemeinschaft, Ayni, im Sinne von, ich helfe meinem Nachbarn beim Hausbau und er hilft mir bei der Ernte. Bei der zweiten Form, Mink'a, ging es um die unmittelbare lokale Gemeinschaft, jeder Einzelne hatte dabei verschiedene Aufgaben für die Region zu erfüllen. Und bei der dritten Variante, Mita, handelte es sich um Pflichten, die für den Staat zu erfüllen waren. Es existierte eine Art Sozial- oder Militärdienst, der beinhaltete, dass beispielsweise Straßen gebaut oder bei Ernten geholfen wurde, um die Staatsvorräte für einen Notstand zu sichern.

Ich fand gerade die Beteiligung an der nicht militärischen Arbeit interessant. So bedeutete das, dass man nicht nur für sich und sein eigenes Leben gearbeitet hatte, sondern auch für andere, für das Gemeinwohl oder für Menschen, denen es schlechter ging. Insgesamt hatten die Inkas eine Lebensphilosophie, die sehr stark auf Fleiß beruhte: Es ging darum, immer was zu tun zu haben und aktiv zu sein. Die Häuser waren sehr klein, auch weil man sich tagsüber dort nicht weiter aufhielt, sondern ständig auf den Beinen war und mit anpackte. Ein ausgesprochen inspirierendes Lebensmodell, über das ich noch weiter nachdenken wollte.

Und dann erreichten wir Machu Picchu. Ich hatte immer Bilder von der Ruinenstadt im Sonnenlicht gesehen, mir aber sagen lassen, dass dieser „Alte Gipfel" oft von Nebel verhangen ist, nass und grau. Aber wir hatten Glück, es war ein wunderschöner sonniger Tag. Für mich war es überhaupt eine neue Erfahrung, alle Eindrücke unmittelbar mit einem Menschen zu teilen, der mir wichtig ist und den ich liebe. Das ist etwas sehr Schönes und Verbindendes, völlig anders, als auf mich allein gestellt zu sein. Ich kann verstehen, warum Leute gern mit jemandem reisen: Man erlebt gemeinsam schöne Dinge, kann sich in einer Erfahrung oder einem Erlebnis verlieren und schafft Erinnerungen, auf die man auch später noch zusammen zurückblicken kann. Und man kann auch ein bisschen der Verantwortung abgeben, gerade wenn nicht alles so läuft, wie man es sich vorgestellt hat. Auf der anderen Seite lernt man aber auch weniger über sich selbst. Deswegen würde ich – trotz meiner tollen Peru-zu-zweit-Reiseerfahrung – jedem raten, mindestens einmal im Leben eine Reise allein gemacht zu haben.

Dafür muss man auch nicht unbedingt weit reisen. Ein paar Tage und zwei Bahnstopps weiter können schon reichen, um die Welt mit anderen Augen zu sehen.

„Ich bin so froh, dass wir uns für den Inka-Trail entschieden haben", sagte mein Freund, noch bevor wir die eindrucksvolle Ruinenstadt erreicht hatten.

„Ja, auf jeden Fall. Es ist so atemberaubend, auf den alten Pfaden der Inkas zu wandern und die abwechslungsreiche Landschaft zu sehen. Und so viel Interessantes über sie zu lernen. Hätten wir nur einen Tagestrip zum Machu Picchu gemacht, wäre uns all das entgangen. Es ist noch viel eindrucksvoller, als ich dachte", erwiderte ich.

Nicht einen Moment bereuten wir es, den Inka-Trail gegangen zu sein und neben der alten Inkastadt noch so viele weitere Inkastätten gesehen zu haben. Manchmal kann die Erfüllung von lang gehegten Träumen ja ernüchternd sein. Das war es in diesem Fall nicht, im Gegenteil. Das Erwandern und sich Durchkämpfen auf bis zu 4200 Meter Höhe war intensiv. Spannend, schön und knochenhart. Ich war überwältigt von dem, was den Menschen damals eingefallen war, um hier unter den extremen Bedingungen der Höhe zu überleben, was für naturwissenschaftliche und mathematische Fähigkeiten sie besessen haben mussten, um ihren Traum zu leben. Ich ließ die steinernen Formen auf mich wirken, sog die Aussicht in mich auf und verschloss sie fest in meinem Herzen.

Weil uns das Wandern in der Höhe so begeisterte, machten wir nach einem Ruhetag gleich noch eine viertägige Bergwanderung um den stattlichen Sechstausender Ausangate, eine

Tour zum Rainbow-Mountain auf einer Höhe von knapp über 5000 Meter endete. Auch hier stellten wir fest, dass der Weg das Ziel ist. Einfach nur die bunten Berge aus der Ferne zu betrachten, wäre nicht dasselbe gewesen. Eher enttäuschend sogar, weil es eine ziemlich touristische Attraktion ist. Aber abseits der Massen über Tage zu wandern, sich den harten Bedingungen der Umwelt zu stellen, mit der Natur eins zu werden, die Unterschiede der einzelnen Höhenstationen wahrzunehmen und zu erleben, wie der Körper auf solche Höhen reagiert, dass machte erst den Reiz des gesamten Trips aus. Ähnlich wie es in Finnland schon der Fall gewesen war, merkte ich wieder, wie schön die Dinge sind, die wir uns manchmal auch mühsam erarbeiten. Sich jeden einzelnen Höhenmeter aus eigener Kraft zu erkämpfen, ließ mich all diese Erfahrungen mehr wertschätzen, als wenn ich mit einem Bus einfach direkt zum Ziel gekarrt worden wäre.

Anschließend wollten wir uns einen nächsten Wunsch erfüllen, nämlich einmal im Regenwald zu übernachten und in diese grüne Welt einzutauchen. Wir hatten eine Tour gebucht, bei der wir sieben Tage lang im Dschungel campen und die Natur genießen wollten.

Und so ging es weiter nach Iquitos, von wo aus wir erst zwei Stunden mit dem Auto nach Nauta fuhren und von dort weiter mit einem kleinen Boot auf einem der Ursprungsflüsse des Amazonas, namens Marañón, zu den Pforten des Nationalparks Pacaya Samiria. Obwohl die Trockenzeit ihren Höhepunkt erreicht hatte, schien der Fluss vor uns den gesamten Horizont einzunehmen. Nach drei Stunden kamen wir in einem der zwei indigenen Dörfer innerhalb des gesamten Reservats an, in dem wir übernachten sollten. Alles war relativ komfortabel, unsere Hütte war auf Pfählen gebaut, wir schliefen in aus Bambus gefertigten Betten, es gab eingeschränkten Strom aus Solarpanals, doch Handyempfang hatten wir schon lange keinen mehr. Das Dorf war sozusagen der letzte Außenposten der Zivilisation.

Den Abend beendeten wir mit einer Nachtwanderung um das Dorf herum. Dort entdeckten wir gleich Skorpione, Taranteln und weitere unbekannte Tiere. Schmerzhaften Kontakt machten wir auch mit den kleinsten Bewohnern des Urwalds: Blattschneiderameisen. Allzu leicht passierte es im Dunkeln und beim Ausschauhalten nach interessanten Tieren, dass man in einer Ameisenstraße einen Stopp einlegte. Nach kürzester Zeit krabbelten schon die ersten Ameisen auf einem herum und kniffen mit ihren Mundwerkzeugen überraschend schmerzhaft zu, durch die Kleidung direkt in die Haut. Dieser

Fehler passierte uns kein weiteres Mal.

Am nächsten Morgen wurden wir von den Rufen von Brüllaffen, Zikaden und unzähliger Vogelarten geweckt. Ja, wir waren wirklich im Amazonasgebiet, es war nicht zu überhören. Hier herrschte eine recht laute Stille. Ungewohnt, denn außer den Tieren hörte man sonst kein anderes Geräusch. Wir bekamen einen ersten Eindruck davon, wie es für die indigene Bevölkerung sein mochte, jeden Tag mit diesem unglaublichen Rufen verschiedenster Tiere aufzuwachen. Als ich meinen Kopf zum Fenster rausstreckte und die bunte, lebendige, vielstimmige Umgebung in Augenschein nahm, erschien ein Leben in einer Großstadt für mich auf einmal sehr weit weg.

Nach dem Frühstück – für mich gab es frittierte Kochbananen, Reis und gebratenes Gemüse –, ging es mit dem Boot und den anderen, die die Tour ebenfalls gebucht hatten, noch tiefer in den Dschungel hinein. Fünf oder sechs Stunden glitten wir an dichtem Grün vorbei, während unsere Guides, die aus der Region stammten, uns immer wieder auf ungewöhnliche Pflanzen oder Tiere hinwiesen, die sie an den Ufern erblickten. Es war außergewöhnlich und aufregend, auch als wir in einem der Ursprungsflüsse des Amazonas schwimmen durften, zusammen mit rosa Flussdelfinen. Hin und wieder wurden wir von den unterschiedlichsten Fischen angeknabbert. Auch Piranhas gibt es in diesen Gewässern reichlich – diese Fische mit ihren scharfen Zähnen gelten als gefährlich und angriffslustig. Aber eigentlich, so wurde uns versichert, seien sie besser als ihr Ruf und würden nur attackieren, wenn sie Angst hätten oder ihren Laich verteidigen würden. Einzig die Trockenzeit machte den Fischen zu schaffen. Der Wasserpegel hatte seinen Tiefstand erreicht, an manchen Stellen war er um acht bis zehn Meter gesunken. Das Nahrungsangebot war knapp und so fraßen sie alles, was sie zwischen ihre Zähne bekommen konnten – offensichtlich auch Hautschuppen. Letztendlich konnte man das aber nur als ein leicht kitzelndes, unangenehmes Knabbern beschreiben, und im Vergleich zum Biss der Ameisen, war das wesentlich erträglicher.

Piranhas haben eine große Wirkung auf das ökologische Gleichgewicht des Amazonas. Sie halten die Gewässer sauber, sind die reinste Müllabfuhr, stoppen durch den Fraß von Aas die Ausbreitung von Krankheitserregern und halten als Jäger die Fischbestände konstant. Ich jedenfalls kam mir vor wie in einem Fußpflegesalon, nur dass ich ganzkörperbetreut wurde. Mich kostete das Schwimmen aber dennoch einiges an Überwindung, weil man nie wusste, wann und wie fest der nächste Fischbiss kam.

Aber wir waren ja nicht wegen der Piranhas ins Wasser gesprungen, sondern wegen der rosa Delfine. Doch auch diese waren hauptsächlich mit Fressen beschäftigt und tauchten ständig ab, um nach Nahrung zu suchen, sodass wir sie kaum zu Gesicht bekamen. Und weil die Fische uns langsam zu aufdringlich wurden und die Delfine sich kaum blicken ließen, rettete sich der Großteil unserer Gruppe wieder an Bord. Am Ende waren es nur noch mein Freund und ich, die sich im Wasser aufhielten, was die Delfine auch nicht ermunterte, sich mit uns zu beschäftigen.

Einer der Guides, Antonio, der sich uns kurzerhand als Tony vorstellte, war in meinem Alter und konnte ziemlich gut Englisch, da er eine Ausbildung zum Touristenführer in einer Kleinstadt besucht hatte. Der andere, Aladino, war 75 und in dem Dorf geboren, in dem wir unsere erste Nacht verbracht hatten, er kannte sich besonders gut in der Gegend aus. Darüber hinaus begleiteten uns noch eine Köchin und der Bootsführer.

Nachdem die anderen Touristen abgereist waren, weil sie kürzere Touren gebucht hatten, waren nur noch mein Freund und ich übrig. Wir wollten beide gerne abseits der gewohnten Pfade gehen. „Können wir auch eine abenteuerlichere und anspruchsvolle Tour durch den Dschungel wagen?", fragten wir schließlich Tony.

„Sicher, wenn ihr das wollt!", antwortete er. Daraufhin beriet er sich einige Minuten mit Aladino in der lokalen Sprache Awajún, die Muttersprache vieler Amazonasbewohner.

„Aladino hat eine Idee für einen interessanten, sehr mystischen Ort. Ein großer See, der selbst zur Trockenzeit nicht austrocknet und weit im Inneren des Dschungels liegt", sagte Tony, nachdem er sich mit Aladino besprochen hatte. Er nickte mehrmals, wie um seine Aussage zu bestätigen. „Aber Touristen hat er da noch nie mitgenommen. Generell geht da niemand mehr hin. Die Dorfbewohner haben Angst vor diesem Ort. Dort soll es große Raubtiere geben."

„Ist so eine Tour dann überhaupt sicher für uns?"

„Sie ist nicht ohne, aber wir schaffen das. Das wird ein Abenteuer!“, sagte er und strahlte übers ganze Gesicht.

Mein Freund und ich schauten uns an, und auch wir fingen zu grinsen an. Unsere Aufregung stieg augenblicklich.

Am nächsten Morgen ging es los. Wir folgten unseren Guides, die je eine Machete in der Hand trugen, und schlugen uns zwei Stunden lang durch das Dickicht.

Unterwegs hörten wir die Geräusche von größeren Tieren, darunter Kaimane, eine Krokodilart. Tony erzählte von Anakondas, den größten Schlangen der Welt, deren Lebensart eng an das Wasser des Amazonas gebunden sei. Wir gingen mit gemischten Gefühlen durch trockenes Laub, es war ein wenig wie in Deutschland im Herbst, doch über unseren Köpfen war alles grün. Nie wussten wir, was passieren würde, wenn wir den nächsten Schritt machten. Traten wir auf festen Erdboden oder in ein 30 Zentimeter tiefes Loch? Und störten somit etwa ein uns unbekanntes Tier?

Normalerweise, so wurde uns gesagt, sei diese Gegend überflutet, nicht aber in der jetzigen Trockenzeit. Das war spürbar. Der Boden war nun zwar fest, aber teilweise waren die Wurzeln der Bäume unterspült worden. Da aber alles mit trockenem Laub bedeckt war, hatte das zur Folge, dass man beim Gehen immer wieder einbrach, weil man nichts sah. Das alles war schon sehr unheimlich, so richtig wohl fühlte ich mich nicht. Worauf hatten wir uns da bloß eingelassen? Denn neben den Anakondas gab es hier auch tödlich giftige Schlangen wie die Korallenschlange, gegen die es bis heute kein Gegengift gibt. In der Trockenzeit ist ein Aufeinandertreffen mit einem Menschen aber sehr unwahrscheinlich, da sich die Tiere weit verteilen. In der Regenzeit sieht das jedoch anders aus, wenn sich auf den wenigen trockenen Stellen viele Tiere sammeln.

Seltsamerweise hatte ich aber nie wirkliche Angst gehabt, dafür war meine Zuversicht und das Vertrauen in die beiden Guides zu groß. Ich sorgte mich auch nicht, dass ich mich verletzen oder mir in einem der Erdlöcher den Knöchel brechen könnte. Würde ich zu sehr auf meine Füße achten, würde ich als Weitspringerin sicherlich verrückt werden. Oder anders gesagt: Auf meinen Füßen fühlte ich mich bei diesem Dschungeltrip sehr sicher, in meinen kniehohen Gummistiefeln konnte mir keiner etwas anhaben.

Wir liefen schließlich durch Gebiete, die so dicht bewachsen und voller Dornen waren, dass ich aufpassen musste, mir nicht die Hände und das Gesicht zu zerkratzen, während wir über Totholz stiegen. Danach durchquerten wir Sümpfe, in denen das Wasser hochspritzte, wenn wir auftraten und mit schmatzenden Geräuschen tief in den Matsch einsanken. Das war sehr nervenaufreibend. Wir sahen keine Schlangen, aber Aladino entdeckte ein leeres Anakondanest. Doch so weit entfernt, wie wir dachten, waren wir scheinbar nicht von Schlangen. Immer wieder stießen wir auf einen seltsamen, eigentümlichen Geruch. Irgendwann fragte ich Tony: „Was riecht hier so seltsam?"

„Das sind die Lanzenottern. Wenn wir das riechen, wissen wir, dass im Umkreis von ein bis zwei Metern so eine Schlange ist."

„Man erkennt manche Schlangen an ihrem Geruch?", fragte ich entsetzt.

„Ja, sie liegen in Löchern am Boden oder einfach unter dem Laub. Sie können tödlich sein, da ihr Gift sehr schnell die Zellen und das Körpergewebe zerstört, am Ende können Herz und Nieren versagen. Aber wir haben Gegengift dabei. Achtet von nun an noch mehr darauf, wohin ihr tretet. Versucht in unseren Fußspuren zu bleiben."

Na super. Jetzt war ich noch mehr in Habachtstellung und versuchte, meine Schritte nur noch dahin zu setzen, wo die Guides vorher gegangen waren. Keinesfalls wollte ich eine unschöne Begegnung dieser Art haben. Aber zumindest gingen die Gummistiefel bis zum Knie, wir waren also bis dahin gut geschützt. Aber konnte sich so eine Otter noch höher aufrichten? Nein, darüber wollte ich lieber nicht nachdenken.

Auf jeden Fall war diese Tour ein besonderer Thrill, sehr intensiv. Selten habe ich etwas in meinem Leben gemacht, das sich so nach Abenteuer angefühlt hat wie dieser Dschungelausflug, es war ein Indiana-Jones-Moment. Und irgendwie mochte ich die Unternehmung nach einer Weile sogar, fand Gefallen an diesem nahezu undurchdringbaren Dickicht.

Dann waren wir endlich da. Der See tat sich als dunkle, schlammige, von Pflanzen und Bäumen durchwachsene Brühe vor uns auf. Die Würgefeigen bildeten hier ein knochiges Gerüst aus Ästen und wuchsen dem Wasser entgegen. Ein einziger Baum breitet sich auf über 50 Meter aus und wächst über 20 Meter in die Höhe. Die Stille beim stummen Betrachten wurde aber auf einmal durch den Ruf einer Raubkatze unterbrochen, der mich zusammenzucken ließ. Es klang wie das Brüllen eines Löwen, jedoch mit einem knurrenden Unterton.

„Das war ein Puma“, übersetzte uns Tony Aladinos Erklärung.

Aladino zeigte mit der Hand auf Spuren im Schlammbereich des Sees, Pfotenabdrücke des Pumas, wie wir erfuhren.

Da langsam die Dämmerung einbrach, wurden die Tiere, vor denen ich mich bei Tageslicht noch nicht so gefürchtet hatte, aktiv, deswegen drängten Tony und Aladino auch darauf, dass wir uns nicht länger am von Menschen und der Zivilisation weit abgeschiedenen See aufhalten, sondern die Richtung zum Camp einschlagen sollten.

„Menschen sind nicht das erste Angriffsziel eines Pumas“, beruhigte uns Tony, als wir den Spuren der Raubkatze folgten, da sie zufällig auf unserem Rückweg lagen. „Trotzdem wollen wir es nicht darauf anlegen, ihn zu reizen, mit unseren Macheten können wir uns nur schwer schützen.“ Ja, den Gedanken hatte ich auch schon gehabt.

Auf dem außergewöhnlichen Hinweg war ich bereits an meine Grenze gekommen, auf dem Rückweg war es nicht viel anders. Aber ich hatte gemerkt, dass sich diese Grenzen verschieben lassen. Je länger ich mit möglichen Gefahren konfrontiert war, umso aufmerksamer wurde ich, und umso mehr wollte ich, dass meine Ängste nicht über mich dominierten. Ich begriff, wie bedrohlich die Natur in dieser Region sein konnte, wie man ihr ausgeliefert war, aber auch, dass man in diesem weiträumigen Gebiet schon alleine statistisch gesehen auf gar nicht so viele Tiere stieß, wie man es im ersten Moment annimmt. Und ich machte mir bei all dem auch immer wieder bewusst, dass die meisten Menschen von hier mehr oder weniger unbeschadet von Malaria, Dengue oder Schlangenbissen bleiben und in der Natur überlebensfähig waren. Denn letztendlich gibt es keine Trennung von Mensch und Natur. Wir bauen uns Dörfer und Städte aus Stein und Beton wie zum Beispiel in Deutschland und fühlen uns dort sicher vor allem Getier sowie den meisten Unwettern und Naturlaunen. Die Zivilisation ist wie ein realer und imaginärer Zaun zugleich. Im Dschungel behütete mich niemand. Wir waren Wind und Wetter ausgeliefert, einzig geschützt durch unser Zweimannzelt. Aber es war auch ein interessantes Gefühl, denn so konnte ich mir vorstellen, wie unsere Vorfahren oder indigene Bevölkerungen, die im Dschungel jenseits der Zivilisation leben, sich durch ihre Welt bewegt haben mussten, beziehungsweise immer noch bewegten. Ständig lauerten überall

Gefahren, und um in der Natur zu überleben, mussten sie ihre Sinne aufs Äußerste schärfen. Aber sie kannten die Natur auch wie ihre eigene, üblicherweise nicht wirklich getragene Westentasche.

Langsam begann ich zu verstehen, wie wichtig die Tour für mich war. Mir wurde klar, dass ich wohl nicht in der Lage wäre, ohne die Hilfe der beiden Guides hier zu überleben – was auch in Lappland kaum vorstellbar gewesen war. Ich hatte diese lange Reise um die halbe Welt unternommen, um mehr über die Geschichte des Menschen und die Natur zu verstehen, das hätte ich für keinen Cluburlaub eintauschen wollen. Ich hatte mich abseits des Touristenstroms begeben, in eine Umwelt, die keinen einzigen modernen Luxus bot, sondern nur das blanke Gesicht der Natur.

Nach unserer Rückkehr im Camp wusste ich: Ich wäre mit den beiden am nächsten Tag sofort wieder zu einer solch abenteuerlichen Tour aufgebrochen. Ein Gedanke, der mich ein wenig verwunderte, aber auch schmunzeln ließ: Denn schon als kleines Mädchen war einer meiner Lieblingsberufe Abenteurerin gewesen – auch wenn ich damals noch nicht wusste, dass Indiana-Jones- oder Lara-Croft-Sein kein tatsächlicher Beruf war, so merkte ich zufrieden, dass mein erwachsenes Leben gar nicht so weit davon entfernt war.

Natürlich hatte ich auf dieser Reise auch immer wieder an die Abholzung des Amazonasregenwalds gedacht. Ständig gab es in den Medien Berichte darüber, wie viele Quadratmeter Wald wieder gerodet wurden, damit Vieh auf den frei gewordenen Flächen weiden oder Sojaplantagen aufgezogen werden konnten, um damit die Rinder zu füttern. Diese ungezügelte Umweltzerstörung hat Auswirkungen auf unser Weltklima, denn die Milliarden von Bäumen im Amazonasgebiet sind wichtige Kohlenstoffdioxidspeicher. Und was ich zuvor gelesen und gehört hatte, hatte ich auf dieser Reise mit eigenen Augen beobachten können, und das war dann doch etwas völlig anderes. Mir wurde hier bewusst, wie wichtig es ist, jeden Quadratmeter zu erhalten, da es ein schützenswertes Gesamtkonzept ist. Die Landschaft war so unglaublich abwechslungsreich, permanent veränderte sie sich. Entweder gab es dichte hohe Bäume und viel Laub, dann wieder viel Licht, wodurch sich Bodenpflanzen und Dornenhecken ausbreiten konnten. Die unterschiedlichsten Biotope fanden sich dicht gedrängt auf engstem Raum wieder. Jedes einzelne für sich schützenswert. Denn diese Urwälder beherbergen mehr Pflanzen- und Tierarten als jeder andere Ort auf der Welt. Und das wird nach und nach zerstört.

MACHEN WIR UNS BEWUSST, DASS DER MENSCH EIN UNZERTRENNLICHER TEIL DER NATUR IST, SO VERSTEHT MAN UNWEIGERLICH, DASS DIE ZERSTÖRUNG DER NATUR FÜR SCHNELLE PROFITE UND ÜBERMÄẞIGEN KONSUM EINE RECHNUNG IST, DIE LANGFRISTIG NICHT AUFGEHT.

Ein Schnitt im Regenwald ist ein Schnitt in unsere eigene Lebensader.

Als ich mich vom Regenwald verabschiedete, hoffte ich, dass bald mehr Leute vom Leid der Natur oder anderer Menschen berührt sein würden. Denn erst ein tiefes, emotionales Verständnis von Unrecht und Leid lässt uns selbst aktiv werden, anpacken, einfordern und neue Wege gehen. Es inspiriert uns, neue Geschichten zu schreiben, erzählen und leben. Damit gemeinsam endlich faire Lösungen gefunden werden können.

Kapitel 17

DURCH EIN FÜREINANDER ZU EINEM MITEINANDER

In der Grundschule war ich in der Umwelt-AG, dort lernten wir unter anderem, was Gentechnik bedeutete. Wir gingen außerdem von Haus zu Haus und mobilisierten Stimmen, um Petitionen unterschreiben zu lassen. Wir legten auch einen Schulgarten an und machten Waldspaziergänge, um zu bestimmen, welche Tiere es in unserer Region gibt. Auf der Internationalen Gesamtschule hatte ich mich dann der Menschenrechts-AG angeschlossen – beides hat mich sehr geprägt.

Als ich 2017 merkte, dass ich in einer Sinnkrise steckte, musste ich mir neue Gründe suchen, um meinen Sport weiter zu betreiben. Zudem hatte ich im Vorjahr auch mein Politikstudium beendet, was darin resultierte, dass das Gefühl der Leere in mir noch größer wurde. Ich hatte nicht nur meine Lebensziele in sportlicher Hinsicht erfüllt, sondern auch den Bachelor abgeschlossen.

Durch das Studium, den Kontakt zum Olympiastützpunkt, zu Christoph und den Tests, wurde mir mehr und mehr klar, dass ich mich engagieren, mich sozial einsetzen wollte. Nachdem ich ihm von meinen Bedürfnissen erzählt hatte, stellte er mir den Starkmacher e.V., eine soziale Organisation in Mannheim, die sich laut ihrer Webseite als „eine Art Ideen- und Projektbörse von und für Menschen“ versteht, „denen die Förderung und Entfaltung von Potenzialen in Jugendlichen am Herzen liegt“. Das klang gut, also machte ich dort ein Praktikum.

Anfangs half ich im Rahmen eines EU-Projekts der Starkmacher dabei, junge Menschen im ländlichen Raum in Europa zu stärken. Heutzutage ziehen immer mehr Leute vom Land in die Städte und geben ihre, oftmals landwirtschaftlichen, Betriebe auf. Das führt dazu, dass sich ländliche Gebiete nicht mehr entwickeln, unattraktiver werden und „aussterben“. In dieser Zeit begann ich auch noch ein Masterstudium in Heidelberg, aber es gab dort nicht so viele Studiengänge, die zu mir gepasst hätten. Ich hatte das Fach Ethnologie gewählt, weil ich mich ja gern mit anderen Kulturen und den vielfältigen menschlichen Lebensweisen auseinandersetzte, aber ich brach das Studium nach einem halben Jahr ab. Zwar konnte ich mich für das Fach begeistern, aber ich merkte, dass es für mich nicht das Richtige war. Ich wollte etwas bewegen und hatte das Gefühl, dass für dieses Bedürfnis ein anderes Fach besser passen könnte.

Bislang hatte ich bei den Starkmachern das gemacht, was sich angeboten hatte, aber mein Ehrgeiz war geweckt, und ich wollte eigene Projekte ins Leben rufen. Zusammen mit einem der

Gründer, Christian Röser, und anderen interessierten Menschen aus Christophs Netzwerk setzten wir uns zusammen und schauten, was ich leisten, wie mein Beitrag aussehen könnte. Parallel tauschte ich mich auch noch mit anderen Athletinnen und Athleten aus, denn mich interessierte wie sie dachten, wie sie den Sport und ihre gesellschaftliche Rolle auslebten. Darüber vergingen einige Zeit und Ideen, aber es ergab sich nichts, was mich mit vollem Herzen erfüllt hätte. Auch, wenn es ein im Nachhinein ein wichtiger erster Schritt für mich war, meinen Herzensweg für soziales Engagement zu suchen.

2019 begann ich mit einem Studium in Umweltwissenschaften an der Fernuniversität Hagen. Ein interessantes Fach, was ich mir am Anfang gar nicht zugetraut hatte, da neben dessen geisteswissenschaftlichem Schwerpunkt auch einer auf Natur- und Ingenieurswissenschaften lag. Als ich dann doch den Mut dafür aufgebracht hatte, war das eine sehr positive Erfahrung für mich. Meine Leidenschaft für die Umwelt wurde mit diesem Studiengang befriedigt, aber ebenso mein Interesse für Menschen, denn in diesem Fach geht es auch um Themen wie Umweltpsychologie und -politik. Da es ein sehr fächerübergreifendes Studium ist, standen auch Landnutzung, Umweltchemie und nachhaltiges Betriebsmanagement auf dem Lehrplan, und ich wurde immer wieder dazu animiert, das erlangte Wissen in einen praktischen Kontext zu bringen und mir darüber Gedanken zu machen, wie man das Erlernte in der Realität anwenden kann.

Vor meinem Urlaub in Thailand ging ich noch einmal auf die Starkmacher zu. Ich hatte immer noch das Bedürfnis, wieder selbst aktiv zu werden, Hand anzulegen und einen Beitrag für andere zu leisten. In der Folge schloss ich mich deren Sportprojekt für Grundschulen an. Aber dieses Mal zog ich mit einem eigenen Projekt los, und der inzwischen neue Geschäftsführer Nick Bosch – er war in etwa so alt wie ich – leitete mit mir einen Kurs in der Zweigstelle Oftersheim an meiner alten Grundschule. Es war ein Kursangebot, das Sport und Spiel beinhaltete, aber dabei sollte es nicht bleiben, uns war auch die Vermittlung von Werten wie Gemeinsinn und Zusammenhalt wichtig, eine Sensibilisierung für Mobbing und Rassismus. Der Sport war zwar die erste Anlaufstelle, aber es ging um mehr. Etwa darum, dass man gemeinsam spielt, zusammenwächst und Spaß an der Bewegung hat. Die Nachfrage war sehr groß, wahrscheinlich auch, weil ich in Oftersheim sehr bekannt war.

Dann aber kam der erste Lockdown, sodass wir das Projekt einstellen musste. Dennoch blieb das Bedürfnis, etwas für die Kinder zu tun, denn die Pandemie bedeutete für sie eine besondere Belastung. Sie erlebten Erwachsene, die in Panik waren, konnten nirgendwo hingehen, es gab keine realen Kontaktmöglichkeiten – und man konnte ihnen nicht einmal vermitteln, dass das alles bald ein Ende haben würde, weil man selbst nicht wusste, ob dies der Fall war. Deshalb war es mir wichtig, weiter für die Kinder aus meinem Sportprojekt da zu sein, aber auch für andere. In der Sportgruppe konnten wir höchstens 30 Jungen und Mädchen aufnehmen, obwohl viel mehr hatten teilnehmen wollen. Selbst als wir entschieden, den Kurs halbjährlich zu gestalten, um mehr Kindern einen Platz zu geben, gab es noch eine Warteliste.

Also setzte ich mich ein weiteres Mal mit den Starkmachern und dieses Mal auch mit meinem Management zusammen, und wir überlegten, wie man online etwas Vergleichbares umsetzen kann, schnell, qualitativ hochwertig und im besten Fall auch innovativ – natürlich hatten mittlerweile auch andere im Lockdown angefangen, Kinderbewegungskurse anzubieten. Für mich war jedoch entscheidend, dass ich etwas mache, bei dem die Kinder sich zwar bewegen, ich wollte ihnen aber vielmehr einen Raum schaffen, wo sie sich wohlfühlen, wo sie einfach Kind sein können, wo alles in Ordnung ist und sie ein paar Impulse bekommen, die eigenen Bedürfnisse und ihr Verhalten zu reflektieren und Lust darauf bekommen, sich selbst einzubringen.

Unsere Idee beziehungsweise unser Konzept konnten wir dann mit großartiger Hilfe umsetzen, und so starteten wir auf YouTube mit „Malaika Mihambo – Herzsprung lädt ein". Aufgenommen wurde alle Videos in meinem Wohnzimmer, aber das Feedback hätte nicht besser ausfallen können: Besonders Eltern bestätigten uns, wir würden ein gutes Programm machen, mit einem Bewegungsteil, aber auch das tägliche Motto sei toll, da würde man den Kindern ja noch was beibringen. Zum Beispiel gab es den „Meditations-Monday" mit kleinen Meditationseinheiten oder den „Wünsch-dir-was-Wednesday", an dem man seinen Herzenswünschen nachspürte. Am „Tu-was-Gutes-Tuesday" ging es darum, etwas zu machen, was einem selber oder anderen guttut, am „Fantasy-Friday" unternahm ich mit den Kindern eine Fantasiereise. Ich wollte den Kids vermitteln, dass sie sich stark fühlen und zusammenwachsen können, gemeinsam mit allen aus ihrer Familie.

Das war schon sehr spaßig, und ich merkte mit der Zeit, dass ich immer besser wurde. Sicher, ich hatte schon oft vor anderen Menschen gesprochen, aber noch nie hatte ich vor einer Kamera ein Online-Training gegeben. Plötzlich kam ich mir vor wie eine Moderatorin, ein völlig fremder Aufgabenbereich. Anstrengend war das, da alles live ablief, ich durfte mir keine Schnitzer erlauben, oder so wenige wie möglich, zudem musste ich die rund 20 Minuten, die eine Folge dauerte, nonstop präsent sein.

Wir starteten mit täglichen Programmen und fingen irgendwann an, die Kurse fünfmal die Woche anzubieten. Ich machte sie schließlich auch nicht mehr live, sondern die Folgen wurden vorproduziert, was für mich viel weniger Arbeit bedeutete, weil ich dann die fünf Tage an einem Stück vorbereiten konnte. Hinterher wurden die Videos professionell geschnitten, wobei ich trotzdem im Chat war und die Kinder begrüßte. Manchmal gab es auch ein Gewinnspiel oder Mitmachaktionen.

Insgesamt kamen wir auf gut 50 Kurse. Kinder schrieben mir, ebenso Erwachsene, wie sehr sie alle Spaß an den Programmen hätten, wie glücklich sie darüber seien. Teilweise versammelte sich auch die ganze Familie vor dem Computer und machte bei den Übungen mit. Das fand ich besonders schön, anscheinend gab es in diesen Momenten eine große Verbundenheit. Insgesamt hatten sich über 20 000 Menschen die Videos angeschaut, darunter Kinder, die jeden Tag dabei waren.

Das war alles sehr aufwendig und intensiv, und es war klar, dass ich das nur machen konnte, wenn ich kein Training hatte. Als es nach dem Lockdown wieder mit dem Training losging, endete leider auch das Projekt. Ich hatte mir zwar gewünscht, es weiterzumachen, aber zu schnell war ich wieder in meinem eigenen Alltag und der Olympiavorbereitung für Tokio drin. In dieser Zeit hatte ich auch meinen Trainerwechsel, was mich viele Ressourcen kostete, da ich mich neu strukturieren musste. Es war für mich wie ein Sprung ins kalte Wasser gewesen, mein altes Netz war nicht mehr vorhanden, das neue in weiter Ferne. Der Trainerwechsel war nicht allein von mir initiiert worden, er erfolgte im beidseitigen Einverständnis. Ralf Weber wollte sich mehr seiner Familie widmen, und auch bei mir hatte sich viel verändert, ich hatte mich weiterentwickelt, entfaltet, und es war fraglich, ob es im alten Rahmen noch den Raum dafür gegeben hätte. Das war dann ein Punkt, wo ich mir sagte, dass es so nicht mehr funktioniert. Eine weitere Zusammenarbeit konnte ich mir nicht mehr vorstellen, hielt eine solche auch nicht gesund für mich. Denn es war Zeit, neue Wege zu gehen mit neuen Eindrücken, Trainingsmethoden und Menschen.

Während ich selbst nicht mehr so viele Kapazitäten zur Verfügung hatte, zeigte sich auch ein anderes Problem: Sportvereine verloren ihre Jüngsten als Mitglieder. Viele Familien waren durch die Pandemie finanziell nicht mehr so gut aufgestellt wie vorher und mussten sich überlegen, ob sie sich einen Sportverein überhaupt noch leisten konnten. Ich dachte, dass man die Kinder wieder zurückgewinnen musste, denn Sport bedeutet nicht nur Bewegung, sondern auch Austausch, Kontakt mit anderen Menschen. Ich wollte etwas in Gang setzen, damit sich die Schere zwischen Arm und Reich, die eh schon da ist, nicht noch mehr weitet, dass Inklusion im Sport unabhängig von den Finanzen trotzdem gewährleistet ist.

Genau darum kümmert sich momentan „Malaikas Herzsprung“. Mit meinem Verein, den ich im Sommer 2020 gegründet habe, möchte ich so vielen Grundschulkindern wie möglich die finanziellen Rahmenbedingungen für eine Mitgliedschaft im Leichtathletikverein ermöglichen. Das heißt, wir übernehmen für ein Kind oder als Familienbeitrag auch für Geschwisterkinder für ein Jahr die Kosten dafür.

Was man sich auch immer bewusst machen sollte, wenn man sich selbst engagieren, freiwillige Arbeit leisten möchte, sei es in einem Sportverein oder bei anderen Organisationen: In der Zeit, in der engagierte Menschen Arbeit leisten, identifizieren sie sich sehr stark mit ihrem Tätigkeitsbereich, sie wird vorwiegend als bereichernd empfunden. Von nahezu jeder solchen Tätigkeit fließt auch immer etwas zu einem selbst zurück. Zum einen sind das Erfahrungen, die jeder durch seine Arbeit sammeln kann, zum anderen – und das ist für viele die eigentliche Bereicherung – sind es besondere Momente, die Freiwillige entlohnen. Diese persönlichen Highlights, sei es die Freude an der Arbeit mit Kindern, das Glücksgefühl, jemanden zu helfen oder der Stolz, etwas mitgestalten zu können, zeichnen die Arbeit von Engagierten aus, so habe ich es auch selbst erlebt. Der Einsatz schafft einen enormen Gewinn an Lebensqualität in unserer Gesellschaft und sichert die Zukunft vieler Organisationen und auch Sportvereine. Diese Gemeinschaft muss erhalten bleiben, um uns nicht nur im Füreinander, sondern auch im Miteinander zu halten.

In mir sind noch viele Ideen, die ich mit „Malaikas Herzsprung" realisieren möchte. Es wird Zeit brauchen, aber für mich ist der Prozess wichtig, Dinge zu hinterfragen, darüber nachzudenken, was besser sein könnte und wie man etwas verändert, von dem man weiß, dass es nicht so gut ist. Es braucht jedenfalls Mut, sich zu engagieren, wenn sich die Chance dazu ergibt.

Durch meinen Master in Umweltwissenschaften habe ich Näheres dazu erfahren, welche Bedingungen notwendig sind, um ein soziales, klimagerechtes und umweltgerechtes Handeln zu bewirken. Auch habe ich begriffen, dass Sport nicht nicht politisch sein kann, wie manch einer es fordert. Da Sport etwas ist, auf das die Welt schaut, ist nicht zu handeln auch eine politische Botschaft. In dem Sinne sollte jedoch jeder Athlet, jede Athletin für sich selbst herausfinden, zu welchen politischen und gesellschaftlichen Themen er oder sie auf welche Weise steht und wie er oder sie ihre Meinungen nach außen tragen will. Das muss nicht laut sein. Aber jedes öffentliche Handeln – auch im sportlichen Kontext – ist politisch.

Als die Leichtathletik-WM in Doha stattfand, hatte ich im Vorfeld immer wieder betont, privat, aber auch in Interviews, dass man sich in Deutschland darüber Gedanken machen müsse, ob es Sinn macht, Veranstaltungen dieser Art, die unter den gegebenen Umständen – Zwangsarbeit, prekäre Arbeitsverhältnisse mit tödlichem Ausgang, Menschenrechtsverletzungen, und so weiter – geplant und abgehalten werden, zu fördern. Wollen wir das? Wollen wir ein Land unterstützen, in dem die Menschenrechtslage mehr als problematisch ist, in dem das Thema Nachhaltigkeit keine Rolle spielt und der Arbeitsschutz auch zu wünschen übrig lässt? Bedenken wir auch die sozialen Konsequenzen von Weltmeisterschaften und Olympischen Spielen? In Rio de Janeiro war es zum Beispiel so, dass viele Bewohner in den Favelas, den Armenvierteln, protestierten, weil sie wegen der Sportstätten, die auf ihren Häusern erbaut werden sollten, umsiedeln mussten. Der Staat wendete sogar Gewalt an, damit sie ihre Häuser und Hütten verließen. Bei solchen brutalen Vorgehensweisen wegzugucken war mir nicht möglich gewesen, und wenn ich nach meiner Meinung dazu gefragt werde, sage ich das klar.

Überhaupt zu den Olympischen Spielen – was kann man bei ihnen besser machen? Der Kommerz steht für mich zu sehr im Vordergrund. Die Karten sind so teuer, dass sich ein Großteil der Menschen die Tickets für solche Großveranstaltungen gar nicht leisten kann – und dabei ist es egal, ob die Spiele in Rio de Janeiro oder Paris stattfinden. Die Tickets für die Olympischen Spiele 2024 in Paris können je nach Sportart gesalzene Preise vorweisen. Ein Ticket in der Kernsportart Leichtathletik kostet für ein Abendticket mit Finalentscheidung bis zu 690 Euro.

Der Besuch im Stadion ist damit nur für privilegierte Menschen erschwinglich. Auch mir ist aus diesem Grund der Zugang zu anderen Wettkämpfen oft verwehrt. Andere Leichtathletik-Disziplinen kann ich mir zwar anschauen, da sie im selben Stadion wie das Weitspringen stattfinden und es extra eingerichtete Athletenblocks gibt, aber wenn ich zum Beispiel zum Turmspringen will, reicht meine Akkreditierung nicht aus, Athleten und Nationalverbände müssen sich dafür ihre Karten selbst kaufen. Der Olympische Gedanke hört spätestens beim Kartenverkauf auf, stattdessen stehen Prestige und Darstellung im Vordergrund. Und was haben die Zwangsumsiedlungen in Rio de Janeiro genützt, wenn viele Sportstätten nicht mehr benutzt und letztendlich wieder verfallen werden? Und das war nicht nur in Rio so. Spiele ohne nachhaltige Konzepte haben einen Einwegcharakter. Zwar hat das olympische Komitee für Paris angekündigt, die nachhaltigsten Spiele, die es jemals gab, abhalten zu wollen, aber erst die Zukunft wird zeigen, was das in der Realität bedeutet. Denn jedes Handeln hat eine Auswirkung, und wenn man sich aber bei den Olympischen Spielen von diesem Denken herausnimmt und sich so verhält, als stünden uns zehn Erden zur Verfügung, dann werden sie für mich zu bittersüßen Events. Maßlosigkeit und Kommerz stehen der Idee der Olympischen Charta gegenüber, dass man als Weltgemeinschaft von- und miteinander lernt. Die Spiele sollen ein soziales Event sein, bei dem die Menschen im Vordergrund stehen. Dabei geht es nicht nur um den Leistungsgedanken, sondern auch um ein gemeinschaftliches Miteinander, mit dem Ziel „den Sport in den Dienst der harmonischen Entwicklung der Menschheit zu stellen, um eine friedliche Gesellschaft zu fördern, die der Wahrung der Menschenwürde verpflichtet ist“, wie es in der Präambel heißt. Der interkulturelle Austausch sollte für mich mehr im Vordergrund stehen. Die Spiele sind für mich persönlich eine Chance, mich mit anderen Athletinnen zu messen, aber gesamtgesellschaftlich sind damit nicht nur positive Dinge verbunden.

Oft werde ich gefragt, ob es nicht mal wieder an der Zeit sei, dass die Olympischen Spiele in Deutschland stattfinden. Meine Antwort: Man sollte nie Olympische Spiele in ein Land holen, nur damit dort Olympische Spiele stattfinden. Ich sehe den eigentlichen Sinn dahinter, dass die Menschen vor Ort offener werden für andere Kulturen, sie sich aber auch auf die eigenen Werte besinnen und sie nach außen hin präsentieren. Die Menschen sollten mehr aufeinander zugehen und Barrieren überwinden, für weniger Zerrissenheit sorgen. Wenn man das auch umsetzen würde, dann sollten Olympische Spiele auch gern wieder in Deutschland stattfinden. Menschen sollten durch sie berührt werden, und gerade nach dem Entzweien der Gesellschaft durch die Pandemie, diskriminierendes Gedankengut und einem Auseinanderdriften von Arm und Reich wieder lernen, aufeinander zuzugehen, zuzuhören und gemeinsam eine faire, inklusive und tolerante Gesellschaft zu gestalten. Das sehe ich zumindest als vorrangiges Ziel.

DENN DER SPORT HAT EINE IMMENSE KRAFT, BRÜCKEN ZU SCHLAGEN UND MENSCHEN ÜBER EINE GEMEINSAME PASSION ZU VERBINDEN.

Ich sehe mich aber keineswegs in der Sportpolitik, auch wenn ich Sportlerin bin. Es gibt andere Athletinnen und Athleten, die mehr dafür brennen. Gleichzeitig finde ich aber auch, dass es nicht nur an ihnen hängen bleiben sollte, denn als aktiver Athlet den Spagat zwischen Sportpolitik und Leistungssport zu schaffen, ist für viele nicht möglich. Ebenso sollten die Verbände für sich erkennen, was wirklich wichtig ist und was nicht, für welche Werte sie bei Sportereignissen einstehen und wie sie sie auch auf die eine oder andere Weise umsetzen können. Es ist an der Zeit, sich damit auseinanderzusetzen – und nicht nur im Sport. Denn jedes Handeln im öffentlichen Raum ist auch ein politisches. Wir müssen uns als Individuum, als Gesellschaft oder Teil einer Institution fragen, welche Botschaften wollen wir mit unseren Worten, unserem Tun und Lassen in die Welt senden. Denn Korruption oder Fairplay, finanzielle Interessen oder soziale Bedürfnisse und Umweltschutzerfordernisse wägen wir mit jeder Handlung ab.

Kapitel 18

ESSEN – EIN SCHLÜSSEL ZUR EIGENEN GESUNDHEIT

Ein wichtiger Pfeiler für meine Fitness und Gesundheit ist meine Ernährung. Meine erste Ernährungsberatung hatte ich, als ich 18 oder 19 war, im Rahmen meines Sports musste ich mich ja mit dem Thema „gesunde Ernährung" auseinandersetzen. Da hatte es auch gleich Klick gemacht, sodass ich von diesem Punkt an noch genauer darauf achtete, was ich zu mir nahm.

Mit einem bewussten Fleischkonsum, beziehungsweise einer rein vegetarischen Ernährungsweise beschäftigte ich mich allerdings schon mit sechs Jahren zum ersten Mal. Das war sicher sehr früh, aber damals traten vermehrt Fälle von BSE bei Rindern auf, eine tödliche neurogenerative Erkrankung, verursacht von abnormen Zellproteinen, die durchs Futter aufgenommen werden. Die Massentierhaltung erleichtert die Übertragung des Erregers, was mich als Sechsjährige sehr nachdenklich stimmte, als ich all die Berichte über den sogenannten Rinderwahn in den Nachrichten sah. Ich fing also an, kein Schwein und kein Rind mehr zu essen. Zwei Jahre später hörte ich auch auf, Fisch zu essen. Eigentlich aß ich, wenn überhaupt, nur noch gelegentlich Hühnerfleisch in kleinen Mengen. Das tat ich vor allem, weil Vegetarismus besonders in meinem sportlichen Umfeld noch kritisch beäugt wurde. „Reicht es denn, wenn du dich vegetarisch ernährst? Kannst du dann noch deine Leistungen erbringen?" Diese Fragen wurden mir häufig gestellt. Jetzt macht das keiner mehr, aber Anfang der Jahrtausendwende sah die Welt noch ganz anders aus, wenn es um Sport und Fleischkonsum ging. Damals wie auch noch heute ist in vielen Hotels und Restaurants die Vielfältigkeit der Gerichte ein Problem. Speisen abseits von Fleisch und Fisch sucht man auf Menükarten oftmals vergebens. Dabei bietet eine pflanzliche Ernährung sehr viel Abwechslung und viele gesunde Vitalstoffe, beispielsweise Flavonoide. Diese sekundären Pflanzenstoffe sind nur in Pflanzen enthalten und können sich zum Beispiel positiv auf unser Immunsystem und den Blutdruck auswirken oder Entzündungen lindern.

Heute lauten die Empfehlungen von maßgeblichen Institutionen, sei es das Welternährungsprogramm der UN oder die Deutsche Gesellschaft für Ernährung, anders, sie alle raten zu wenig Fleischkonsum, was zwar immer mehr Menschen umsetzen, aber leider insgesamt noch viel zu wenig. Schaut man sich den Fleischkonsum hierzulande an, so verzehrt jeder Deutsche jährlich rund 52 Kilogramm Fleisch, das sind etwa ein Kilo pro Woche.[2]

Von meiner Mutter gab es zum Glück keine Einwände, als ich immer weniger Fleisch essen wollte, sie selbst hatte sich seit ihrem 14. Lebensjahr bis zur Schwangerschaft mit mir vegetarisch ernährt. Erst mit meiner Geburt fing sie wieder an, Fleisch zu essen, vor allem deshalb, weil es damals große Bedenken gab, Kinder vegetarisch zu ernähren. Ein Kind, das wächst, so hieß es, brauche tierische Produkte, eine vegetarische Ernährung sei zu einseitig und würde zu einem Nährstoffmangel führen. Doch inzwischen befürwortet sogar die Deutsche Gesellschaft für Ernährung eine vegetarische Ernährung bei Kindern, denn neuesten Erkenntnissen zufolge werden sie nicht schlechter mit Nährstoffen, Mineralien und Vitaminen versorgt als Fleisch essende Kinder. Wer viel Gemüse, Obst und Hülsenfrüchte isst, hat eindeutig keinen Nachteil, zumal, so eine weitere Erkenntnis der Deutschen Gesellschaft für Ernährung, diese Kinder auch allgemein viel weniger Fertigprodukte und Süßigkeiten verzehren.[3] Nicht zuletzt mit der Industrialisierung der Milchwirtschaft ist die positive gesundheitliche Wirkung von Milch fragwürdig geworden. Inzwischen stehen Milchprodukte sogar im Verdacht, mit Autoimmunkrankheiten oder Krebs in Verbindung zu stehen.

Wer gerne Kaffee mit Milch trinkt, der könnte ja mal probieren, diese mit Mandel-, Hafer- oder Sojamilch zu ersetzen.

Meine Mutter war jedenfalls überhaupt nicht überrascht, als ich ihr verkündete, dass ich in Zukunft gar kein Fleisch mehr essen wolle, auch kein Hühnerfleisch.

„Ich möchte weder, dass Tiere in der Tierhaltung für mich leiden müssen noch möchte ich generell ein Tier essen. Nicht mal ein Insekt“, erklärte ich meine Entscheidung, immerhin waren neuerdings Insektenprodukte als ökologische Fleischalternative im Gespräch.

Sie nickte. „Nahrung muss im Einklang mit der Natur hergestellt werden, die Tiere müssen mit Respekt behandelt. Und wenn alle sich auf vegetarische Produkte konzentrieren würden, müssten sie nicht reihenweise geschlachtet werden. Die konventionelle Tierhaltung ist allzuoft qualvoll, das hat für mich nichts mit hochwertigem und gesundem Essen zu tun. Weitermachen wie bisher – das kann nicht die Lösung sein für gutes Essen."

Durch den Abstand, den ich zum Konsum von Fleisch gewann, wuchs bei mir auch unweigerlich das Mitgefühl mit Tieren, wurde mir umso mehr bewusst, was für Auswirkungen die Massentierhaltung auf das Klima, die Landwirtschaft und die Artenvielfalt hat. Auch eine intensive Beschäftigung mit den Ansichten von Stoikern, wie dem bereits erwähnten Marc Aurel, und dem Buddhismus regte mich in philosophischer Hinsicht dazu an, mehr Raum für die Gefühle anderer Lebewesen in meiner Weltsicht und meinen Emotionen zuzulassen. So wurde mir bewusst, dass Gesellschaften beim Fleischkonsum eine Art Speziesismus anlegten, eine moralische Diskriminierung von Lebewesen, den ich nie ganz verstand. Warum sollte es in Ordnung sein, ein Rind zu essen, aber Hunde, Katzen oder Insekten kategorisch abzulehnen? Für mich waren es alle Tiere, die ein Recht auf ein freies, glückliches Leben hatten. Das Selbstverständnis, mit dem manch einer ein spezielles Tier isst oder nicht isst, ist auch sehr von dessen Sozialisation geprägt.

Dieser Gedanke lud mich ebenfalls dazu ein, meinen eigenen Umgang zu dem Thema zu suchen. Das führte dazu, dass ich mich im ersten Lockdown zwei Monate lang komplett vegan ernährte. Ich merkte, dass ich für meinen persönlichen Genuss und mein Wohlergehen kein einziges tierisches Produkt brauche. Es war ein gutes Gefühl, bewusst Milchprodukte wegzulassen. Weil ich jedoch einige Lebensmittelunverträglichkeiten habe, bin ich wieder dazu übergegangen, mich vegetarisch zu ernähren, verzichte aber, wenn möglich, auf tierische Produkte. Das heißt, bei mir im Kühlschrank finden sich höchstens Parmesan und Schafskäse, Eier, Kuhmilch oder Kuhmilch-Joghurt sucht man vergeblich.

Leider wird bei Wettkämpfen zu wenig Rücksicht auf eine vegetarische oder vegane Ernährung genommen. Weil ich mir im Laufe der Jahre eine gewisse Stellung erarbeitet habe und der Verband diesbezüglich auch sensibilisierter geworden ist, bekomme ich bei Meisterschaften immer Gerichte, die speziell für mich zubereitet werden. Aber es gibt viele Sportlerinnen und Sportler, die sich in ihrem Alltag zwar anders, also pflanzlicher, ernähren, beim Wettkampf aber auch das aufgetischte Essen ohne Beanstandung essen. Sie passen sich an. Ich weiß von einigen, dass sie dann auch mehr Fleisch zu sich nehmen, als sie es zu Hause tun würden. Aber die Buffets sind zu einem großen Teil sehr auf Fleisch ausgelegt, vegetarische Eiweißquellen sind begrenzt. Wenn man Glück hat, kann man noch zu Käse greifen, das ist jedoch auch nicht immer der Fall. Und Tofu oder Hülsenfrüchte wie Linsen und Bohnen findet man leider nur sehr selten auf einem Standardbuffet.

Meine Spezialmahlzeiten sind auch deshalb wichtig, weil ich mich aus Unverträglichkeitsgründen ohne Hühnereier und zusätzlich glutenfrei ernähren muss. Glücklicherweise habe ich selbst keine Zöliakie, eine Autoimmunkrankheit – das macht es generell etwas einfacher, aber schwierig bleibt es dennoch: Ich muss etwas finden, was ohne Ei, vegetarisch und glutenfrei ist. Deswegen ist es für mich nahezu unvorstellbar geworden, völlig vegan zu leben. Ich müsste mir dann alles mitbringen, um mich zu ernähren, und auch entsprechend zubereiten, was mich aber davon ablenken würde, mich auf das Trainingslager oder den Wettkampf zu konzentrieren. Manche Veranstalter bieten aber vegane Gerichte an – und dann greife ich sofort und gerne zu. Denn gerade am Wettkampftag ernähre ich mich am liebsten vegan, weil ich gemerkt habe, dass das für mich noch viel bekömmlicher ist. Nichts liegt schwer im Magen und der Körper ist optimal vorbereitet, um 100 Prozent zu geben.

Zu Hause koche ich sehr regelmäßig, an manchen Tagen sogar zwei- bis dreimal am Tag. Eigentlich fängt es bei mir damit an, dass das Frühstück schon die erste gekochte Mahlzeit ist: Hirsebrei mit Reismilch und verschiedenen Toppings. Ich versuche auch, immer zwei Esslöffel Öl in meinen Brei zu geben, damit ich genügend Fette zu mir nehme. Gerade die ungesättigten Fettsäuren in unserer Ernährung fallen oft unter den Tisch.

Fleisch und Milchprodukte enthalten größere Mengen an gesättigten Fettsäuren, auch Palm- und Kokosöl fallen darunter – all diese Fette haben im Übermaß, was relativ schnell erreicht ist, eine ungünstige Wirkung auf unsere Gefäße, auf unser Herz und unser Gehirn. Die Fettleitlinie der deutschen Gesellschaft für Ernährung empfiehlt jeweils sieben bis zehn Prozent der täglichen Energiezufuhr durch gesättigte Fettsäuren sowie ungesättigte Fettsäuren zu erreichen. In der Realität verfehlt die Mehrheit der Deutschen diese Empfehlung jedoch. Von den gesunden ungesättigten Fetten gibt es zu wenig, von den bedenklicheren gesättigten zu viel. Ich achte also sehr darauf, welche Fette ich zu mir nehme. Die berühmteste Quelle für einfach ungesättigte Fettsäuren ist das Olivenöl, Stichwort: mediterrane Ernährung, aber auch in Oliven, Nüssen und Samen sind sie enthalten.

Dann gibt es noch essenzielle Fettsäuren, die bekanntesten Vertreter sind die Omega-3- und Omega-6-Fettsäuren, genauer gesagt mehrfach ungesättigten Fettsäuren, die in Leinsamen, Lein-, Soja- oder Weizenkeimöl vorkommen. Dabei ist aber darauf zu achten, dass man kalt gepresste, unraffinierte Speiseöle nicht erhitzen darf, weil sich die meisten Vitalstoffe dadurch zersetzen und sogar schädliche Stoffe gebildet werden.

Als Mittagessen bereite ich mir alles Mögliche zu, ich liebe Linsen und mache mir gern Eintöpfe mit Linsen oder eine Linsen-Bolognese. Es kommt natürlich auch darauf an, wie viel Zeit ich habe. Manchmal gibt es bei mir einen gefüllten Spaghetti-Kürbis, das ist sehr lecker. Oder ein asiatisches Nudelgericht. Ich versuche immer, darauf zu achten, dass ich genügend Eiweiße pro Mahlzeit zu mir nehme. Als Athletin, aber auch als Mensch, der keinen Sport treibt, sollte man ein bis drei Gramm pro Körpergewicht an Proteinen zu sich nehmen. Deswegen peppe ich mein Frühstück mit Nussmusvarianten auf, etwa Erdnuss-, Cashew- oder Mandelmus – Hauptsache, schön viele Proteine. Ansonsten nehme ich meine Proteine über Hülsenfrüchte zu mir, durch Sojaprodukte oder eben Linsen. Ab und zu wähle ich auch ein Fleischersatzprodukt, wenn ich Lust darauf habe.

Mein Ziel ist es, mich abwechslungsreich zu ernähren. Als Ideal habe ich folgendes Bild: Wenn man sich einen Teller mit Essen vorstellt, sollten davon ein Viertel Proteine sein, ein Viertel Kohlenhydrate und Fette und der Rest, also die Hälfte, Gemüse. Denn Gemüse enthält viele wichtige Ballaststoffe, Mineralien und Vitamine.

Bei jener Ernährungsberatung mit 18, 19 habe ich dann festgestellt, dass ich mich zumindest nicht ganz ungesund ernähre, dass ich mich aber noch gesünder ernähren könnte. Zu dieser Zeit trank ich sehr viele Softdrinks, so ein bis zwei Gläser Limonade oder Saft am Tag. Ich mochte die Kohlensäure, es ist süß und putscht einen auf, wenn man sich platt fühlt. Doch der Zuckergehalt in diesen Getränken, das wurde mir in der Beratung bewusst, ist alles andere als gesund. Die Ernährungsberaterin formulierte vorsichtig: „Achte doch mal darauf, dass du weniger Limo trinkst und dafür mehr Wasser oder ungesüßten Tee." Dieser Satz hat in mir gearbeitet und mich dafür sensibilisiert, dass ich seitdem Softdrinks großräumig meide. Wenn ich dann doch mal ein Gläschen trinke, ergänze ich das Getränk gerne mit bis zu zwei Dritteln Mineralwasser. In der Regel presse ich mir einfach ein wenig Zitrone oder Limette in mein Mineralwasser. So ist es weniger süß, besser für den Körper verwertbar und erfrischt gekühlt mindestens genauso gut.

Bei den Problemen mit meinen Lebensmittelunverträglichkeiten, die damals noch schlimmer waren als heute und bei denen ich gemerkt habe, dass ich da an meine Grenzen komme, konnte mir die Ernährungsberaterin leider nicht helfen. Ich fühlte und fühle mich noch immer unwohl bei Gluten. Mit Milchprodukten hatte ich anfangs Probleme, vertrage diese heute aber wieder gut. Dennoch versuche ich diese nicht im Übermaß zu konsumieren. Dann kam noch eine Allergie gegen Fisch hinzu, auch wenn ich keinen mehr aß, reichten schon Omega-3-Kapseln aus Fischöl für drei Tage Bauchschmerzen. Ansonsten reagierte ich auf eigentlich alle Getreidesorten: Gerste, Hafer, Weizen, Roggen und Dinkel. Eier mochte ich früher sehr, meine Mutter hatte in meiner Kindheit für uns sonntags immer wunderbare Omeletts mit Gemüse gemacht, aber inzwischen kann ich auch keine Eier mehr essen, ebenso keine Äpfel. Für mich sind meine Einschränkungen heute nicht wirklich dramatisch, außer ich bin in einer fremden Stadt, wo ich auf das

Essen in Restaurants angewiesen bin. Bei dem dortigen Speisenangebot bin ich dann deutlich eingeschränkt. Deshalb suche ich immer nach glutenfreien und veganen Restaurants, von denen es zum Glück mehr und mehr gibt. Allerdings bislang eher in größeren Städten und nicht überall.

Doch damals hatten mich meine Unverträglichkeiten sehr mitgenommen, und das sagte ich auch der Ernährungsberaterin. Sie wollte, dass ich wegen der vegetarischen Ernährung andere tierische Produkte in meine Ernährung aufnehme.

„Versuch es mal mit Joghurt, wenn du mit anderen Lebensmitteln nicht weiterkommst", riet sie mir.

„Ich vertrage keine Kuhmilch", erwiderte ich.

„Du kannst statt Kuhmilch auch einen Joghurt aus Schafs- oder Ziegenmilch versuchen, vielleicht kannst du den essen."

Aber mein Körper wollte zu dieser Zeit von Milchprodukten rein gar nichts wissen, ganz gleich von welchem Tier. Ich hatte das Gefühl, dass es für die Beraterin schwierig war, vom Mainstream abzuweichen. Deswegen suchte ich mir dann auch außerhalb des Sports eine Ernährungsberatung, weil ich in der Sporternährung vor mehr als zehn Jahren einen Schwerpunkt auf dem Konsum von tierischen Lebensmitteln sah. Dies war fern von meiner Lebensrealität, zum einen wegen der Lebensmittelunverträglichkeiten und zum anderen, weil ich mich eben aus ethischen Gründen gerne vegetarisch und vegan ernährt habe und das auch beibehalten wollte.

So habe ich mir im Laufe der Jahre zusammengestellt, was für mich passt. Nach jedem Training gibt es jetzt einen Protein-Shake – auch hier wollte man mir anfangs einreden, ein Shake mit Milchproteinen sei viel hochwertiger als ein pflanzlicher. Tatsächlich enthalten Proteine Aminosäuren, von denen die neun essenziellen nicht vom Körper hergestellt werden können. Fleisch enthält viele dieser essenziellen Aminosäuren, da Tiere diese aus verschiedenen Pflanzenstoffen beziehen und in ihrem Körper anreichern. Den Schritt, Fleisch zu essen, kann man demnach überspringen: Wenn man darauf achtet, dass man vegane Shakes trinkt, die Proteine aus unterschiedlichen pflanzlichen Quellen enthalten, reichen auch diese, um den Bedarf essenzieller Aminosäuren zu decken. Leichter verdaulich sind Proteine, die nicht von Milchprodukten stammen, übrigens auch.

Als Leistungssportlerin werde ich von Ernährungsexperten und Medizinern überprüft, was ich so alles esse. So wird sehr darauf geachtet, was ich an Nahrungsergänzungsmitteln zu mir nehme, da es häufiger Probleme mit verunreinigten Produkten gab, also wenn beispielsweise in derselben Fabrik auch steroidhaltige Präparate verarbeitet werden. Bei den Dopingkontrollen darf es keine Probleme beim Nachweis geben. Als 2015 die Leichtathletik-Weltmeisterschaften in Peking ausgetragen wurden, hieß es für uns Athletinnen und Athleten: „Esst außerhalb eurer Unterkunft kein Fleisch." Weil in China die Tiere mit Wachstumshormonen gefüttert werden, bestand die Angst, dass das einen positiven Dopingtest zur Folge haben könnte. In den Hotels, in denen wir wohnten, wurde dafür gesorgt, dass es nur Fleisch aus diesbezüglich regelkonformer Tierhaltung gab.

Außerdem werden meine Blutwerte regelmäßig überprüft. Manchmal hapert es bei mir mit dem Eisenhaushalt, was aber nicht meiner vegetarischen Ernährung zugeschrieben werden kann. Eine Anämie hatte ich nämlich schon immer, das kommt häufig vor bei jungen Frauen, die viel Sport treiben, wenig Gewicht haben und menstruieren. Da bedarf es einer Unterstützung des Eisenhaushalts – und so ist das bei mir auch. Doch das ist für mich kein Grund, Fleisch zu essen, weil ich weiß, dass das keinen Unterschied macht. Eisen ist ja vor allem in rotem Fleisch enthalten, und Rind- oder Wildfleisch esse ich nicht. Also füge ich mir regelmäßig Eisen von außen zu und verbinde es, wenn möglich, mit Vitamin C, weil es dann besser vom Körper aufgenommen wird.

Ein großer Irrglauben ist, dass es ungesund ist, sich vegetarisch oder vegan zu ernähren, weil man nicht genug Vitamin B12 – wichtig für verschiedene Stoffwechselprozesse – zu sich nimmt, weil es hauptsächlich in tierischen Produkten vorkommt und nicht in Pflanzen enthalten ist. Das stimmt aber nur zur Hälfte. In Wirklichkeit ist es so, dass auch den Tieren in der Massentierhaltung oft B12 übers Futter zugeführt wird, weil diese selbst unter einem solchen Mangel leiden, und das wird unterschlagen. Deswegen supplementiere ich auch hier das Vitamin B12 lieber direkt, anstatt den Umweg übers Fleisch zu nehmen.

Weiterhin achte ich auf ausreichend Omega-3-Fettsäuren – und zwar veganen Ursprungs. Dabei helfen mir meine Algenölkapseln und Öle, zum Beispiel Leinsamen- oder Hanföl, oder Nüsse, um meinen Bedarf an diesen Fettsäuren zu decken, die ebenfalls für viele Stoffwechselprozesse benötigt werden, aber auch zur Immunabwehr. Dann nehme ich noch Vitamin D für den Muskelaufbau, besonders in den sonnenarmen Wintermonaten. Mineralstoffe wie Magnesium, Natrium, Kalium und Kalzium nehmen ich ab und an zum Ausgleich ein, weil man beim vielen Sport viele Elektrolyte, also oben genannte Mineralien, durch das Schwitzen verliert. Ich esse sicherlich nicht so viele Süßigkeiten wie andere (auch manch andere Athletinnen und Athleten), aber das hat bei mir viel mit Gewohnheiten zu tun. Früher habe ich ja auch viel öfter etwas Ungesundes gegessen und mir erst später überlegt, wie ich mich gesünder ernähren könnte. Macht man einen richtig harten Zucker-Cut und vermeidet zwei, drei Wochen lang Süßes – das ist schwer, ich weiß, wovon ich spreche, ich habe das schon ausprobiert –, stellt sich der Körper darauf ein. Isst man danach wieder etwas Zuckerhaltiges, merkt man, dass der Körper auf einmal ein ganz anderes Gefühl für Süßes hat – und viele Produkte, die einem sonst normal süß erschienen sind, empfindet man plötzlich als zu süß. So hat sich das bei mir entwickelt, mir sind inzwischen viele Produkte zu süß. Backe ich einen Kuchen, gebe ich nur noch die Hälfte oder knapp ein Drittel des angegebenen Zuckers in den Teig, weil er mir sonst nicht schmecken würde. Und statt Schokolade und Pralinen habe ich nach gesünderen Alternativen gesucht und gefunden, etwa saftige Medjool-Datteln. Eine Strategie von mir ist auch, wenn ich merke, dass ich Lust auf was Süßes habe, dieser nicht sofort nachzugehen. Ich trinke erst einmal etwas Wasser, und teste, ob der Heißhunger von alleine verschwindet. Oft ist das der Fall, weil der Körper das Gefühl von Durst nicht richtig zuordnen kann und ein Gefühl von Lust auf etwas Süßes sendet. Manchmal bleibt sie aber auch, und in diesen Fällen versuche ich, noch eine Viertelstunde zu warten (ich weiß, ganz schön diszipliniert), weil in dieser Zeit der Heißhunger oft vergeht. Je weniger man dem Heißhunger Raum gibt, desto schwächer wird er. Wenn er dann aber immer noch anhält, esse ich auch mal etwas Süßes oder ich esse eine süße Kleinigkeit bewusst, weil ich Lust darauf habe.

In der Regel esse ich drei Mahlzeiten am Tag, das heißt, es gibt für mich keine Zwischenmahlzeiten. Das ist ebenfalls etwas, an das ich mich gewöhnt habe, entsprechend habe ich kein

Bedürfnis mehr danach. Was man generell bei der Ernährung unterschätzt, ist, wie viel davon Gewohnheit ist. Man braucht eigentlich nur ein paar Wochen zur Umstellung.

Ich esse auch nur so lange, bis ich satt bin. Liegt noch ein Viertel von der Mahlzeit auf dem Teller, stelle ich den Rest in den Kühlschrank und mache ihn mir zur nächsten Mahlzeit warm. Ich stopfe nie etwas in mich hinein, weil ich dadurch mein natürliches Hungergefühl verlernen würde. Auch daran kann man sich gewöhnen.

Ansonsten kann ich nur raten: Viel trinken! Ich trinke große Mengen an Wasser, Leitungswasser und Mineralwasser, am Tag komme ich auf zwei bis drei Liter. Normalerweise trinke ich direkt nach dem Aufstehen einen halben Liter, weil wir in der Nacht, was viele unterschätzen, reichlich Wasser über den ganzen Körper abgeben. Es ist nicht so, dass wir nachts nur schlafen, atmen und vielleicht noch träumen, nein, in der Regel verlieren wir einen halben Liter Wasser, wenn nicht sogar mehr. Diesen Verlust versuche ich morgens gleich als Erstes wieder auszugleichen, neben meinem Bett steht deshalb immer eine Wasserflasche.

Zu den Mahlzeiten versuche ich nur wenig zu trinken, denn so habe ich für mich festgestellt, dass mein Körper dann besser verdauen kann. Wenn ich bei einem vollen Bauch auch noch viel trinke, überlaste ich meinen Verdauungstrakt und bin dann nicht so leistungsfähig. Ebenso habe ich mir angewöhnt, eher stoßweise zu trinken. Oft heißt es ja, man soll jede Viertelstunde einen Schluck Wasser trinken, das habe ich auch eine Zeitlang so gemacht. Schließlich aber sagte mir einmal ein Physiotherapeut: „Vielleicht solltest du mal versuchen, eher stoßweise zu trinken. Denk mal daran, wie es unsere Vorfahren gemacht haben, oder die Tiere in der Savanne." Bislang hatte ich nie einen Gedanken daran verschwendet, aber es stimmte: Die Höhlenbewohner hatten keine Wasserflasche bei sich gehabt, sie bedienten sich an Wasserstellen. Ebenso Elefanten, Antilopen & Co. Entdecken sie eine Wasserstelle, trinken sie ordentliche Mengen, bis sie weiterziehen. Diese Gedanken hatten mich so überzeugt, dass ich mein schluckweises Trinken aufgab. Ich brauchte eine gewisse Übergangszeit, dann aber merkte ich, dass ich das stoßweise Trinken viel verträglicher fand. Durch dieses Vorgehen lernte mein Körper auch, das Wasser, das er aufgenommen hat, in sich aufzubewahren. So ist es möglich, dass ich während einer längeren Autofahrt einen Liter Wasser trinken kann, ohne dass ich die nächsten drei, vier Stunden anhalten muss, um auf Toilette zu gehen. Versorge ich aber die ganze Zeit den Körper mit Wasser, kann er es nicht so lange halten, man muss dann häufiger auf Toilette. Trinke ich stoßweise, dann sind es 300 bis 600 Milliliter. Das schaffe ich nicht alles auf einmal, aber kurz hintereinander, und zwar ungefähr innerhalb einer Viertelstunde. Meistens trinke ich stilles Wasser auf Zimmertemperatur, weil das bekömmlicher ist, ich habe aber auch schon Phasen gehabt, wo ich vermehrt heißes Wasser (um die 40 Grad) getrunken habe. Im Ayurveda, der traditionellen indischen Heilkunst, wird davon ausgegangen, dass heißes Wasser im Körper Giftstoffe und Schlacken, Ama genannt, auf diese Weise aus dem Körper schwemmt. Zugleich aktiviere es die Darmtätigkeit.

Und weil mich, seitdem mich die Ernährungsberaterin auf meinen Softdrink-Konsum hingewiesen hatte, das Thema Wasser nicht mehr losgelassen hat, bin ich Botschafterin für Mineralwasser geworden. Wir Menschen bestehen zu circa 70 Prozent aus Wasser. Wasser ist das Molekül, das uns am Leben erhält, aber nicht nur uns, sondern alle Lebewesen auf dieser

Erde. In meiner Funktion als Botschafterin weise ich darauf hin, dass wir genug, und vor allem mehr Wasser trinken müssen. Ich kenne viele in meiner Umgebung, die nicht auf zwei Liter reines Wasser kommen. Mineralwasser in Deutschland hat eine gleichbleibend gute Qualität, wird geprüft, es ist ein tolles Naturprodukt. Eine kostbare Ressource, die von vielen im Alltag oft vergessen wird. Ein freier Zugang zu frischem Wasser ist leider vielen Menschen nicht gegeben. Man denke nur, wie viele Menschen auf der Welt unter Wassermangel leiden oder nur unsauberes Wasser zur Verfügung haben. Auch der Klimawandel und die Übernutzung des Wassers reduzieren die Versorgungssicherheit weltweit – selbst in Deutschland. Darum ist es für uns alle gleichermaßen wichtig, einen nachhaltigen Umgang mit dieser Ressource zu finden.

Bei Wasser habe ich auch das Gefühl gehabt, dass es meinen Körper besser in Schwung bringt als jedes andere Getränk. Wobei ich damit gar nicht so große Probleme habe, weil allein die großteils pflanzenbasierte Ernährung ebenfalls eine Menge dazu beiträgt, mich aktiv zu fühlen.

Vielen, die vom Fleischkonsum auf vegetarisch oder vegan umsteigen, fällt bald auf, dass sie besser schlafen und auch viel mehr Energie haben. Derartiges habe ich nicht gemerkt, weil der Schritt von vegetarisch auf vegan nicht so groß ist und ich mich schon seit einigen Jahren alternativ ernähre.

Mit dem Essen auf meinen Reisen verhielt es sich sehr unterschiedlich. In Indien war es völlig unproblematisch, weil ich dort zu jeder Mahlzeit vegetarisches oder veganes Gemüsecurry mit Reis bestellen konnte und vegetarische Gerichte in der Hindukultur weitverbreitet sind. Das hat damit zu tun, dass Hindus Kühe nicht essen, weil diese für sie heilig sind, und sie generell das Leben der Tiere hochschätzen. In Thailand war es ähnlich, Reis mit Gemüsecurry bekam ich überall, da die vielen Buddhisten in diesem Land in der Regel Vegetarier sind. Erstaunt hat mich Peru, wo ich viele vegane Restaurants und glutenfreie Produkte oder Gerichte entdeckte, aber nur in den größeren Städten. In den Kleinstädten, abseits des Touristenmainstreams, wurde es schwieriger. Aber selbst im Dschungel wurde ich überrascht, in den Camps wurden Linsen zubereitet, und es gab ein Fleischersatzprodukt, das nur aus Sojamehl bestand. Von daher waren mein Freund und ich – er ernährt sich hauptsächlich vegetarisch – gut versorgt. In den Bergen war das anders, weil in diesen höheren Gefilden von vielen Leuten Hülsenfrüchte nicht vertragen werden. Hülsenfrüchte sind nicht so einfach zu verdauen, und gerade in höheren Lagen sollte man auf eine leichte Kost achten. Es war schon heikel genug, wenn Höhenkrankheiten das Körpersystem aus dem Gleichgewicht brachten. Wobei ich dachte, dass es sich dabei bestimmt um Menschen handelte, die auch zu Hause keine Hülsenfrüchte aßen. So waren die Gerichte in diesen Regionen sehr kohlenhydratlastig, was langfristig suboptimal ist, aber für vier Tage konnte ich darüber mit Leichtigkeit hinwegsehen.

Kapitel 19

DRUCK, DEN MAN NACH UND NACH ABBAUEN KANN

„Manche meinen, dass Sie sich in diesem Jahr mit weniger begnügen müssen – wie sehen Sie das mit Tokio?" Die Frage stellte ein Journalist in einem Fragenkatalog per E-Mail. Beim Lesen kräuselte sich meine Stirn und mein Blick wurde leer, denn mein einziger Gedanke war: Du bist auch einer von denen, die das meinen, sonst würdest du das nicht fragen.

Was sollte man auf solch eine Nachfrage erwidern: „Ja, es sieht nicht gut aus, und wenn Sie schon wie so viele andere anscheinend ja auch an mir zweifeln, sollte ich es wohl besser gleich lassen?" Ich dachte mir: „Du hast mich vielleicht schon aufgegeben, aber ich nicht!" Ich kam mir vor wie in einem stark aufgewühlten Gewässer, ständig auf der Hut, nirgendwo anzuecken, um nicht auf Grund zu laufen.

Ja, die kritischen Stimmen waren immer lauter geworden. Ich belegte gerade Platz 9 der Weltrangliste – das sah nicht unbedingt nach einer Medaille aus. Aber genau das wollten alle: Ich sollte wieder über sieben Meter springen und eine Medaille für Deutschland holen, für sie war das selbstverständlich. Aber ich war doch keine Maschine, die auf Kommando abliefern konnte, was erwartet wurde. Was ich, um ehrlich zu sein, auch mir selbst insgeheim erhoffte.

Die Olympischen Spiele in Japan waren wegen der Pandemie um ein Jahr verschoben worden, fanden also erst 2021 statt. Dennoch hatte ich schon 2020 nicht im gewohnten Maße trainieren können, aufgrund der Lockdowns kam es zu einem dreimonatigen Trainingsstopp. Außerdem hatte ich mir im Winter zuvor eine Prellung zugezogen: Bei einem Hallenwettkampf war ich schlecht gelandet, seitdem bereitete mir mein Rücken Probleme. Der Trainerwechsel verzögerte darüber hinaus noch den regulären Trainingsbeginn. Zwar trainierte ich ab Juni 2020 wieder ganz normal, doch musste ich bei einem deutlich niedrigeren Niveau anfangen. Selbst im Frühjahr 2021, knapp ein Jahr nach dem Trainingsausfall, hatte ich noch an den Folgen zu knabbern. Jeder Wettkampf führte mir vor Augen, dass ich nicht dort war, wo ich mich schon einmal befunden hatte.

„Ulli", sagte ich meinem neuen Trainer Ulrich Knapp, nachdem ich in den ersten Wettkämpfen gerade mal 6,60 Meter gesprungen war, „jeder will von mir wissen, wann ich wieder sieben Meter schaffe. Diese Fragen sind gerade schwer für mich."

Ulli tröstete mich: „Denk daran, dass du nicht ohne Monate verletzungsfreien Trainings gut springen kannst. Wir bauen dein Training aber so auf, dass du bei der Olympiade in guter Form bist.“

„Aber immer wieder höre ich: ‚Schau erst mal, dass du bei Olympia ins Finale kommst. Die sieben Meter sind wohl gerade nicht drin, oder?‘ Wer soll das aushalten? Weißt du, ich gebe ja schon bei jedem Wettkampf mein Bestes, aber es reicht einfach nicht.“

„Ich verstehe, dass das nicht einfach ist. Aber wir sind auf dem richtigen Weg, vertrau einfach auf das, was wir tun.“

Ulli hatte gut reden. Klar, ich wusste, dass ich mich durch die Meinungen von Journalisten oder anderer Leute nicht verrückt machen sollte. Aber wie sollte man an sich glauben, wenn man es einfach nicht besser hinkriegte? Man versuchte und trainierte und wurde Stück für Stück besser, aber im Wettkampf zeigte sich nichts davon. Mangelnde Geschwindigkeit, fehlendes Körpergefühl, Technikfehler. Mit all dem hatte ich zu kämpfen. War zur Genüge damit beschäftigt, auch abseits des Sportplatzes. Wie konnte es sein, dass 2019 noch alles wie von selbst lief und es danach nur noch bergab ging? Dennoch versuchte ich alle äußeren Einflüsterungen und inneren Zweifel auszublenden und mich auf das Wesentliche zu fokussieren. Was aber wenig nützte, es war wie verhext, ich sprang einfach nicht weiter. Lag es an meinem neuen Trainer? Ralf Weber hatte mich 16 Jahre betreut, er hatte seine Trainingsmethoden gehabt, die auf mich abgestimmt waren. Viele Athletinnen und Athleten haben nach einem Trainerwechsel ein schwaches Jahr, das ist bekannt, erst ab dem zweiten Jahr passt die Zusammenarbeit, wenn Trainer und Athlet zusammengefunden haben. Aber mit Ulli klappte es gut, wir waren schnell zueinandergekommen und hatten uns auf einer Ebene getroffen, die ich als sehr wertschätzend empfand. Wir konnten uns über alles unterhalten, nicht nur über Sport. Letztlich hatte ich das Gefühl, dass wir eine Einheit bildeten, ich konnte mich ihm öffnen, und das ist bei einem Trainerwechsel nach so langer Zeit nicht die Regel. Wie sein Training mir bekam, dass würde letztlich aber erst die Zukunft zeigen. Momentan sprang und sprang ich nicht weit, auch wenn die Trainingsparameter nicht allzu schlecht aussahen.

Aber was war es dann? Sicher, meine Technik war nicht perfekt, ich machte eindeutig technische Fehler. Mein Anlauf war instabil, ich war vom langen Anlauf zum kurzen gewechselt und wieder zurück zum langen. Auch mit meiner Sprinttechnik konnte ich keine Lorbeeren gewinnen, sie war noch nicht wirklich wieder in meinem Kopf verankert. 40 Meter bis zum Absprung sollte ich gespeichert haben, aber mal waren es 39, dann wieder 41. Nein, technisch hatte ich mich in dieser Saison noch längst nicht bewiesen.

Der absolute Tiefpunkt waren dann die Deutschen Meisterschaften 2021. Schon Tage vorher war es mir nicht gut gegangen, trug ich in mir die Angst, wieder zu versagen. Aber wieso hatte ich dieses miese Gefühl? Ich konnte nicht einmal sagen, was ich hätte besser machen können, und das war es, was mir so zu schaffen machte. Wie konnte ich mich verbessern, wenn ich nicht wusste, wo ich anfangen sollte? Ich fühlte mich ohnmächtig. Ein schlechter Anlauf fühlte sich genau so an wie ein Top-Anlauf. Wie sollte man etwas verändern, wenn das eigene Körpergefühl einfach aus der Balance war? Wie sollte ich das Richtige tun, wenn ich es nicht vom Falschen unterscheiden konnte? Es war wie ein Kompass, der plötzlich nicht mehr nach Norden zeigt, sondern sich wild um die eigene Achse dreht.

Mit solchen Selbstzweifeln vermochte ich natürlich keine Top-Ergebnisse zu erbringen. Und so war es dann auch. Bei den Deutschen Meisterschaften quälte ich mich immerhin auf 6,62 Meter – knapp zwei Monate vor Olympia. Am nächsten Tag fühlte ich mich so schlecht, dass ich mich am liebsten nur unter der Decke verkrochen hätte. Der Gedanke an das Diamond League Meeting in Florenz vier Tage später lag mir wie ein Stein im Magen. Am liebsten wäre ich gar nicht an den Start gegangen, sondern hätte einfach nur trainiert – im stillen Kämmerchen, ganz für mich alleine, ohne wachsame und wertende Augen von Journalisten und Fans – bis die Leistungen wieder stimmten. Ich kam mir vor wie eine berühmte Tänzerin auf der Bühne, die viele Monate lang eine Choreografie einstudiert hatte, aber dann beim großen Auftritt unrhythmisch über ihre eigenen Beine stolperte. Und alle Zuschauer sehen sich das verwundert an und fragen sich, was diese Tänzerin all die Monate gemacht hat, wenn am Ende nicht mehr als ein holpriges Trauerspiel rauskommt. Und genau das war mein Gefühl: Ich machte immer wieder Fehler, immer wieder andere.

Warum läuft es nicht? Diese bohrende Frage kreiste ständig in mir, und ich zermarterte mir den Kopf, weil ich darauf keine Antwort hätte geben können. Ständig war ich mit den Meinungen und Erwartungen anderer Leute konfrontiert, was mich noch weiter unter Druck setzte. Der Druck war wahrnehmbar, durch die Augen der Zuschauer, die Fans, die für das nächste Mal die Daumen für die sieben Meter drückten, durch die der Journalisten, die all ihre Überlegungen und Zweifel an mich herantrugen und wollten, dass ich Rede und Antwort stehe. Und ich konnte dem nichts entgegensetzen. Es bedrückte mich, ich war nicht glücklich, war angespannt und nicht belastbar. Selbst die kleinsten alltäglichen Dinge fielen mir schwer, alles war bleiern, nebelverhangen. Es gab nur noch wenige Gedanken, die Platz in meinem Kopf hatten: Du bist noch nicht so weit, vielleicht hast du es sogar ganz verlernt.

Generell machten diese Monate der Zweifel etwas mit mir. Auch hier höhlten wieder stete Tropfen den Stein. Aus den technischen Problemen wurden schließlich mentale. Ich fühlte mich irgendwann als Versagerin, als eine Totalversagerin. Ich begann mich langsam mit meinen Fehlern zu identifizieren und sah in jeder Situation, auf dem Sportplatz und im Alltag, meine eigenen Unzulänglichkeiten. Sie sprangen mir förmlich ins Gesicht. Ich selbst war meine härteste Kritikerin. Ich fühlte mich klein, unsicher, und jegliche Bemühungen und Anstrengungen meinerseits erschienen mir schon im Vorhinein vergebens.

Es ging sogar so weit, dass ich am liebsten die Saison abgebrochen und die Olympischen Spiele um ein weiteres Jahr nach hinten verschoben hätte, weil ich das Gefühl hatte, noch nicht so weit zu sein. Ich wollte einfach nur trainieren, nichts weiter als trainieren, um meine Mitte wiederzufinden. So viel trainieren, bis ich wieder wusste, wie es funktioniert. Dieser ganze Schlamassel, wie hatte ich mir den bloß eingebrockt?

Natürlich hatte mein Trainer schon längst bemerkt, in was ich mich da hineinmanövriert hatte. Wie immer fand er die richtigen Worte: „Ich weiß, ihr Leistungssportler müsst immer performen, aber was wirklich zählt, Malaika, sind nicht deine sportlichen Leistungen. Die menschliche Seite ist viel wichtiger, sie ist es, die zählt. Du bist eine Weltklassesportlerin, du hast mehr erreicht als viele andere, mehr, als viele andere jemals erreichen werden. Auch wenn die sieben Meter auf sich warten lassen, du bleibst der angenehme und sympathische Mensch, der du bist. Dich will man als Freundin haben. Das Performen ist zweitrangig, wichtiger ist das Glänzen in deinen Augen, die

Freude, mit der du an die Sache herangehst – und das Akzeptieren, was man am Ende geschafft hat."

Natürlich hatte er recht. Aber mit rationalen Gedanken konnte ich meine negativen Gefühle nicht erreichen. Sie blieben. Dennoch tat es gut, von außen eine andere Wahrnehmung zu hören als die eigene.

Gleichzeitig machte mich das stutzig. Ich hatte mich ja auch anders gesehen – noch vor ein paar Monaten eigentlich. Wo war dieses Selbstbild hin? Es machte mir bewusst, dass ich es in der Hand hatte, wie ich meine Gedanken und Emotionen verarbeitete. Ich konnte mir jeden Tag sagen, dass ich eine Versagerin bin. Oder ich konnte liebevoll zu mir sein: „Ich habe es bisher noch nicht zeigen können, aber das Potenzial ist da. Beim nächsten Mal werde ich die Chance besser nutzen. Vielleicht klappt es, vielleicht auch nicht. Aber dann wird es ein anderes nächstes Mal geben." Ich merkte, dass ich mich an die Spitze aller Kritiker, aller erwartender und hoffender Menschen gestellt hatte und mir selbst den größten Druck machte. Perfekt zu sein auf ganzer Linie. Mich aus lauter Eifer diesem nicht existierenden Ideal hingab und mich selbst verurteilte und verleugnete. Ich war so, wie ich war, mit Ecken und Kanten, geprägt durch eine schwere Kindheit und so viel Liebe und Leichtigkeit, die ich unter der Familie und wahren Freunden erlebt hatte. Ich konnte in einen Moment laut und verrückt sein und im nächsten in mich gekehrt und melancholisch. Manchmal war ich einfach im Hier und Jetzt, selbstsicher, über jeden Fehler erhaben, weil ich mich selbst liebte. Und dann wieder war all das auf einmal vergessen und die Schatten der Vergangenheit und all das Falsche, was sie mich gelehrt hatten, war wieder da und verdunkelte mein Gemüt. Aber all das war in Ordnung, genau so wie es war.

Es war eigentlich auch all das, was ich in der Meditation und im Coaching erfahren hatte – aber dann war ich mal wieder vom Weg abgekommen. Die Saison 2019 war einfach zu gut gelaufen, alles war mir irgendwie zugeflogen – das hatte ich mir auch nach Corona wieder erhofft, musste aber einsehen, dass ich mit einer veränderten Situation umgehen musste.

Und ich machte mir eines klar, jetzt hieß es, nicht mehr am eigenen Stuhl zu sägen, sondern wieder an mich zu glauben. Ich musste das Negative umdeuten. Und so sagte ich mir vor dem Wettkampf in Florenz:

„DEINE NEGATIVEN GEFÜHLE, ALL DEINE UNSICHERHEIT, DEIN UNMUT, DEINE NERVOSITÄT UND DEINE VERSAGENSANGST SIND EIN ZEICHEN, DASS DU MENTAL STIMULIERT BIST. DIESE STIMULATION IST ENERGIE, DIE IN DIR VORHANDEN IST. NIMM SIE UND DEUTE SIE IN ETWAS POSITIVES UM, DAS DIR KRAFT GIBT, DAMIT DU SCHNELLER ANLAUFEN UND WEITER SPRINGEN KANNST."

Ich stellte mir vor, wie ich die schlechten Gefühle verbrenne, alle auf einmal, und aus dem Feuer, das ich damit entfacht habe, eine große Kraft ziehe. Denn genügend Energie war ja da. Ich konnte sie für Negatives oder Positives gleichermaßen nutzen. Es lag ganz allein an mir. Ich musste wieder anfangen, an mich zu glauben, es gab keine Alternative. Wenn die anderen nicht an mich glauben und ich es auch nicht tue, dann schlage ich in genau die gleiche Kerbe. Es geht nicht darum zu gewinnen, sondern ich bin toll, so wie ich bin, ob ich gut oder schlecht springe. Es war wirklich höchste Zeit, dass ich die Welt und vor allen Dingen mich wieder mit anderen Augen sah und in einen anderen mentalen Zustand kam. Es hatte Spitz auf Knopf gestanden. Was hatte Uli auch noch gesagt: „Du musst das Tal in dir auf dich nehmen, damit du wieder auf einen Berg kommst." Gut, ich wollte es versuchen.

Und siehe da: Die folgenden Wettkämpfe waren nicht optimal, aber deutlich besser als vorher. Vor allen Dingen fühlte ich mich danach einfach besser. Ich wusste, dass ich schon das Potenzial für sieben Meter hatte, auch wenn meine Form erst zu Tokio auf dem Höhepunkt sein würde. Ein gutes Pferd springt nur so hoch, wie es muss. Und bei den nächsten Wettkämpfen in Rom und Stockholm folgte ich dieser Devise.

Der letzte Wettkampf vor der Olympiade fand in Birmingham statt, er sollte die Generalprobe sein für die Olympischen Spiele. Das Feld war dem eines olympischen Finales würdig. Aber an dem Tag lief es nicht, und abermals war ich unter mein Niveau gefallen. Doch dafür gab es eine weitere Erklärung, die nicht öffentlich kommuniziert wurde. Am Wettkampftag hatte ich meine Menstruation bekommen. Und genau dieser erste Tag oder, besser gesagt, die ersten zwölf Stunden der Periode sind bei mir immer am schlimmsten. Beim Weitsprung ist es so, dass man auf den Punkt im Absprung sämtliche Muskelfasern im Bauch- und Rumpfbereich anspannen muss. Aber wenn man die Regel hat, vermeidet man schon intuitiv alles, was noch mehr Anspannung bereiten könnte. Mein Körper strebt an diesem ersten Tag der Periode einen generellen Ruhemodus an, und der Körper nimmt eher eine Schonhaltung ein, die für den Absprung nicht zuträglich ist. Die krampfende Bauch- und Gebärmuttermuskulatur führt ein Eigenleben, und ein gezieltes, explosives Anspannen der entsprechenden Muskulatur im Absprung – nahezu unmöglich. Natürlich versucht jede Sportlerin ihr Bestes zu geben – alle Nichtsportlerinnen auch – aber manchmal ist an einem solchen Tag einfach nicht mehr drin.

Beim Einsetzen der Periode habe ich auch ab und an Kreislaufprobleme, so auch an diesem Tag. Mich auf den Beinen zu halten, fiel mir schwer, und ich hatte ständig das Bedürfnis, mich hinzulegen. Was bei einem Wettkampf ein wenig schwierig ist, weil ich mich dort nicht einfach auf den Boden zusammenrollen und ruhen, sondern an der Reihe war, um anzugreifen und Höchstleistung abzuliefern. Ich ließ mich von diesen Beeinträchtigungen nicht herunterziehen, aber ich merkte sie dennoch. Im Weitsprung ist das Spiel zwischen Anspannung und Entspannung essenziell. Im Absprung und in der Landephase sind alle Muskeln gefordert, auf den Punkt im Einklang zu funktionieren. Gerade beim Absprung merkt man ansonsten, wie die Geschwindigkeit im Boden verpufft.

Birmingham war für mich also ein Wettkampf mit Handicap. Hinzu kommt, dass wir Athletinnen sehr knappe Höschen tragen. Angst vor Blutflecken kennen deshalb viele Athletinnen. Auch die Stärke der Menstruation hat Folgen für den Wettkampf. Die Wettkämpfe können lang sein, und die Zeit, um zwischen den einzelnen Sprungversuchen noch einmal auf einer Toilette zu verschwinden, ist zugleich kurz, zumal man oft noch die Spikes an- und ausziehen muss. Wie soll man sich da auf den Wettkampf konzentrieren, wenn die Kamera beim Weitsprung oft genug auf den Hintern gerichtet ist?

Da ich keine hormonellen Verhütungsmittel nehme – sie greifen mir zu sehr physisch, aber auch psychisch in meinen Körper ein –, ist mein Zyklus nicht unbedingt nach dem Kalender planbar. Mein Zyklus variiert in der Regel zwischen 30 und 34 Tagen. Aber er hängt auch von anderen Faktoren ab, dem

Stresslevel, dem Körpergewicht oder dem Trainingspensum. Vielfach ist mir schon gesagt worden, dass ich meinen Zyklus entsprechend den Wettkämpfen verschieben beziehungsweise anpassen könnte. Eine Zeit lang hatte ich ein hormonelles Präparat ausprobiert, aber gemerkt, dass das nicht funktionierte. Am Ende musste ich diesen Versuch abbrechen, da mein Körper gegen die Hormone angekämpft hatte. Er war bereit für die Menstruation gewesen, wollte menstruieren und sich nicht aufs Glatteis führen lassen. Tagelang hatte ich Schmerzen und erste Anzeichen der Periode gehabt, obwohl sie durch das Präparat noch nicht eingetroffen war. Viele Frauen haben keine Probleme mit hormonellen Verschiebungen, ihr Körper lässt das zu, meiner will sich aber nicht so leicht verleiten lassen.

In Tokio sollte ich jedoch nach meinen Berechnungen keine Periode haben, aber es war mir schon einmal passiert, dass sie viel früher kam, bedingt durch Stress, den ich mir vor einem internationalen Wettkampf machte, als ich noch im U23-Kader war. Doch inzwischen machte ich mir deswegen weniger Gedanken, denn ich war mittlerweile entspannter. Ich hatte angefangen, positiver zu denken und zu fühlen. Das hieß nicht, dass ich negative Gedanken und Emotionen nicht zuließ oder mir verbot. Nein, ich nahm sie wahr, beäugte die Ursache dieser, gab ihnen aber nicht mehr den Raum oder die Bühne, wie ich es vorher getan hatte. Innere Kritik nahm ich objektiv und konstruktiv an. Zweifel, besonders sinnlose, und destruktive Kritik perlten an mir ab. Nach und nach hatte ich mir gedanklich ein neues Programm geschrieben, mittlerweile war ich in der Lage, immer häufiger auf Autopilot zu stellen, sodass ich mich zunehmend anderen Themen und meiner inneren Balance widmen konnte. Langsam fand ich zu meiner alten Gelassenheit zurück.

Schließlich flog ich nach Tokio zu den Olympischen Spielen, an denen ich noch vor zwei Monaten fast nicht hatte teilnehmen wollen. Meine letzte Trainingsphase begann. Ich hatte viele Monate hart trainiert, auch die ersten zwei Wochen im Trainingslager in Miyazaki, doch dann begann das Tapering, eine Art lockeres Training, oft wird dann nur die Hälfte des üblichen Maßes trainiert. Auf eine intensive Spitzenbelastung folgen ein oder zwei Ruhetage mit keiner oder leichter Aktivität. So entspannt sich der Körper, und in den wenigen Tagen vor dem Wettkampf stellt man fest, dass man immer erholter wird. Das kann auch jeder erleben, der regelmäßig trainiert, aber das funktioniert nur, wenn man vorher wirklich intensiv trainiert hat. Auch klappt das in einem Jahr nicht mehrmals, höchstens zwei- oder dreimal. Denn permanent kann man so nicht trainieren, da man sonst keine Substanz, also Muskelmasse und -kraft, aufbauen oder halten kann. Man kann nicht ständig ruhen und erwarten, davon mit sportlicher Bestleistung glänzen zu können. Ruhen funktioniert nur vor dem großen Wettkampf, wenn man die Monate zuvor seine Hausaufgaben gemacht hat. Vor dem Wettkampf ist es aber richtig zu ruhen, um optimal reaktiv und erholt zu sein. Man darf nicht in den Irrglauben verfallen, kurz vor knapp das Steuer noch herumreißen zu können. Ein Trainingsreiz braucht kontinuierliche Wiederholungen von drei bis vier Wochen, um anzuschlagen. Was bis dahin nicht erreicht ist, kann nicht mehr aufgeholt werden.

Es war ein wunderbares Gefühl, dass ich jeden Tag spritziger wurde. Als spritzig bezeichnen wir einen Zustand, in dem man erholt, reaktiv und mit hoher Schnell- und Maximalkraft gesegnet ist. Ulli und ich machten oft lange Spaziergänge am Meer, er bestärkte mich darin, dass ich all mein Herzblut gegeben hätte, wir überhaupt alles gegeben hätten, was nur möglich sei. Nun sei es an der Zeit loszulassen, es werde das geschehen, was geschehen soll. Um mich vom bevorstehenden Wettkampf abzulenken, musizierten wir zusammen. Das sah dann so aus: Mein Trainer nahm seine Gitarre mit an den Strand und wir setzten uns in den Sand oder auf eine Bank, manchmal spielten wir auch abends vor ein paar Mannschaftsmitgliedern im Hotelgarten. Ulli stimmte sein Instrument, und ich sang dazu, interpretierte die Lieder, die er spielte, auf meine Weise. Seit wir eine Einheit bildeten, hatten wir in unserem kleinen Repertoire rund 30 Lieder, besonders liebte Ulli „Hallelujah" von Leonard Cohen, ein an sich schon sehr beruhigender Song. Auch Songs von Oasis oder Dido waren dabei und einer, den jeweils Ulli beziehungsweise ich selbst komponiert und dazu den Text geschrieben hatten.

Ulli hatte mir einmal auf der Rückfahrt von einem Wettkampf 2020 im Auto seine Gitarre in die Hand gedrückt. In der ersten Stunde quietschte es ganz fürchterlich, weil ich keine passenden Akkorde auf der Gitarre kannte, ich bekam keinen sauberen Ton heraus, doch nach zwei weiteren Stunden Selbststudium beherrschte ich einige Akkorde, die auch in Ullis Ohren recht vernünftig klangen. Die Musik war unser gemeinsames Steckenpferd geworden. Wenn Musik die Aufmerksamkeit beherrscht, ist alles andere ausgeblendet und nicht mehr so präsent. Ähnlich ist es, wenn ich einfach irgendwo stehen bleibe und für fünf Minuten mein Gesicht in die Sonne halte – dann kann ich alles andere um mich herum vergessen. Aber die Musik, wie ich das auch beim Klavierspiel erlebe, hat fast schon eine therapeutische, heilsame Wirkung.

Wenn die letzten Töne unter dem blauen Himmel verklungen waren und wir auf das Wasser und in die Ferne schauten, sagte Ulli, überwältigt von der Atmosphäre: „Ist es nicht einfach nur wunderbar, dass wir diesen tollen Moment hier zusammen erleben können? Uns geht es so gut. Wir genießen, alles schwingt, und du wirst auch schwingen, im Einklang, wie die Saiten einer Gitarre."

In Tokio gab es wegen der Pandemie kein Publikum, was die Stimmung im Stadion immens veränderte – eigentlich gab es gar keines. Nur verstreut saßen Trainer herum oder Athleten. Aber die Japaner, denen wir begegneten, waren Feuer und Flamme, haben sich aufgestellt und alle bejubelt, die ins Stadion oder den Callroom kamen, also dorthin, wo alle Athleten sich sammeln, bevor sie ins Stadion geleitet werden. Ich hatte das Gefühl, herzlich begrüßt zu werden, auch wenn die berühmte japanische Willkommenskultur gar nicht wirklich zum Tragen kommen konnte, weil wir in Quarantäne waren. Es war uns nicht möglich, in die Stadt zu gehen und sich etwas anzuschauen, wir durften uns nur im Olympischen Dorf und im Trainingsstadion aufhalten. Aber die wenigen Japaner, mit denen wir Kontakt hatten, freuten sich mit uns und wünschten uns viel Glück. So kam doch noch ein wenig Emotionalität hoch, wir bekamen von ihnen Zuspruch und Unterstützung.

Der Wettkampftag selbst war einer der anstrengendsten in meinem Leben. Angefangen hatte das bereits mit dem Warmmachen. Morgens hatte es geregnet, und der Wettkampf sollte um elf Uhr beginnen. Inzwischen war es sehr warm geworden, 37 Grad, und das bei einer hohen Luftfeuchtigkeit. Der Platz lag unter einem leichten Dampf, es war unfassbar schwül. Ich war im Stadion eingelaufen und hatte es nicht einmal geschafft, zwei Runden am Stück zu joggen, ich war einfach erschlagen von den klimatischen Verhältnissen, dachte: Oh, hoffentlich wird das heute was, wo es sich doch so mühsam anfühlt. Dann aber legte ich bei meinen Runden ein paar Gehpausen ein und machte so trotzdem mein Warm-up.

Entgegen der Meinung mancher Zweifler kam ich ins Finale. Vor meinem sechsten Versuch war ich Dritte. Das war schon toll, denn ich hatte mir als Ziel gesetzt, besser zu sein als bei meinem ersten Olympischen Spielen in Rio, wo ich Vierte geworden war. Aber jetzt hatte ich noch einen Versuch, um es besser machen zu können. Ich sagte mir: „Du musst jetzt nicht besser werden, aber du kannst besser werden.“ Dieses kleine Wörtchen gab mir den nötigen Raum. Es drückte eine Genügsamkeit, eine Dankbarkeit aus. Ich musste nicht dem Schneller, Höher, Weiter folgen. Es war schön, wenn es passierte, aber es gab keine Pflicht dazu, keine Erwartung, keine Hoffnung. Nur die Möglichkeiten im Hier und Jetzt. Dazu kam aber auch der Gedanke, dass ich vielleicht nie näher an eine silberne oder gar goldene olympische Medaille kommen sollte und das hier eventuell der einzige Moment in meinem Leben auf eine solche Chance bleiben würde. Ich nahm das an, was war, wollte nicht mehr, aber hatte in mir ebendiesen Gedanken: „Ich habe noch diese eine Chance und die will ich nutzen.“

Monatelang hatte ich mit meinem Timing zwischen Anlauf und Absprung gekämpft, und dann gelang mir im sechsten und somit letzten Versuch eine Punktlandung – mit genau sieben Metern. Da waren die sieben Meter, die alle seit Monaten von mir gefordert hatten.

Leider folgten auf meinen letzten Versuch zwei weitere Athletinnen, und so musste ich darauf warten, was die beiden noch an Ergebnissen erzielten. Diese zehn Minuten waren die längsten in meinem Leben. Qualvoll saß ich neben der Grube, zusammengekauert, und konnte kaum hinsehen, was die zwei anderen Athletinnen sprangen. Denn beide waren in diesem Jahr schon weit über die sieben Meter geflogen. Bis zu diesem Sprung war ich Anwärterin der Bronzemedaille gewesen, Brittney Reese aus den USA lag vorne mit 6,97 Meter, weitengleich gefolgt von der Nigerianerin Ese Brume. Doch keine der beiden konnte kontern, und sieben Meter waren letztendlich die goldene Punktlandung, die an diesem Tag nötig war. Ich fühlte mich schwerelos, und das nach dieser langen Zitterpartie. Am Ende war es wie eine Erlösung. Ich war mir vorher sicher gewesen, dass ich so weit springen konnte, wenn ich nur das Brett richtig traf, denn das war das Schwierigste für mich gewesen. Aber Ulli hatte mir ja gesagt, dass ich mir vertrauen konnte, meinem Körper vertrauen konnte, der nie vergessen würde, was er schon mal erreicht hatte. Und offenbar hatte er nicht vergessen.

Der goldene Sprung in Tokio am 3. August war wieder einer meiner typischen Black-out-Sprünge, genau wie in Doha. Zuvor hatte ich bewusst über mich nachgedacht, mein Selbstgefühl hatte ich durch Gedanken gesteuert – was macht es mit mir, was bedeutet das? Aber im Moment des Sprungs ließ ich all meine Gedanken los. Versuchte nur, in den Flow zu kommen. Es geschehen zu lassen, es in die Welt zu bringen – ganz im buddhistischen Zen-Sinne, wie ich im Rahmen meiner Meditationen und den Coachings gelernt hatte. Ich fühlte erst wieder, kam wieder zu mir selbst, als ich aus der Grube aufstand. Beim Weitsprung geht es ja nicht nur darum, weit, sondern auch gültig zu springen. Aus diesem Grund geht der erste Blick immer zum Kampfrichter, es nützt ja nichts, wenn man einen guten Flug hingelegt hat, am Ende der Sprung aber ungültig ist, weil ich das Brett übertreten hatte. Manchmal irrt man sich auch gewaltig und es ist deutlich weniger, als man glaubte gesprungen zu sein, aber ich hatte in diesem Moment schon ein gewisses Gefühl. Der Sprung hat sich wie ein sehr guter Sprung, wie sieben Meter plus angefühlt. Ich sah zum Schiedsrichter, der die weiße Flagge zeigte, und dann zu Ulli – und konnte an dessen erfreutem Gesichtsausdruck blitzschnell ablesen, dass ich mich bei der Einschätzung meines Sprungs nicht getäuscht hatte. Exakt sieben Meter! Goldmedaille in Tokio mit dem letzten Sprung! Ich hatte alles richtig gemacht. Auch, wenn der Anlauf immer noch nicht ganz passte und ich 19 Zentimeter am Brett liegen ließ.

Als ich nach dem Wettkampf zu Ulli lief, und wir uns über die Bande hinweg umarmten, flüsterte er mir zu, während er mich an sich drückte: „Vor dem Schlafengehen hatte ich mir immer vorgestellt wie du Gold holst, bis ich es fest im Gefühl hatte. Das nenne ich mal Magie." Und so errang ich Gold, wie ich es selbst auch Monate zuvor schon immer wieder und später auch Ulli visualisiert hatte.

Nach dem Wettkampf folgte der übliche Medienrummel, rund zwei Stunden lang gab ich Interviews, danach hatte ich noch eine Dopingkontrolle. Anschließend fuhren wir in ein Fernsehstudio – es war das einzige Mal, das ich außerhalb des Platzes oder des Olympischen Dorfs war, also Sightseeing während der Autofahrt. Erst gegen 17 Uhr kamen wir wieder im Olympischen Dorf an. Begrüßt wurde ich von der Mannschaft, jedenfalls von den Athletinnen und Athleten, die noch da waren, sie bildeten eine Art Empfangskomitee und freuten sich mit mir. Es war ein ganz besonderer Moment. Auf der anderen Seite war ich unglaublich erschöpft, ich hatte um sieben Uhr gefrühstückt und seitdem keine richtige Mahlzeit zu mir genommen. Es war total heiß, ich trug nur lange Klamotten, war von A nach

B gehetzt. Plötzlich merkte ich, dass mir schwindlig wurde. Unbedingt musste ich etwas essen. Im Anschluss daran gab ich noch mehr Interviews, bis halb zehn Uhr abends, danach fiel ich nur noch todmüde ins Bett. Am Ende des Tages war ich froh, noch am Stück zu sein, auch wenn es ein schöner Tag war, ein sehr intensiver Tag. Es war alles so geballt, weil ich, wie jeder andere Sportler, nach dem Wettkampf wegen der Pandemie nur noch zwei Tage in Japan bleiben durfte. Alles war so surreal und mir blieb kaum Zeit, die Geschehnisse zu verarbeiten.

Kapitel 20

AM RANDE DER EUROPAMEISTERSCHAFT IN MÜNCHEN

In der Kindheit war ich dem Alltagsrassismus hilflos ausgesetzt gewesen, inzwischen bin ich erwachsen und kann damit umgehen, habe viel über mich gelernt, bin erfahrener und weiß, dass ich solche Dinge nicht auf mich beziehen muss. Trotzdem ist es unheimlich traurig, dass man immer wieder und immer noch damit konfrontiert ist. Ich habe sogar das Gefühl, dass die Gesellschaft dafür noch offener geworden ist, wo sich früher manch einer geschämt hätte, rassistisches Denken öffentlich zu propagieren, so tun dies heute einige Menschen mit Selbstbewusstsein. Eine ungute Entwicklung, denn sie zerreißt die Mitte und verletzt Opfer darüber hinaus.

Während der Europameisterschaft 2022 in München war ich einer Situation ausgesetzt, mit der ich niemals gerechnet hätte.

Ich hatte schon rassistische Erfahrungen bei Wettkampfreisen gemacht, besonders unangenehm war ein Erlebnis in Jena gewesen. Zusammen mit einigen anderen Athleten und Athletinnen war ich auf dem Weg zum Ernst-Abbe-Sportplatz. Weil es nicht weit von unserem Hotel lag, fuhren wir mit der Straßenbahn dorthin, es waren nur wenige Stationen. In der Bahn saßen in einem Viererabteil eine Frau und zwei Männer, offensichtlich Neonazis, erkennbar an ihrer Kleidung mit Reichsadler, dem Wappentier aus der Zeit des Nationalsozialismus, dem „Keltenkreuz“ als Symbol für die Vormachtstellung der Weißen, und auf ihren Armen konnte ich auch Triskele-Tattoos erkennen, in rechtsextremen Kreisen auch als dreiarmiges Hakenkreuz bekannt.

Als nach drei Stationen unsere Haltestelle kam, stieg ich mit einem Teil der Gruppe hinten aus, um nicht an den Neonazis vorbeizumüssen, die ein unangenehmes Gefühl in mir ausgelöst hatten. Die Türen der Straßenbahn hatten sich schon geschlossen, als wir auf der Straße standen, aber sie war noch nicht losgefahren, der Fahrer wartete wohl noch auf das entsprechende Signal. Somit liefen wir an dem Fenster und dem Viererabteil vorbei, wo die Neonazis saßen. Unweigerlich schaute ich ihm Vorbeigehen auch zu ihnen hoch. In diesem Moment erspähten mich die drei erstmals, einer von ihnen machte eine Kopf-ab-Geste und lachte hämisch. Diese Geste fand ich bedrohlich, da ich nicht einschätzen konnte, wie ernst er und seine Gefährten sie meinten. Es konnte sein, dass sie sich nur einen Spaß daraus gemacht hatten, um mich zu verunsichern, doch vielleicht hätten sie mich auch verbal oder sogar körperlich attackiert, wäre ich ihnen bereits in der Bahn aufgefallen. Aber auch eine Geste zu machen, die nichts anderes bedeutet, als jemandem den Tod zu wünschen, jemandem, der eine andere Hautfarbe als sie selbst hat, allein das kann von niemandem als witzig empfunden werden. Das ist bitter und äußerst makaber, besonders, wenn sie an einen arglosen Teenager von sechzehn Jahren gerichtet ist. Es gab schon genug tödliche Angriffe von Rechtsradikalen auf Menschen mit Migrationshintergrund. Gesten dieser Art ließen sich nicht auf die leichte Schulter nehmen.

Aber zurück nach München, zur Europameisterschaft. Untergebracht waren wir in einer anderen bayerischen Stadt, einige Kilometer von der Landeshauptstadt entfernt, wo auch unser Trainingslager war. Direkt neben dem Trainingsplatz befand sich ein Jugendzentrum. Wir hatten viele freiwillige Helfer aus der Stadt, die uns etwa darin unterstützten, die Trainingsgeräte aus den Garagen, die unterhalb des Jugendzentrums lagen, auf den Platz zu schleppen. Sie hatten uns auch erzählt, dass in das Jugendzentrum meist Kinder aus niedrigen sozialen Schichten kommen würden, Kinder, für die sich zu Hause niemand wirklich interessiert, keiner fragt dort nach, wohin sie gehen, was sie tun und wann sie wieder zurück sind.

An einem meiner Trainingstage, als ich gerade auf dem Rasen Läufe machte, schrie einer der Jungen von oben das N-Wort herunter. Es war eindeutig, dass ich gemeint war. Weit und breit war kein anderer Dunkelhäutiger zu sehen. In diesem Moment dachte ich: schwierig. Was soll ich dazu sagen? Ich war überrascht, so etwas hier zu hören, fand es unschön. Es tat weh – Erinnerungen an alte Gefühle stiegen in mir auf –, aber ich reagierte erst einmal nicht. Doch der Junge machte weiter. Immer wieder schrie er das N-Wort über den gesamten Sportplatz. Er sagte nichts weiter, nur dieses eine Wort, um ihn herum einige andere Teenager, die aber schwiegen. Keiner von ihnen reagierte.

Schließlich bekamen unsere Betreuer vor Ort das mit, denn der Junge wollte noch größere Aufmerksamkeit oder sich noch mehr vor seiner Gruppe profilieren und rief das Wort immer wieder. Niemand konnte das mehr ignorieren. Selbst Ulli, der nicht besonders gute Ohren hat (geschuldet seiner Punk-Rockband-Zeit), hörte es. Eine ziemlich unangenehme Stimmung verbreitete sich. In der Leichtathletik sind solche offenen Vorfälle von Rassismus im Vergleich zu anderen Sportarten eher selten. Im Fußball-Kontext beispielsweise passiert so was viel häufiger, man denke nur an rassistische Gesten, Ausrufe und Gesänge in den Stadien. Generell herrscht im Fußball ein herberer Ton als in der Leichtathletik.

Schnell gingen einige Verantwortliche aus dem Helferteam hoch zum Jugendzentrum, um mit den Kids zu sprechen. Als sie wiederkamen, machte sich Ulli auf den Weg nach oben zu den Kindern, der vorher noch zu mir sagte: „Warum machen die das? Du bist doch so ein toller Mensch ...“ Er konnte das gar nicht verstehen. Er fügte noch hinzu:

„Ich werde mal mit dem Jungen sprechen. Vielleicht bringe ich die Gruppe mit runter. Dann erzähle ich ihnen etwas über dich.“

In der Zwischenzeit setzte ich mein Training fort, wobei ich dachte: Woher sollen die Jungs wissen, wer ich bin und was mich charakterlich ausmacht? In unserer Gesellschaft wird man oft zunächst nach dem Äußeren beurteilt, und in zweiter Linie danach, was man erreicht hat. Ich kannte das zur Genüge. Wenn man mich als Malaika Mihambo, die Weitspringerin, Weltmeisterin und Olympiasiegerin, erkannte, behandelte man mich als etwas Besonderes.

Rassismus, selbst unterschwelligen, bekam ich so gut wie nie ungefiltert zu hören. Als ob man es sich erarbeitet hatte, jemand zu sein – trotz einer anderen Hautfarbe.

Nach meinem letzten Lauf ging ich zu Ulli, den Betreuern und den Jugendlichen, die nun unten an den Garagen standen, und sagte: „Hallo." Ich fragte sie, wie es ihnen gehe. Wir führten ein kurzes Gespräch, umgingen aber das eigentliche Thema, das wie der sprichwörtliche Elefant im Raum stand. Auch wenn mir selbst nicht danach zumute war, wollte ich die Vorkommnisse nicht so stehen lassen. Ich schätzte den Einsatz aller Beteiligten, aber ich wollte mich dem selbst stellen. Darüber sprechen, für mich und für andere, die es nicht können, weil sie vielleicht selbst noch ein Kind sind oder durch die gesammelten Erfahrungen so mürbe sind, das sie keine Worte finden. Nach dem Small Talk folgte der Einstieg ins eigentliche Gespräch: Ich wollte, dass der Junge, sich mit dem auseinandersetzte, was er gesagt hatte, und die anderen Kids damit, warum keiner aus der Gruppe eingegriffen hatte.

„Wieso hast du mich so bezeichnet?", fragte ich ihn direkt. Er war vielleicht dreizehn, vierzehn und hatte hellbraunes glattes Haar und ebenso braune Augen.

Er konnte mich kaum anschauen, von oben, vom Jugendzentrum hatte er sich groß gefühlt, mir überlegen, aber der Person, die er mit dem N-Wort beschimpft hatte, von Angesicht zu Angesicht gegenüberzustehen, fiel ihm offensichtlich schwer. Von seinem Selbstbewusstsein war auf einmal nicht mehr viel übrig.

„Du weißt, dass das Wort rassistisch und verletzend ist, oder?", fuhr ich fort.

Zaghaft nickte er.

„Und warum hast du das dann gesagt?"

Einen triftigen Grund konnte er mir dafür natürlich nicht nennen. Ich versuchte das Gespräch von einer anderen Seite zu beginnen. Also fragte ich ihn nach seinen Wurzeln. Es kam heraus, dass er einen Migrationshintergrund hatte, er war Deutscher aber seine Eltern kamen aus Kroatien. Als er das sagte, dachte ich mir schon, dass diese Aktion vielleicht ein unreifer Umgang mit dem eigenen Schmerz war.

„Hast du auch schon mal Anfeindungen aufgrund deiner kroatischen Wurzeln erlebt?“, fragte ich.

Er gab zu, dass er schon mit ähnlich diskriminierenden Situationen konfrontiert gewesen war.

„Wieso sagst du dann so etwas zu mir, wenn du doch weißt, wie sehr so etwas wehtut? Diese Worte waren sicher ein großer Schmerz für dich, es ist immer ein großer Schmerz, wenn man ausgeschlossen wird, oder? Ich bin in Deutschland geboren, aber einige Leute weigern sich, in mir eine Deutsche zu sehen. Du müsstest das doch eigentlich nachfühlen können.“

Ich blickte ihn an und sah, wie seine Augen glasig wurden. Aus Schmerz oder Scham oder anderen Gefühlen, ich vermochte es nicht zu sagen.

Vielleicht hatte er sich schon oft genug minderwertig gefühlt, weil man ihm das Gefühl gab, nicht voll oder nicht immer dazugehören zu dürfen. Sich selbst über andere zu erheben ist ein einfacher Weg mit diesen Gefühlen umzugehen, der allzu oft eingeschlagen wird. Aggressionen, die man selbst in der Gesellschaft anderer erfahren hatte, schlagen um und werden schließlich an andere weitergegeben und verbreitet. Fast wie ein Perpetuum mobile des Schmerzes, das nie zum Stoppen kommt.

„Deine Worte haben mich verletzt“, erklärte ich. „Du hast mir wehgetan.“ Wieder blickte er zu Boden und konnte keinen Augenkontakt halten. Und dann sagte ich: „Ich kenne deinen Schmerz, aber es ist nicht okay, andere kleinzumachen, um sich groß zu fühlen. Du musst dir klarwerden, was für ein Mensch du sein möchtest. Möchtest du ein Mensch sein, der andere verletzt und kleinmacht, oder möchtest du ein Mensch sein, der andere respektiert oder sogar stark macht? Es gibt so viel Leid in der Welt, Kriege, Gewalt, Mobbing, das bis zum Selbstmord führt. Willst du das, willst du so ein Mensch sein und zu all dem beitragen?"

„Das will ich nicht", sagte der Junge leise. In seinen Augen konnte ich erkennen, dass es ihm wirklich leidgetan hatte. Ich konnte ihm ansehen, dass unser Gespräch was mit ihm gemacht hatte.

Dann fragte ich die Gruppe, die immer noch eng um den Jungen stand: „Ich finde das nicht cool, so mit Menschen umzugehen, wie findet ihr das?"

„Wir finden das auch total uncool", war die einhellige Antwort.

Vielleicht, so überlegte ich, haben die Kids wirklich etwas daraus gelernt. Ich wollte auch nicht, dass der Junge sich schlecht fühlte. Er hatte selbst so etwas erfahren, und es war ihm vermutlich nicht möglich gewesen, seinen Schmerz ohne Input von außen oder mit der kindlichen Reife anders zu verarbeiten, er hatte ihn nur direkt weitergeben können. Viel schlimmer als seinen verbalen Angriff fand und finde ich die Entwicklung in der Gesellschaft, in der zu wenig Widerspruch passiert, wenn solche Worte fallen. Die Menschen müssten mehr dafür sensibilisiert und auch zur Rechenschaft gezogen werden. Denn der Terror von rechts manifestiert sich irgendwann in Gewalt, die NSU-Morde, Hanau, das Attentat auf die Synagoge in Halle sind Beispiele dafür. Die Gewaltbereitschaft ist da, sie ist vorhanden, sie darf nicht ausbrechen. Es wäre wichtig, intolerant gegenüber Intoleranz zu sein. Weitaus mehr als bisher sollte etwas dagegen unternommen werden, dass solche verbalen Aggressionen unterbunden werden, sie sollten verpönt sein.

Die Bewegung Black Lives Matter, die 2013 gegründet wurde und sich gegen Gewalt gegen Schwarze und People of Colour einsetzt, war wieder ins europäische Bewusstsein gerückt, nachdem der Afroamerikaner George Floyd im Verlauf einer gewaltsamen Festnahme 2020 in Minneapolis von einem weißen Polizisten getötet wurde. Als Geste der Solidarität mit Floyd und der Black-Lives-Matter-Bewegung wurde das Black-Power-Symbol verwendet – bei den Demonstrationen streckten die Teilnehmer die Fäuste in den Himmel.

Vor den Olympischen Spielen in Tokio, die Bewegung hatte nichts von ihrer Bedeutung verloren, ganz im Gegenteil, wurde ich von einem Journalisten gefragt: „Wenn Sie eine Medaille gewinnen und auf dem Podest stehen, würden Sie dann auch so eine Black-Power-Geste machen?" Im ersten Moment hatte ich nicht gewusst, was ich auf diese Fragen antworten sollte, doch als ich eine Weile überlegt hatte, sagte ich: „Wenn es sich richtig anfühlt, werde ich es tun. Wird das nicht der Fall sein, werde ich es unterlassen." Erst im Nachhinein, nachdem die Frage des Journalisten nicht mehr aus meinem Kopf verschwand, begann ich mich zu fragen, warum mir diese so nachhing: Warum hat er mir diese Frage gestellt, nur weil ich eine dunklere Hautfarbe habe als viele andere Athletinnen und Athleten? Mir fiel auf, dass die Frage an sich schon ein Rassismusproblem deutlich machte. Hätte er jede Athletin, jeden Athleten gefragt, wäre es sicher gerechtfertigt gewesen. Ich nehme aber stark an, dass dieser Journalist dies nicht getan hatte. Rassismus ist kein Problem der Opfer, sondern der Täter. Von Opfern alleine zu verlangen, dass sie sich gegen Rassismus stark machen ist auf subtile Weise selbst rassistisch. Eigentlich sollte das Engagement gegen Diskriminierung ein gesellschaftlicher Prozess sein, der jeden Einzelnen betrifft, der jeden

Einzelnen etwas angeht. Hautfarbe, Herkunft oder Religion dürfen nicht der Faktor sein, warum Menschen sich einsetzen, so wird von vornherein eine Unterscheidung gemacht, die die Opfer als Minderheit alleinelässt. Jeder kann und sollte sich über die eigene Wortwahl und die Implikationen der eigenen Sprache und Denkweise Gedanken machen. Dabei geht es nicht nur um offensichtlichen Rassismus, sondern auch um unterschwellige Vorurteile. Prinzipiell geht es zudem nicht nur um Rassismus, sondern um Diskriminierung gegenüber Frauen oder anderen Minderheiten wie zum Beispiel Menschen aus der LGBTQ*-Community, um Einzelschicksale durch absichtliches Mobbing von Individuen. Jeder sollte das Recht auf physische und psychische Unversehrtheit haben. Und weil dies jedem zusteht, sollte sich jede und jeder immer mal wieder fragen, ob oder wie man vielleicht anderen durch unsensible Worte oder intolerante Ansichten wehgetan hat. Sollte man in einer Situation sein, in der man solche Worte mitbekommt, so sollte man dem Opfer beistehen und sich klar positionieren. Dabei ist es egal, ob es sich um einen Kollegen handelt oder den Chef. Dass dies durch einen angemessenen Umgangston geschehen sollte, versteht sich hoffentlich von selbst. Aufklärung, Sensibilisierung und eine demonstrative Positionierung können helfen, ein wertschätzendes Klima zu schaffen, in dem sich jeder frei entfalten kann.

Manchmal bin ich selber aber, ehrlich gesagt, auch nur froh, wenn ich mich nicht mehr damit beschäftigen muss, denn lange genug habe ich an den Folgen meiner eigenen Rassismuserfahrungen gelitten, mit meinem eigenen Leid zu kämpfen gehabt. Es ist nicht leicht, immer wieder Ähnliches durchstehen zu müssen, weil die Menschen nicht dazulernen. Dieser ewige Kampf zerrt an den Nerven und zermürbt sie auf Dauer.

Es ist frustrierend, ungerecht, und die Vehemenz und Selbstverständlichkeit, mit der viele Menschen ihre eigene Selbstgerechtheit in die Welt tragen, ist einfach erschreckend. Auch, wenn ich mir vorgenommen habe, mich für andere einzusetzen, wenn ich es persönlich mitbekomme, steht man am Ende mit noch mehr Leid da. Und fragt sich, manchmal wie man es noch verarbeiten kann, da man am eigenen Unrecht – auch Jahre später – noch zu knabbern hat.

Kapitel 21

ABSCHIED VON MEINER GROSSMUTTER

Nachdem ich von den Weltmeisterschaften in Eugene 2022 zurückkam, stellte sich heraus, dass ich mich bei der Rückreise mit dem Coronavirus infiziert hatte. Ich wollte nach der Reise in Eugene eigentlich unbedingt meine Großmutter Irma besuchen, weil ich sie durch die Reise schon drei Wochen nicht mehr gesehen hatte. Ich war mir aber über das Risiko bewusst und wollte erst einmal einige Tage abwarten, bevor ich zu ihr fuhr. Zu Recht, wie sich nun also zeigte. Gerade rechtzeitig wurde ich wieder Corona negativ – nach acht Tagen Krankheit – um zum Precamp für die Europameisterschaften in München aufzubrechen. Meine Oma konnte ich dennoch nicht besuchen, denn einen Tag vorher kam sie leider selbst ins Krankenhaus. Sie hatte einen Infekt mit hohem Fieber und sich zusätzlich auch mit Corona angesteckt. Erst nach der Europameisterschaft konnte ich wieder zu ihr, da lag sie immer noch im Krankenhaus.

Ich wusste, dass sie nicht mehr lange leben würde. Auch diese Gedanken begleitet mich in den Wettkampf in München und erschwerten es, die Leistungen zu erbringen, die ich mir erhoffte, die Außenstehende sich erhofften. Doch die Menschen, die nicht Teil meiner unmittelbaren Umgebung waren, konnten nicht wissen, was sich bei mir gerade im Privaten abspielte. Natürlich erwarteten sie, dass es lief wie immer. Dabei war meine Welt gerade dabei zu zerbrechen. Sie musste erst wieder neu aufgebaut werden, und zwar ohne diesen einen Menschen, den ich so geliebt habe, der mir so wichtig war.

Meine Großmutter und mein Großvater mütterlicherseits waren neben meiner Mutter die wichtigsten Personen in meinem Leben gewesen. Als mein Großvater starb, ich war damals 17, war es auch schlimm gewesen, aber auf eine andere Weise, denn er hatte großen Anteil daran gehabt, dass das Kartenhaus meiner Kindheit, das äußerst instabil war, zusammengehalten wurde. Er war für mich eine Art Vaterersatz gewesen. Meine Großeltern hatten mich oft vom Kindergarten oder später von der Schule abgeholt, wenn meine Mutter arbeiten musste – sie arbeitete zwar halbtags, musste an zwei Tagen in der Woche ihren Job jedoch ganztags ausüben. An diesen Tagen war ich bei meinen Großeltern, bis meine Mutter mich abholte. Oft verbrachten wir auch die Wochenenden mit ihnen.

Meine Mutter hatte vor meiner Geburt noch etwas Ärger mit ihren Eltern gehabt, weil sie – ich formuliere es mal so – nicht richtig überzeugt waren vom Charakter meines Vaters. Hinzu kam, dass ihnen auch seine Hautfarbe fremd war. Sie konnten nicht das in meinem Vater sehen, was meine Mutter in ihm gesehen hatte, als sie sich kennenlernten. Durch diese Diskrepanz wurde es etwas schwierig zwischen ihnen, und der Kontakt hatte abgenommen. Doch sobald ich auf der Welt war, hatte sich mein Großvater sofort in mich verliebt. Er sagte, als er mich das erste Mal in den Armen hielt: „Irma, das Kind hat ja deine Augen.“ Ab diesem Moment war ich „sein Kind“. Und auch meinen Vater lernten sie anzunehmen als sie ihn nach meiner Geburt schließlich näher kennenlernten. Denn die Hautfarbe an sich war nicht das Problem gewesen, sie hatten nur über ihren Schatten springen müssen, das Fremde kennenzulernen.

Mit meinem Großvater habe ich immer Asterix gelesen, zusammen saßen wir auf dem Sofa, besser gesagt, ich lag halb auf ihm drauf, und in dieser Geborgenheit und Nähe las er mir aus den Comicheften vor, erklärte mir anhand der Bilder, was Asterix und sein Freund Obelix mithilfe eines Zaubertranks gegen die Römer ausrichten konnten. Wir unternahmen aber auch viel, gingen im Luisenpark in Mannheim spazieren, schauten uns die Bisons im Wildgehege Karlstern an.

Auch meine Großmutter Irma war immer für mich da. Und versorgte mich rund um die Uhr. Sie machte den weltbesten Kartoffelsalat, nicht zu vergessen waren auch ihre unschlagbare Linzertorte oder die Kartoffel- und Semmelknödel. Sie hatte in der Küche in einem Altenheim gearbeitet und diese später auch geleitet, weshalb es nicht weiter verwunderlich war, dass sie eine sehr gute Köchin war. Zu dem Haus, in dem meine Großeltern wohnten, gehörte ein riesiger Garten, mehr Gemüse- als Blumengarten, der von ihr bewirtschaftet wurde. Oft habe ich mit ihr darin herumhantiert, sah zu, was sie tat, oder versuchte selbst, den Garten zu gestalten, indem ich einen kleinen Teich – eher ein mit einer Plastikplane bespanntes Loch – aushob. Mein Großvater saß dann auf einem Stuhl mit etwas

Abstand zu uns – das Gärtnern war nicht sein Hobby, eher das Im-Garten-Sitzen – und sah uns gemütlich zu.

Ich war gern bei den beiden und in diesem Garten, so sehr, dass ich sogar im Winter nach draußen ging und in den halb gefrorenen Pfützen spielte, bis ich kaum noch meine Hände bewegen konnte, so steif gefroren waren sie. Auch liebte ich die Katze meiner Großeltern, es gab einfach keine bessere. Mieze war viel interessanter als Fernsehen (meine Mutter und ich besaßen auch erst einen Fernseher, als ich sechs war), nie hat sie mich gekratzt, überhaupt ließ sie alles Mögliche mit sich machen. Auch sie hatte sich in mich verliebt, als ich klein war. Ich durfte sie sogar umhertragen, ihre Hinterbeine schleiften am Boden, weil sie noch länger war als ich groß.

Als dann im November 2022 meine Großmutter starb – ich war 28 –, war das ein herber Verlust. Zu meinem Großvater hatte ich eine wunderbare Beziehung gehabt, aber es war eine, die sich eher auf einer kindlichen Ebene bewegte. Zu meiner Großmutter hatte ich eine erwachsene Beziehung gehabt. Als mein Großvater nicht mehr lebte, hatte ich immer versucht, sie einmal in der Woche zu besuchen, trotz Leistungssport und Trainings, trotz Studiums und Wettkämpfen im Ausland. Es war zum Schluss kaum zu ertragen zu sehen, dass sie, die einen großen Lebenswillen hatte und gern noch weitergelebt hätte, von ihrem Körper im Stich gelassen wurde. Er konnte einfach nicht mehr.

Ich habe sie in den Tod begleitet, wie der Rest meiner Familie mütterlicherseits. Nach jedem Besuch musste ich mich ein Stück mehr von ihr verabschieden, denn mit jedem Mal schwanden ihre Kräfte, das mit anzusehen war äußerst schmerzhaft. Ich hatte angenommen, dass ich daran zerbrechen müsste, an dem, was ich sah, wie sie abbaute und nicht mehr die war, die sie einst war, und wie sie litt. Aber so war es nicht, vielleicht, weil ich fühlte, dass wir uns so nah waren. Weil ich wusste, auch wenn sie ging, würde sie immer bei mir bleiben und mich tief geprägt haben. Am Ende ihres Lebens konnte meine Großmutter nicht mehr gehen, nur noch ein, zwei Worte sprechen, ich musste mit ihr nonverbale Kommunikationswege finden. Trotzdem gelang es uns, aneinander buchstäblich zu berühren. Irgendwie hatte ich das Gefühl, dass ich bis zum Schluss zu ihr durchdringen konnte. Vielleicht war es ihr auch wichtig, dass ich von ihr noch gehört wurde, denn in einem solchen Zustand ist es nicht selbstverständlich, Menschen zu finden, die einen Zugang zu den Sterbenden finden können.

In der Nacht, in der sie starb, wachte ich unvermittelt auf und sah das Gesicht meiner Großmutter vor mir. Ich hatte von ihr geträumt, wie sie in den Himmel aufsteigt, von Licht umgeben, von Glockenläuten begleitet. Vier Uhr morgens schreckte ich aus meinem Traum auf und ich wusste, dass sie gestorben war. Für mich gab es keine andere Möglichkeit. Hätte sie am Morgen noch gelebt, hätte es mich gewundert. Als ich aufwachte, klingelten in meinem Kopf immer noch die Glocken und bald auch schon das Telefon. Es war der Anruf, den ich erwartet und doch nicht erhofft hatte, meine Großmutter, so hieß es, sei in der Nacht verstorben. Wirklich überrascht hatte mich diese Nachricht nicht, denn mein Traum hatten mich auf diesen Ausgang vorbereitet. Das Läuten der Glocken begleitete mich einige Stunden. Erst im Nachhinein wurde mir klar, dass es die Totenglocken waren, die ich gehört hatte, die in vielen Kirchengemeinden nach Eintreten eines Todes geläutet werden. Ich war sehr traurig und dachte immer wieder an meine Großmutter und daran, wie wichtig sie für mich gewesen war. Sie, mein Großvater und meine Mutter – durch diese drei Menschen war ich nicht an meiner Kindheit zerbrochen. Sie waren alle auf ihre individuelle Art prägend für mich gewesen, das wurde mir an diesem Tag einmal mehr unwiderruflich bewusst.

So viel hatte ich von meiner Großmutter. Sie war sehr pragmatisch, was ich auch über mich sagen kann. Ich konnte ihr kaum etwas schenken, außer wenn es etwas Nützliches war. Eine Pflanze im Topf nahm sie gern an, aber mit einem Blumenstrauß konnte man ihr keine Freude bereiten, der würde ja nur viel zu schnell wieder verwelken. Sie war nüchtern. Sie besaß eine große innere Stärke, arbeitete sehr viel in ihrem Leben, war ungemein diszipliniert. Das waren alles Dinge, die ich mir von ihr abgeschaut habe. Ich bin auch eher der nüchterne Typ, versuche auch viel zu arbeiten und fleißig zu sein.

Meine Großmutter war leidenschaftlich und tatkräftig, hatte sich für vieles interessiert und war an ihren eigenen Widerständen gewachsen, etwa ihren Erlebnissen im Zweiten Weltkrieg oder der Pflege meines Großvaters. Es war anstrengend für sie gewesen, aber sie hatte sich nie beklagt. Das zu erfahren war sehr bereichernd für mich gewesen. Immer hatte sie alles selbstständig machen wollen, sie war auf ihre Weise frei gewesen. Sie war stets freundlich und respektvoll, wollte, dass es den Menschen gut geht. Sie hatte sich durchaus beschwert, wenn ihr etwas nicht passte, sie war nicht harmoniesüchtig um jeden Preis. Es war schön, wie viel Liebe sie mir gegeben hat, dass ich für sie etwas Besonderes war. Sie wurde 89 Jahre alt.

Nicht zuletzt durch ihren Tod fing ich an, über den Tod an sich nachzudenken. Mein Tod, unser aller Tod ist unvermeidlich. Er ist eine Tatsache, an die ich mich erst herantasten musste, ein Teil unseres Lebens. Viele Menschen haben Angst vor dem Tod, und ich glaube, der Grund dafür liegt in der Ungewissheit. Auch ich weiß nicht, was kommen wird. Letztlich erscheint es mir aber gar nicht so wichtig, ob es nach dem Tod ein Weiterleben gibt, ob man wiedergeboren wird oder ins Paradies gelangt oder ob das Leben einfach endet, es in eine Nichtexistenz verschwindet. Das hat keine Relevanz für mich, und ich möchte auch nicht, dass es eine hat. Ich möchte mein Leben so glücklich führen, wie es geht, und es in vollen Zügen genießen. Zu 100 Prozent möchte ich eintauchen in dieses eine Leben, das ich habe, möchte einmal eine Familie gründen und Kinder haben. Im Vergleich dazu scheint es mir irrelevant zu sein, was danach kommt. Oder ob überhaupt etwas danach kommt. Ich habe ja mein Leben gelebt, gut und in Fülle. Und ich habe nicht nur für mich gelebt, sondern auch Gutes für andere getan. Deswegen ist der Tod kein Verlust, sondern eine unserer Stationen im Kreislauf des Lebens.

Sicher, manchmal frage ich mich, ob es da nicht doch noch mehr gibt, doch das vergeht wieder schnell. Als ich noch Angst vor dem Tod hatte, merkte ich, dass ich ein Leben führte, das mich nicht glücklich machte. In diesem Fall hätte es mich ziemlich betrübt, wenn es auf einmal vorbei gewesen wäre. Das wäre mir trost- und hoffnungslos erschienen.

DA ICH ABER DEM LEBEN, DAS MICH IN GÄNZE ERFÜLLT UND GLÜCKLICH MACHT, IMMER NÄHERKOMME, LÖST AUCH DER GEDANKE AN DEN TOD KEINE ANGST MEHR IN MIR AUS.

Wie so vieles andere nicht mehr. Denn wenn ich den Tod nicht fürchte, so meine Erfahrung, dann werden auch die anderen Ängsten weniger. Die innere, vollkommene Meisterschaft habe ich in diesen letzten Dingen noch nicht erreicht. Dafür standen noch viel zu viele andere Probleme an.

Kapitel 22

AUF DER SUCHE NACH MEINEM PLATZ

Manchmal bekommt man nicht das, was man sich wünscht oder vorstellt. Manchmal muss man sich Dingen stellen, die man nicht für möglich gehalten hätte. Und damit meine ich bei mir die Demenzerkrankung meiner Mutter mit 60 Jahren.

Zum ersten Mal wurde ich nachdenklich in einem Urlaub, den ich gemeinsam mit meiner Mutter 2020 in Italien verbracht hatte. Wir erlebten dort eine wunderschöne Zeit, aber schon im Vorfeld war mir aufgefallen, dass sie sich gar nicht richtig in die Urlaubsplanung einklinken konnte. Erst hatte ich gedacht, das könnte daran liegen, dass sie nicht so urlaubserfahren ist wie ich, sie sich einfach nur auf unsere Reise zu zweit freut, darauf, mit mir in meinem kleinen Fiat Cabrio unterwegs zu sein.

Nach ein paar Tagen kam mir erneut etwas seltsam vor. Einige Wochen zuvor hatten wir zusammen ein Kleid für mich gekauft, und als ich es im Urlaub das erste Mal anzog, fragte sie mich, wann und wo ich es denn gekauft hätte. Im ersten Moment war ich etwas irritiert, aber dann fand ich schnell eine Erklärung dafür. Zwar hatten wir zusammen geshoppt, aber welche Mutter, so dachte ich, hat schon einen Überblick über den gesamten Kleiderschrank ihrer erwachsenen Tochter? Ich erinnerte sie daran, dass wir das Kleid gemeinsam gekauft hätten, auch in welchem Geschäft. Aber als ich das Kleid zwei, drei Tage später am Strand wieder trug, fragte sie mich erneut, woher ich denn dieses schöne Kleid hätte. Das fand ich dann doch merkwürdig.

Am vorletzten Tag unserer Reise machten wir noch einen Stopp in einem Ort in Österreich, der an der Grenze zur Schweiz lag. Dort wohnte ein Freund, den ich in Thailand kennengelernt hatte, und wir wollten bei ihm übernachten, auch noch einen Tag lang wandern, um die Heimreise nicht so anstrengend zu gestalten. Das Haus war sehr verwinkelt, und ich konnte beobachten, dass es meiner Mutter sehr schwerfiel, ihr Zimmer wiederzufinden, wenn sie auf die Toilette gegangen war. Das Haus hatte zwar schon einen etwas eigentümlichen Grundriss, aber nicht so, dass man mit einem guten Orientierungssinn dort verloren gegangen wäre. Das machte mich erneut stutzig.

Das Gesehene und Erfahrene ließ ich erst einmal sacken, aber ungefähr einen Monat später fragte ich meine Mutter: „Kannst du dir vorstellen, dass wir mal zusammen zum Arzt gehen? Einfach zur Sicherheit, ob alles okay ist?"

Ihre Antwort war ein wenig unverbindlich, was damit zu tun hatte, dass sie ihre Schwierigkeiten selbst noch nicht allzu ernst nahm. Nach diesem Gespräch hatte ich zwar gemerkt, dass womöglich nicht alles in Ordnung war, aber es war noch nicht an der Zeit, das genauer abzuklären. Sie hatte nicht direkt Nein gesagt, aber sie war noch nicht so weit, mit mir zu einem Arzt zu gehen.

Dann kam die Vorbereitung für die Olympischen Spiele in Tokio, meine Mutter und ich verbrachten wie gewöhnlich viel Zeit miteinander, und im gewohnten Umfeld traten keine weiteren Probleme auf, was mich zunächst beruhigte. Im Berufsleben meiner Mutter veränderte sich allerdings etwas: Sie sollte in dem Supermarkt, in dem sie seit Jahren als Kassiererin gearbeitet hatte, nicht mehr an der Kasse sitzen, da sie nicht mehr so schnell sei. Es wäre wohl besser, sie würde Regale einräumen. Meine Mutter freute sich auf die neue Tätigkeit, endlich konnte sie etwas anderes machen, noch dazu in ihrem Tempo. Mit sechzig ist man eben nicht mehr so flott wie mit dreißig,

das leuchtete auch mir ein.

Es kam das Jahr 2021 und es war viel los, aber noch immer hatte ich im Hinterkopf, mit meiner Mutter zum Arzt zu gehen – wenn Olympia vorbei ist. Richtig Luft dafür sollte ich erst im November 2021 haben, doch meine Mutter kam mir zuvor: Ende Oktober rief sie mich von sich aus an.

„Ich vermute mal, Malaika, dass ich schwer krank bin. Ich habe wohl Alzheimer, bin an Demenz erkrankt. Es geht rapide bergab“, sagte meine Mutter schluchzend.

Ich musste heftig schlucken. Alzheimer? Demenz? Ich hatte auch mal für einen kurzen Moment an Demenz gedacht, vermutete aber mittlerweile eher, dass die Vorkommnisse etwas mit ihrer Schilddrüse zu tun hatten, die ihr vor ein paar Jahren entfernt worden war. Bestimmt war sie medikamentös nicht richtig eingestellt, darin konnte die Vergesslichkeit begründet sein. Aber letztlich konnte ich ihr nicht viel entgegensetzen, denn ich selbst hatte ja auch schon seit einem Jahr wahrgenommen, dass etwas nicht stimmte, auch wenn sie ihre

Einschränkungen bisher gut kompensiert hatte. Was mich bis zum Schluss hoffen ließ, es wäre schon nichts Schlimmes.

„Mama“, sagte ich mit rauer Stimme als mir Tränen in die Augen stiegen, „noch ist nicht klar, dass es diese Krankheit sein muss.“

Nach dem Telefonat kümmerte ich mich sofort darum, dass sie in eine Kopfklinik kam, wo sie komplett untersucht wurde. Im Rahmen von verschiedenen Scans und einer Gehirnwasseranalyse bekamen wir im Januar 2022 endlich Klarheit: Die Diagnose war eindeutig, alle Demenzmarker waren auffällig. Damit war klar, meine Mutter hat Demenz. Das war ein harter Schlag. Eine Vermutung zu haben ist etwas anderes als ein endgültiger Befund. Bei einer Vermutung hat man die Hoffnung, es könnte vielleicht doch noch etwas anderes sein. Nun waren die gesicherten Ergebnisse da, es gab kein Ausweichen mehr. Wir mussten der Realität ins Auge blicken und schauen, wie meine Mutter damit leben wird, wie ich damit leben werde.

Demenz empfanden wir als eine unbefriedigende Diagnose, weil es sich dabei um eine Krankheit handelt, gegen die man nichts machen kann, jedenfalls jetzt noch nicht. Es gibt einige wenige Medikamente, die minimalen Einfluss auf die Ablagerungen im Gehirn haben, auf das Fortschreiten der Krankheit, jedoch können sie diese nicht aufhalten. Sie erleichtern nur die Symptomatik für die Betroffenen ein wenig, mehr aber nicht.

Es folgte eine schwierige Zeit für meine Mutter, weil sie merkte, dass sie abbaute, sie die Diagnose erst einmal emotional verarbeiten musste. Was bedeutete das jetzt für sie? Und auch für mich war es schwierig, die Krankheit zu akzeptieren, eine Krankheit, bei der es keine Aussicht auf Besserung gibt, keine Heilmittel, keine Therapie. Jeden Tag geht es einfach nur ein kleines Stück weiter bergab. Während meine Mutter sich vorm schleichenden Verlust der Erinnerungen mit mir fürchtete, hatte ich Angst davor, meine Mutter zu verlieren – die wenigsten Kinder machen sich darüber Gedanken, erst recht nicht, wenn die Mutter vergleichsweise „jung“ ist, gerade mal 60 Jahre alt. Und nun war es nicht mehr möglich, über Stunden ein tiefgründiges Gespräch mit ihr zu führen. 2020, auf dem Spaziergang, von dem ich bereits erzählte, hatten wir eines der letzten dieser Art gehabt. Genauso wie der Zustand meiner Mutter sich Woche für Woche, Monat für Monat verändert, und noch verändern wird, so verändern sich auch meine Gefühle dem gegenüber. Die Krankheit meiner Mutter ist ein Prozess und auch mein Umgang damit ist einer – ich lerne Schritt für Schritt, mit den Entwicklungen zurechtzukommen, und dann und wann werde ich auch mal wieder ein Stück zurückgeworfen.

So auch im Februar 2022, als meine Mutter zum ersten Mal meinen Geburtstag vergaß. Ich hatte sie selbst an diesem Tag angerufen und gefragt: „Weißt du, Mama, welcher Tag heute ist?“ Sie wusste es nicht. Ich sagte ihr dann, dass heute mein Geburtstag sei. Sie war sehr, sehr traurig, dass sie ihn vergessen hatte. Und ich war traurig, weil ich sah, wie die Krankheit fortschritt, weil ich ihr Leid sah. Aber ich entschied mich dazu, es auszuhalten, die eigenen Gefühle hintenanzustellen, um für meine Mutter da sein zu können, für sie stark zu sein – zumindest in diesem Moment.

Die Krankheit stand nun im Raum, sie war da, ich konnte sie nicht mehr leugnen. Am nächsten Tag hatte ich einen Hallenwettkampf, und das Telefonat mit meiner Mutter hing mir noch nach. Es war für mich deshalb schwierig, auf dem Platz zu stehen und zu performen. Dennoch belegte ich den dritten Rang, gab Interviews. Reagierte professionell. Aber als die Halle leer war – es waren nur noch die Leute da, die beim Wettkampf geholfen hatten und nun beim Abbauen halfen –, konnte ich nicht mehr an mich halten, und brach in Tränen aus. Die Schleusen, die ich sonst geschlossen gehalten hatte, sie waren weit geöffnet. Ich dachte: Was bedeutet das alles, was wird noch auf mich zukommen? Meine Mutter wird sich verändern, sie wird nie mehr so sein, wie ich sie zuvor kannte. Unsere Beziehung veränderte sich, unsere Rollen, Mutter und Kind, sie verschoben sich. Nun musste ich auf sie aufpassen.

Eine wichtige Frage war außerdem, ob meine Mutter unter einer erblich bedingten Demenz litt oder nicht. Eine vererbbare Demenz konnte auch an mich weitergegeben werden. Es dauerte ungefähr drei Monate, bis das Ergebnis nach einem Test feststand. Wir konnten kurz aufatmen, es war immerhin keine vererbbare Form von Demenz. Während dieser drei Monate versuchte ich, nicht darüber nachzudenken, welche Konsequenzen das mögliche Ergebnis für mich haben würde. Hätte ich weiterhin Kinder bekommen wollen, wenn ich diese vererbbare Krankheit in mir getragen hätte?

Nichtsdestotrotz war ich 2022 vor allem froh, dass meine Mutter noch selbstständig leben konnte, besonders für sie. Sie konnte ihr Leben leben, konnte noch Freundinnen besuchen. Es kam dann eine Phase, in der ich viel mit dem Chef meiner Mutter zu tun hatte. Am Anfang hatte sie noch unterschiedliche Schichten, doch sie fing an, die Uhrzeiten zu verwechseln, mal war sie zu früh da, mal zu spät. Orientierung bezüglich Raum und Zeit, klappte bei ihr nicht mehr. Meine Mutter haderte derweil mit sich, zwar nicht jeden Tag, im Großen und Ganzen versuchte sie, guter Dinge zu sein. Ihr fröhliches Gemüt, das hatte sie sich auch angesichts ihrer schweren Diagnose bewahrt. Trotzdem gab und gibt es Tage, an denen sie traurig ist, ich versuche dann, sie aufzubauen: „Guck mal, das und das hast du doch hinbekommen. Schau mal, wir haben doch eine schöne Zeit miteinander."

Im Winter 2022 fing ich an, darauf zu achten, dass sie ihre Schichten rechtzeitig begann. Außerdem musste ich dafür sorgen, dass ihr Arbeitgeber ihre Krankmeldungen bekam. Sie schaffte es nicht mehr selbst, sich immer rechtzeitig krank zu melden, stattdessen tauchte sie manchmal einfach nicht auf.

Das funktionierte ungefähr ein knappes halbes Jahr. Danach mussten wir einsehen, dass sie nicht mehr arbeiten konnte. Sie vermochte nicht mehr die Leistung zu erbringen, die erforderlich war. Die anderen Mitarbeiter mussten ihr immer wieder eigentlich altbekannte Dinge erklären und hatten mit ihr doppelte Arbeit. Das war für alle kein haltbarer Zustand. Seit diesem Tag konnte ich ihre Diagnose nicht mehr länger ausklammern, denn von nun an würde der Alltag meiner Mutter nicht mehr so ablaufen wie zuvor.

Das Arbeitsende meiner Mutter wurde in der Woche beschlossen, als die Hallen-Europameisterschaften in Istanbul anstanden. Sie hatte noch zwei weitere Schübe gehabt, Dilirs, wie man sie medizinisch nennt, totale Aussetzer. Menschen in einem Dilir sind dann noch weniger sie selbst als sonst.

Als ich nach Istanbul flog, war ich mit dem Kopf verständlicherweise also völlig woanders. Ich hatte keine Zeit gehabt, all die jüngsten Ereignisse zu verarbeiten, und plötzlich befand ich mich in einer Wettkampfsituation, dabei war ich gedanklich immer noch zu Hause bei meiner Mutter. Ich musste realisieren, dass sie die nächste Stufe erreicht hatte. Bei Demenz weiß man nie, wann die nächste Stufe kommt, jedes Mal fällt man wieder aus allen Wolken, ständig ist man in Habachtstellung.

Eine Psychologin hatte mir auch erklärt: „Demenz ist eine Krankheit, bei der man jede Entwicklungsstufe neu betrauern muss." Nicht anders empfand ich es. Inzwischen geht es schneller, aber es braucht dennoch seine Zeit. Jede Wut, jede Ohnmacht, jedes Gefühl von Hilflosigkeit muss auf jeder Stufe neu verarbeitet werden. Ich hatte gewusst, dass meine Mutter irgendwann nicht mehr in der Lage sein würde zu arbeiten. Aber als der Tag dann da war, war das noch mal was ganz anderes.

Währenddessen hatte ich mich in Istanbul mit dem letzten Sprung für das Finale qualifiziert. Eine britische Journalistin fragte mich im Anschluss, ob ich mich denn schon aufs Finale freuen würde. Nach einem Wettkampf bin ich oft ausgelaugt, doch dieses Mal fühlte ich mich gänzlich schwach und geradezu ausgeliefert. Wie sollte ich mich auf den Wettkampf am nächsten Tag freuen, wenn meine Gedanken doch ununterbrochen um meine Mutter kreisten? Augenblicklich fing ich an zu weinen, was mir zuvor noch nie derart passiert war. Denn nichts war in Ordnung, nichts normal. Schließlich konnte ich mich wieder fassen und der Journalistin irgendeine unverbindliche, augenscheinlich „normale" und angemessene Antwort geben. Sie hatte sich gar nicht gewundert, dass ich in Tränen ausgebrochen war, aber dann rief ich mir in Erinnerung, dass das Athletinnen und Athleten doch häufiger passiert, wenn sie erschöpft oder unzufrieden sind. Meist gehen die Leute dann davon aus, das würde am Wettkampf liegen und man bekommt gesagt: „Beim nächsten Mal läuft es bestimmt besser." Aber das war es ja nicht. Ich würde nie in Tränen der Verzweiflung über einen dritten oder vierten Platz ausbrechen.

Nach dem Interview fuhren mein Trainer und ich mit dem Bus in unsere Unterkunft, dabei lehnte ich meinen Kopf an Ullis Schulter.

„Deine Mutter ist gut versorgt“, tröstete er. „Dein Freund ist sofort bei ihr, wenn etwas sein sollte.“

„Ich weiß“, sagte ich. „Aber irgendwie wollte ich die Krankheit lange nicht wahrhaben. Und so lange sie noch arbeiten konnte, hat das auch gut funktioniert. Gerade bricht das alles auf einmal auf mich ein.“

Später am Tag sprach ich noch mit der Sportpsychologin. Für mich war nicht klar, ob ich am nächsten Tag zum Finale antreten sollte oder besser gesagt konnte oder nicht. Im Gespräch suchte ich Antworten darauf, was die eine oder eben die andere Möglichkeit mental für mich bedeuten würde. Am Ende hatte ich mich aber entschieden, an den Start zu gehen. Ein einziger Grund zählte: Meine Mutter würde sich zusammen mit meinem Freund den Wettkampf anschauen, und ich war mir sicher, sie würde sich freuen, wenn ich springe.

Dafür, dass ich mit einem solchen großen Rucksack an den Start gegangen war, machte ich keinen schlechten Wettkampf. Die Leistung war für mich noch so viel mehr wert als ein vierter Platz. Erst hatte ich gedacht, mir würde es hinterher noch schlechter gehen als vorher, aber so war es nicht. Es hatte mich stark gemacht, dass ich für meine Mutter stark sein wollte. Ich stellte fest, ich wuchs mit den Aufgaben. Dennoch: Berufstätig zu sein und gleichzeitig zu pflegen, ist sehr anstrengend, denn zu den organisatorischen Herausforderungen kommen noch die emotionalen, etwa die Gefühle meiner Mutter, die ich auffangen will. Auch der Performancedruck nach außen spielt eine große Rolle: Ich muss Erwartungen erfüllen und so tun, als wäre nichts. Nur wenige Menschen wussten von der Demenz meiner Mutter.

Ich muss mir aber auch erneut deutlich machen, dass ich ebenso meine eigenen Grenzen einzuhalten und wertzuschätzen habe. Ich kann nur bis zu dem Grad pflegen, wie ich es leisten kann. Ich darf mich dabei nicht selbst verlieren. Ich gebe 100 Prozent, aber wenn die aufgebraucht sind, muss ich meine eigenen Batterien aufladen, bevor ich weitermachen kann. Ich gebe gern zurück, weil meine Mutter und ich eine große Vertrauensbasis haben, ein sehr inniges Verhältnis. Wir wissen, dass uns das beiden hilft, mit der Krankheit umzugehen.

Pflege müsste, und das merke ich in dieser Zeit mehr als deutlich, in unserer Gesellschaft eine wesentlich größere Wertschätzung erfahren. Alle Pflegenden betreiben einen Spagat, aber um für andere Personen da zu sein, braucht man an anderer Stelle einen Ausgleich. Denn die Krankheit rollt an wie eine unaufhaltsame Welle, in einem bestimmten individuellen Tempo. Und dafür muss man gewappnet sein.

Inzwischen lerne ich mehr und mehr, Verantwortung nicht nur für mein eigenes Leben zu tragen, sondern noch für ein zweites. Meine Mutter gibt immer mehr an mich ab, sie muss es auch. Dennoch versuche ich auf Augenhöhe mit ihr zu kommunizieren, den Weg gemeinsam zu gehen.

Es liegt an mir, Lösungen mit und für meine zu Mutter finden, wir haben uns nach betreuten Wohngemeinschaften umgehört und auf diese Weise eine passende gefunden. Diese Entwicklung ist unausweichlich, weil es mit dem Selbstversorgen nicht mehr so gut klappt, mit der Haushaltsführung und dem regelmäßigen Einnehmen ihrer Tabletten. In diese WG wird sie erst einmal zur Probe einziehen, ich denke aber, dass es ihr in an diesem neuen Ort gefallen wird. Es ist eine Demenz-WG mit nur drei Mitbewohnern und einer intensiven Pflege, in deren Rahmen auf jeden Bewohner eingegangen werden kann.

Neben diesen Entscheidungen, die ich nun für meine Mutter treffen muss, beeinflusst ihre Demenz auch meine Entscheidungen für mein eigenes Leben: In der Zeit, bevor ich mit ihr in Italien war, kam auf einmal über verschiedene Kontakte bei einem meiner Sponsoren die Überlegung auf, ich könnte doch auch in Houston, Texas, trainieren, bei der US-amerikanischen Leichtathletiklegende Carl Lewis. Das war einerseits natürlich sehr reizvoll, würde aber auch ein komplett neues Leben bedeuten. Aber durch Corona war die Einreise in die USA vorerst sowieso nicht möglich. Zugleich dachte ich darüber nach, dass angesichts dieser Entfernung Projekte wie Malaikas Herzsprung nicht mehr in mein Leben passen würden. Ein Gedanke, der mir gar nicht behagte.

Als ich dann wieder in die USA hätte reisen können, war der Zeitpunkt zu nah an der Olympiade, um davor noch den Trainer zu wechseln. Denn ein solcher bedeutet immer eine Umstellung, die Unruhe in Körper und Geist bringt. Der Wettkampf in Tokio war zu wichtig, um so kurz davor einen weiteren Sprung ins Ungewisse zu machen. Ich empfand das als in Ordnung, denn ich merkte, dass ich in Ulli einen Trainer an meiner Seite gefunden hatte, bei dem ich mich aufgehoben fühlte.

Inzwischen weiß ich: Es waren die richtigen Entscheidungen gewesen, es war gut, dass ich nicht in die USA gegangen war. Mit Ulli hatte ich die sprichwörtliche Taube auf dem Dach. Was sich zuerst eher nach Spatz angefühlt hatte, hatte sich als etwas Fruchtvolles und Stabiles entpuppt. Ich bin ein loyaler Mensch, und mir wäre es nicht in den Sinn gekommen, dieses besondere Miteinander einzutauschen gegen eine Gleichung mit zu vielen unbekannten Variablen.

Und die USA und Carl Lewis wurden auch immer weniger relevant, als ich begriff, wie schnell sich die Krankheit bei meiner

Mutter entwickelte. Ich wollte und will bei ihr sein, mit ihr Zeit verbringen, ebenso mit meiner Großmutter, der es damals immer schlechter ging. Mit ihr hätte ich gar keinen Kontakt gehabt. So schwerhörig wie sie war, hätten wir nicht einmal mehr telefonieren können.

Nun sitze ich also hier, und schreibe die letzten Zeilen meines Buches. Vor wenigen Tagen, im Juli 2023, habe ich die Leichtathletik-Weltmeisterschaft im August in Budapest abgesagt. Das war nicht einfach, aber ich hatte in den letzten Monaten so viel Schmerzhafteres erlebt, dass ich bald gut damit klarkam. Ich wollte aus der Situation das Beste machen: die gewonnene Zeit mit meiner Mutter nutzen und mich konzentriert auf Olympia 2024 in Paris vorbereiten.

Der Grund für die Absage war eine Verletzung gewesen. Sie kam zum einen überraschend, zum anderen gab es viele Faktoren, die sie sicher begünstigt hatten. Ich würde es abhaken unter: Das Universum war nicht auf meiner Seite.

Es gab einfach zu viele Puzzleteile, die im Vorhinein nicht gepasst hatten. Nach dem Trainingslager war ich eine Woche lang krank, und eine Woche flach liegen heißt, ungefähr drei Wochen reguläres Training verlieren. Ich ging also bereits mit einem Rückstand in die Saison.

Die ersten Wettkämpfe waren auch noch nicht so gut. Alle bisherigen Wettkämpfe fanden eher bei kühlen Temperaturen statt. In Stockholm, bei der Diamond League, war extrem schlechtes Wetter, es hatte in Strömen geregnet und es war sehr kalt, vielleicht 14 Grad. Noch nie hatte ich bei so schlechten Witterungsbedingungen einen Wettkampf gemacht. Ich zog mir dort eine Muskelverspannung im linken Bein zu, von der Wade bis zum Oberschenkel. Obwohl ich danach nur sehr locker trainierte und jeden zweiten Tag zur Physiotherapie ging, zog sich die Ausheilung. Dann folgten in der Woche darauf im Juli die Deutschen Meisterschaften in Kassel. Dort war es nicht kalt, sondern sehr heiß, ich hatte geschwitzt, wohl auch Elektrolyte verloren. Ich hatte schon drei Sprünge gemacht, mit dem ersten Sprung schaffte ich gleich 6,93 Meter, so gut war ich bislang in keinen Wettkampf eingestiegen. Durch das Ergebnis war ich angefixt und wollte beim vierten Versuch noch mehr geben. Durch die hohen Temperaturen lief ich so schnell wie noch nie in der Saison an – Muskeln fühlen sich bei Hitze wohler als bei Kälte –, und dann passierte es: Auf einmal spürte ich einen blitzartigen Schmerz in meinem Oberschenkel, welcher sich zugleich verkrampfte.

Ich musste den Anlauf abbrechen, und man sah es mir sicher im Gesicht an, dass ich total schockiert war über das, was gerade geschehen war. Ich konnte es mir nicht erklären, ich hatte im Wettkampf kein Feedback von meinem Körper bekommen, von dieser Stelle, ah, hier pass auf. Ich hatte gedacht, alles ist in Ordnung, es war aber nicht alles in Ordnung. Stattdessen war ich verletzt, und zwar an der Stelle, wo ich mich schon einmal vor vielen Jahren verletzt, einen Muskelfaserriss gehabt hatte. Das machte eine ähnliche Verletzung in derselben Region wahrscheinlicher. Denn Muskelgewebe ist hier vernarbt, und Narbengewebe ist viel fester und nicht so flexibel wie normales, unbeschädigtes Muskelgewebe.

Vom Wettkampfplatz humpelte ich direkt zur Halle, in der die Ärzte untergebracht waren. Sofort wurde ein Ultraschall gemacht. Eine Einblutung, die mit einem Muskelfaserriss einhergeht, wurde nicht gesehen, so hatte ich anfangs die Hoffnung, es könnte vielleicht nur eine einfache Verhärtung sein.

Dennoch: Ich hatte Schmerzen und konnte an diesem Tag kaum gehen.

Am nächsten Tag war es schon besser, ich war auch in den Genuss einer guten Erstversorgung gekommen, der Oberschenkel war gekühlt worden und ich hatte einen Kompressionsverband erhalten und mich geschont. Bei einem nochmaligen Ultraschall stellte sich aber heraus, dass es doch eine Einblutung gab. Zwei Tage später wurde ein MRT gemacht, und dabei zeigte sich schließlich doch ein sehr kleiner Muskelfaserriss von ungefähr 0,5 Zentimetern Länge. Aber er lag an einer sehr schwierigen Stelle, an einem zweiköpfigen, also zweigeteilten Muskel, zwischen dessen beiden Muskelsträngen noch eine Sehne liegt. Und mein Muskelfaserriss war genau an dieser Sehne positioniert. Es war klar, dass der Muskel unter diesen Umständen nicht bis zur Weltmeisterschaft ausheilen würde. Würde ich dennoch antreten, könnte ich mir in derselben Region einen weiteren Muskelfaserriss holen, dann würde aber auch vermutlich die Sehne in Mitleidenschaft gezogen werden. Es würde Monate dauern, bis ich wieder fit wäre. Oder ich müsste sogar operiert werden. Es stand zu viel auf dem Spiel, nie hätte ich guten Gewissens in Budapest starten können. Und nach dem emotionalen Zusammenbruch in Istanbul oder der EM in München direkt nach Corona wollte ich nicht noch einmal mit einem riesigen Handicap an den Start gehen. Nicht immer ist es gut, das Unmögliche möglich zu machen. Ich hatte es in Istanbul und München versucht, aber ich wollte es nicht mehr wiederholen. Meist kommt eh nicht das heraus, was man gern hätte. Es erschien mir sinnlos. Ich wäre unter diesen Umständen nicht konkurrenzfähig gewesen. Natürlich hätte ich gerne versucht, meinen Titel zu verteidigen.

Aus medizinischer Sicht waren die Voraussetzungen dafür jedoch nicht gegeben.

Aber das Gute war, es war nur ein kleiner Muskelfaserriss, und in ein paar Wochen würde er vergessen sein. Dem Traum von Olympia 2024 stand dann nichts mehr im Wege.

In den letzten Monaten habe ich im Rahmen der Arbeit an meinem Buch viel über die vergangenen Jahre nachgedacht, darüber, was ich alles erlebt und wie ich mich entwickelt habe. Ich habe meine Kindheit Revue passieren lassen, meinen Weg zur Leichtathletik, erste Erfolge und die großen Meilensteine. Ich habe noch einmal reflektiert, was ich in meinen Coachings gelernt habe, welche Erfahrungen mir meine Reisen vermittelten, und warum ich aus der Meditation so viel Kraft schöpfe. Meinen Rucksack habe ich ausgepackt, Päckchen für Päckchen noch mal geöffnet. Ich habe über Krisen nachgedacht, die großen, gesellschaftlichen, die Krise unseres Planeten. Und über die Steine auf meinem persönlichen Weg. Einen Teil dieses Wegs habe ich schon zurückgelegt, habe meine eigene Geschichte für mich neu erzählt, ein großer Teil liegt noch vor mir. Einige Antworten habe ich schon gefunden, aber vieles wird sich mir auch erst in der Zukunft, in der Rückschau erschließen. Eines weiß ich aber sicher:

TROTZ ALLER WIDRIGKEITEN BIN ICH AUF DEM RICHTIGEN WEG, ICH SPRINGE MICH GERADE FREI.

DANK

Nun habe ich einige Geschichten aus meinem Leben erzählt und wichtige Menschen aus meinem Leben vorgestellt. Doch das Buch ist viel zu kurz, um all diesen Menschen den Raum zu geben, den sie eigentlich verdient hätten.

Allen voran möchte ich mich bei meinem Onkel Thomas und seiner Lebensgefährtin Andrea (und Anhang) bedanken. Ebenso wie bei meiner Patentante Audrey und ihrem Mann Horst. Auch sie haben mich in meinem Leben immer unterstützend begleitet. Seit meiner Geburt weiß ich euch alle an meiner Seite. Danke, dass ich mit euch so viel lachen und schöne Gespräche führen kann.

Danke auch an meine Halbgeschwister und Stiefmütter, die unzertrennlich mit meiner Geschichte verbunden sind.

Danke auch an die zwei- und vierbeinige Familie, die ich in der Moltkestraße finden durfte. Es war eine wunderschöne und prägende Zeit.

Unglaublich dankbar bin ich auch für meine tollen Freunde, auf die ich mich immer verlassen kann und die mich schon seit Jahren und Jahrzehnten begleiten. Danke, Chrissy, dass du mir die beste Freundin bist, die man sich wünschen kann, und ich bei dir immer wieder etwas über Lebensfreude lernen darf.

Meinen Trainern, die uns Kindern ehrenamtlich so viel Zeit schenkten und auf dem Sportplatz ein zweites Zuhause gaben gilt ein großes Dankeschön. Ohne sie wäre ich nicht dort, wo ich heute bin.

In meinem Sportlerleben habe ich sehr viel medizinische Unterstützung erfahren. Leistungssport ist nur möglich, wenn wir Sportler gesund sind und das geht nur durch den mühevollen Einsatz von Physiotherapeuten und Ärzten zu jeder Tages- und Nachtzeit. Wie oft habe ich noch schnell vorm letzten Aufruf fürs Finale eine wichtige Blockade gelöst bekommen. Stellvertretend für alle möchte ich besonders Christian und Phillipp danken.

Ein Dank geht auch an Wolfgang, der mich auf dem Weg der inneren Meisterschaft begleitet sowie andere, die mich bei meiner Weiterentwicklung zur besten Version meiner selbst unterstützen.

Sportler ohne Verein gibt es in der Leichtathletik nicht. Vielen Dank für die tolle Kinder- und Jugendarbeit im TSV Oftersheim und der Leichtathletikgemeinschaft Kurpfalz, die es mir ermöglicht hat, meinen Weg in den Leistungssport zu finden. Danke allen Ehrenamtlichen, die den Verein erst zum Leben erwecken! Ein Dank auch an die Menschen hinter den Kulissen, die sich um den Erhalt von Sportstätten kümmern, das Aufstellen von privaten oder halb privaten Fördersystemen oder das Abhalten von Wettkämpfen ermöglichen. Auch diese sind ein wichtiger Bestandteil des Sports! Stellvertretend sei hier unserem Platzwart Lothar für die viele Mühe gedankt.

Großer Dank gilt auch den starken Frauen und Männern hinter den ehrenamtlich Engagierten, die den Einsatz mit vollem

Herz für den Sport und mich persönlich erst möglich machen.

Sonnige Grüße an Sven, der manche Wettkämpfe zu besonderen Wettkämpfen macht.

Tatjana, vielen lieben Dank für deine liebevolle Art und schöne Stunden vorm Klavier.

Ein Hoch auf all die spirituellen und philosophischen Einflüsse, die ich in meinem Leben finden durfte. Egal ob in Personen oder Büchern, im Gespräch unter zwei Augen oder in der Gruppe, egal ob in Indien, Heidelberg oder Buchenberg. Mögen alle Wesen glücklich sein, und wenn ich kann, so versuche ich mit all meinem Sein einen Beitrag dazu zu leisten.

Auch verspüre ich große Dankbarkeit für die Menschen, die mit mir an meinen und gemeinsamen Visionen geträumt und gearbeitet und bei deren Umsetzung begleitet haben. Ihr seid immer in meinem Herzen.

Vielen Dank an Regina Carstensen, die mir dabei geholfen hat, meine Geschichte auf den Punkt zu bringen.

Abschließend möchte ich auch Claudia und Tanja danken, dass sie viel mehr sind als nur ein gutes Management.

Ein letzter Dank an alle, die mich auf die ein oder andere Art und Weise unterstützt haben, vielleicht sogar ohne, dass ich es je bemerkte. Ihr habt mir die Kraft und Inspiration gegeben, von all dem Guten, das mir widerfahren ist, noch mehr zurückzugeben.

QUELLEN

1
https://de.statista.com/statistik/daten/studie/1352950/umfrage/unternehmen-mit-den-meisten-produzierten-emissionen-weltweit/

2
https://de.statista.com/statistik/daten/studie/36573/umfrage/pro-kopf-verbrauch-von-fleisch-in-deutschland-seit-2000/

3
https://www.dge.de/presse/meldungen/2020/vegan-vegetarisch-mischkost-nur-geringe-unterschiede/